Fundamentos de pro… ión
Java con más de … mos

marcombo
ediciones técnicas

EDITORIAL
MACRO®

Fundamentos de programación Java con más de 100 algoritmos
© Ricardo Walter Marcelo Villalobos

Derechos reservados © Empresa Editora Macro EIRL, Lima – Perú
Segunda edición: Empresa Editora Macro EIRL, Lima – Perú, octubre de 2014

Primera edición: MARCOMBO, S.A. 2016

© 2016 MARCOMBO, S.A.
www.marcombo.com

ISBN: 978-84-267-2384-0

D.L.: B-13599-2016

Impreso en Ulzama Digital SL

Printed in Spain

AUTOR

Ricardo Marcelo Villalobos

Profesional de sistemas y contabilidad, con más de diez años de experiencia en TI, ha participado como asesor y desarrollador en proyectos de *software* para diversas empresas privadas y públicas, como Minera del Hill, Aruntani, Verkaufen, MINSA, IPD; y transnacionales como Magna Rosseta Cerámica - MRC, en la cuales ha utilizado sus conocimientos de contabilidad y de ingeniería de *software* para realizar el análisis y diseños de *software* con RUP, UML y patrones de arquitectura. Asimismo, ha realizado diseños con lenguajes Java, .NET y PHP; también ha trabajado con bases de datos Oracle, SQL Server, MySQL y PostgreSQL.

También, ha participado como expositor en diferentes universidades e institutos (Universidad Nacional de Ingeniería - CEPS-UNI, Universidad Nacional de Trujillo, Universidad César Vallejo de Trujillo, Universidad Nacional José Faustino Sánchez Carrión de Huacho, Instituto San Agustín, Instituto José Pardo, Instituto Manuel Seoane Corrales, Instituto La Reyna Mercedaria). Ha escrito libros, artículos y manuales de desarrollo de *software* (*Visual Basic Nivel III componentes*, *Oracle 10g*, manuales de VB.NET, ADO.NET, POO.NET, Access, Java POO, PHP Fundamentos, PHP POO).

En 2008 fue invitado por la empresa editora Macro para formar parte del personal de escritores, y salen a la luz cuatro obras relacionadas a los primeros pasos de la ingeniería de *software* (libros de fundamentos y más de 100 algoritmos con Visual Basic, Java, C++ y C#).

En la actualidad, difunde su experiencia como docente en la Universidad Nacional de Ingeniería (UNI-FIIS - CEPS-UNI) y en el Instituto San Ignacio (ISIL). Asimismo, realiza capacitaciones para empresas, como Telefónica del Perú, FAP, la Caja de Pensiones Militar Policial, ALPECO, Banco de Materiales, entre otros.

Agradecimiento

Es difícil dejar de mencionar a las personas que día a día fortalecen el conocimiento y la sabiduría de los demás. Me faltarían líneas en este libro para mencionar a todos, pero quiero agradecer, en primer lugar, a Dios y a mis padres.

También a personas muy especiales que, con su sabiduría y experiencia, han ayudado y permitido plasmar muchas de sus ideas en esta obra: Peggy Sánchez, Sergio Matsukawa, Gustavo Coronel, Gino Henostroza, Julio Flores, Joel Carrasco, Luis Zúñiga, Jesús Echevarria y todos mis alumnos y amigos en general.

PRÓLOGO

Cómo no recordar las primeras clases de Algoritmo y la ilusión que todos tienen por aprender a programar. Esta obra plasma los primeros pasos que cualquier estudiante de la carrera de Ingeniería de Sistemas, *Software* e Informática debe conocer para empezar a analizar, diseñar y codificar sus primeros algoritmos; y así pasar la barrera que todo programador debe dominar, que son las estructuras de control de flujo tales como if, switch (C++, Java y C#), select case (vb), while y for.

Este libro contiene nueve capítulos con más de cien algoritmos resueltos y otros ochenta propuestos. Estoy seguro de que al concluir la lectura, el usuario formará parte del mundo de los desarrolladores de *software*. En el primer capítulo se desarrollan los conceptos generales de arquitectura del PC, *hardware*, *software*, lenguajes de programación, metodología de algoritmos, diagramas de flujo, pseudocódigo, variables, constantes, instrucciones, etc.

El segundo apartado contiene diez algoritmos básicos para entender y resolver de forma simple los problemas de entrada, proceso (secuencial) y salida de los cálculos realizados. El tercer capítulo presenta quince algoritmos con la estructura más utilizada en la solución de problemas, llamada if. En el cuarto capítulo se explica la forma más fácil de solucionar problemas sin el uso de if anidados y engorrosos. En el quinto capítulo se enseña a entender y dominar la estructura repetitiva, y a aplicar los conceptos de contador, acumulador, bucles, entre otros.

Debido a que muchas veces es más fácil resolver procesos repetitivos usando la estructura for, en el sexto apartado se encuentran quince problemas resueltos; aunque muchos de ellos pertenecen al capítulo anterior, esto servirá para analizar su simplicidad. En el séptimo apartado –tomando en cuenta que uno de los temas más utilizados en el uso de colecciones de datos tiene que ver con los arreglos (*arrays*)– se explica el concepto y se resuelven problemas de arreglos, algoritmos de búsqueda y ordenación de datos. En el capítulo octavo, se explican y resuelven problemas con cadena de caracteres (texto). Finalmente, una de las mejores recomendaciones para resolver y reutilizar procesos es el concepto de divide y vencerás, por ello en el capítulo nueve se enseña cómo separar un problema en varias partes reutilizables.

ÍNDICE

Capítulo 1
Fundamentos de programación 13

1.1 Introducción 13
1.2 Ordenador 14
1.3 Arquitectura de un ordenador 14
1.4 Unidades de medida de almacenamiento 15
1.5 Sistemas de numeración 16
1.6 Conversión binario a decimal 16
1.7 Conversión decimal a binario 16
1.8 Representación de texto en el sistema binario 17
1.9 Representación binaria de datos no numéricos ni de texto 17
1.10 Los programas (*software*) 17
1.11 Lenguajes de programación 18
1.12 Traductores del lenguaje de programación 19
1.13 Ciclo de vida de un *software* 19
1.14 Algoritmo 20
  1.14.1 Características que deben cumplir los algoritmos obligatoriamente 20
  1.14.2 Características aconsejables para los algoritmos 21
  1.14.3 Fases en la creación de algoritmos 21
  1.14.4 Herramientas de un algoritmo 21
  1.14.5 Instrucciones 23
1.15 Comentarios 24
1.16 Palabras reservadas 24
1.17 Identificadores 25
1.18 Variables 25
1.19 Constantes 26
1.20 Tipo de datos simples (primitivos) 26
1.21 Tipo de datos complejos (estructurados) 28
1.22 Operadores y expresiones 29
1.23 Control de flujo 32

Capítulo 2
Estructura secuencial 33

2.1 Estructura secuencial 33
Problema n.º 1 33
Problema n.º 2 35
Problema n.º 3 36
Problema n.º 4 38
Problema n.º 5 39
Problema n.º 6 41
Problema n.º 7 43
Problema n.º 8 44
Problema n.º 9 46
Problema n.º 10 48
2.2 Problemas propuestos 50

Capítulo 3
Estructura selectiva simple y doble 51

3.1 Introducción 51
3.2 Estructura selectiva simple 51
3.3 Estructura selectiva doble 52
3.4 Estructuras anidadas 52
Problema n.º 11 53
Problema n.º 12 55
Problema n.º 13 57
Problema n.º 14 60
Problema n.º 15 62
Problema n.º 16 63
Problema n.º 17 65
Problema n.º 18 67
Problema n.º 19 71
Problema n.º 20 72
Problema n.º 21 75
Problema n.º 22 77
Problema n.º 23 81
Problema n.º 24 82
Problema n.º 25 84
3.5 Problemas propuestos 87

Capítulo 4
Estructura selectiva múltiple 89

4.1 Introducción...89
4.2 Estructura selectiva múltiple..89
4.2.1 Estructura selectiva múltiple usando rangos..91
Problema n.º 26 91
Problema n.º 27 93
Problema n.º 28 96
Problema n.º 29 97
Problema n.º 30 99
Problema n.º 31 101
Problema n.º 32 104
Problema n.º 33 107
Problema n.º 34 109
Problema n.º 35 111
Problema n.º 36 115
Problema n.º 37 118
Problema n.º 38 120
Problema n.º 39 123
Problema n.º 40 126
4.3 Problemas propuestos..133

Capítulo 5
Estructura repetitiva «Mientras» 135

5.1 Introducción...135
5.2 Contador...135
5.3 Acumulador 136
5.4 Salir del bucle..136
5.5 Continuar al inicio del bucle...136
5.6 Estructura repetitiva «Mientras» 137
5.7 Estructura repetitiva «Mientras» anidada 137
Problema n.º 41 138
Problema n.º 42 139
Problema n.º 43 141
Problema n.º 44 142
Problema n.º 45 144
Problema n.º 46 145
Problema n.º 47 147
Problema n.º 48 148

Problema n.º 49 150
Problema n.º 50 152
Problema n.º 51 153
Problema n.º 52 155
Problema n.º 53 156
Problema n.º 54 158
Problema n.º 55 160
5.8 Problemas propuestos 163

Capítulo 6
Estructura repetitiva «Para» 165

6.1 Introducción 165
6.2 Estructura repetitiva «Para» 165
6.3 Estructura repetitiva «Para» anidada 166
Problema n.º 56 166
Problema n.º 57 168
Problema n.º 58 169
Problema n.º 59 171
Problema n.º 60 172
Problema n.º 61 174
Problema n.º 62 175
Problema n.º 63 177
Problema n.º 64 180
Problema n.º 65 181
Problema n.º 66 183
Problema n.º 67 185
Problema n.º 68 186
Problema n.º 69 188
Problema n.º 70 190
6.4 Problemas propuestos 193

Capítulo 7
Estructuras de datos. Arreglos (vectores y matrices) 195

7.1 Introducción 195
7.2 *Arrays* (arreglos) 196
7.3 Operaciones con *arrays* 196
7.4 Creación de *arrays* 197
7.5 Recorrido por los elementos del *array* 198
Problema n.º 71 199

Problema n.º 72 200
Problema n.º 73 202
Problema n.º 74 203
Problema n.º 75 206
Problema n.º 76 209
Problema n.º 77 212
Problema n.º 78 215
Problema n.º 79 217
Problema n.º 80 219
Problema n.º 81 222
Problema n.º 82 225
Problema n.º 83 227
Problema n.º 84 230
Problema n.º 85 233
7.6 Problemas propuestos 238

Capítulo 8
Cadenas de caracteres 239

8.1 Introducción 239
8.2 Juego de caracteres 239
8.3 Carácter (*char*) 240
8.4 Cadena de caracteres (*string*) 241
8.5 Operaciones con cadena 241
8.6 Concatenación 241
8.7 Comparación 242
8.8 Cálculo de longitud 242
8.9 Extracción de cadenas (subcadenas) 243
8.10 Búsqueda de cadenas 244
8.11 Conversiones 244
Problema n.° 86 246
Problema n.° 87 247
Problema n.° 88 248
Problema n.° 89 249
Problema n.° 90 251
Problema n.° 91 253
Problema n.° 92 254
Problema n.° 93 256
Problema n.° 94 257
Problema n.° 95 260
8.12 Problemas propuestos 263

Capítulo 9

SubAlgoritmos (procedimientos y funciones).............................. 265

9.1 Introducción..265
9.2 Procedimientos...266
9.3 Funciones..266
9.4 Paso de parámetros...267
9.5 Parámetros por valor (entrada).......................................267
9.6 Parámetros por referencia (salida)...................................268
Problema n.° 96 269
Problema n.° 97 271
Problema n.° 98 273
Problema n.° 99 275
Problema n.° 100 277
Problema n.° 101 279
Problema n.° 102 281
Problema n.° 103 285
Problema n.° 104 288
Problema n.° 105 291
9.7 Problemas propuestos...294

Capítulo I

Fundamentos de programación

1.1 Introducción

En los primeros ciclos de toda carrera profesional relacionada con la ingeniería de sistemas, los estudiantes tienen que entender, aprender y dominar los fundamentos de programación para resolver problemas que permitirán automatizar procesos usando el ordenador.

Saber programar es la base de toda su carrera y, para conseguir este objetivo, he plasmado mi experiencia de docencia de mas de diez años en el campo de la Ingeniería de Sistemas. Sé que este libro le ayudará a resolver todas sus dudas y dominar las principales estructuras de programación.

Este libro contiene más de 100 algoritmos resueltos y codificados en el lenguaje de Java, uno de los lenguajes de programación más utilizado en la actualidad.

A continuación, se describen los conceptos generales de los fundamentos de programación.

1.2 Ordenador

Es un aparato electrónico que recibe datos (entrada), los procesa (instrucciones denominadas programa) y devuelve información (salida), también conocido como PC (Personal Computer). En la actualidad existe una variedad de ordenadores para diferentes propósitos.

Servidores

Ordenador personal

Ordenador portátil

PDA

1.3 Arquitectura de un ordenador

Los ordenadores tienen dos componentes principales que son el ***hardware*** y el ***software***, que trabajan en coordinación para llevar a cabo sus objetivos.

Hardware: *Hard* (duro) – *ware* (componente), representa la parte física del ordenador.

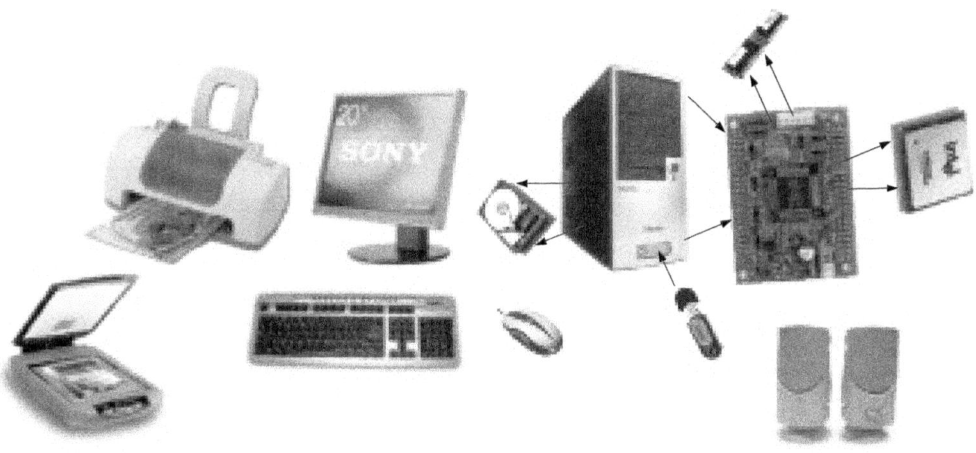

Software: *Soft* (blando) – *ware* (**componente**), representa la parte lógica del ordenador (los programas). Estos se encuentran almacenados en los componentes físicos del ordenador, tales como memorias RAM, ROM, Discos Duros (***Hard Disk***), entre otros.

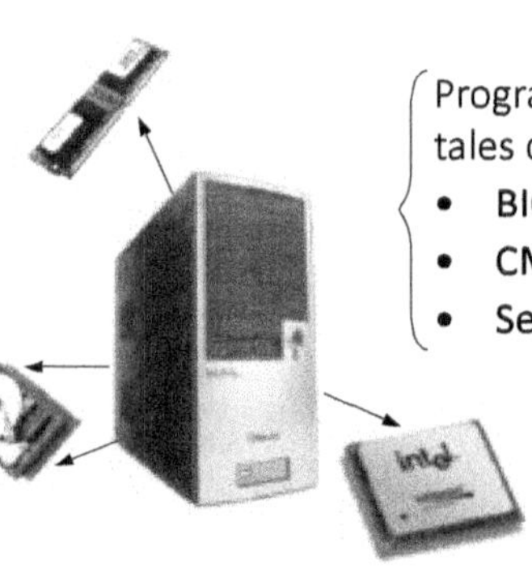

La siguiente figura muestra la arquitectura del ordenador y sus principales componentes en coordinación.

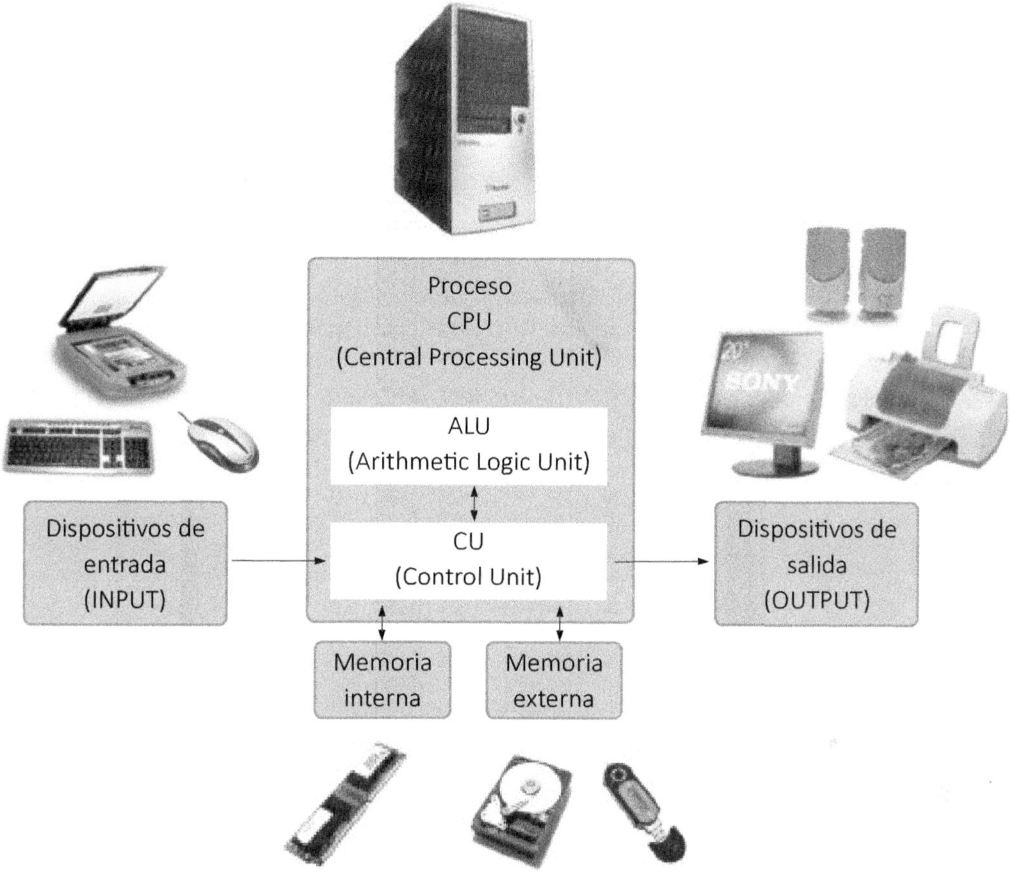

1.4 Unidades de medida de almacenamiento

La memoria interna (RAM) y las memorias externas (disco duro) almacenan información. La información que se guarda y entiende el PC está en formato binario (0- 1).

BIT (BInary DigiT): El bit representa la unidad mínima de información que almacena un ordenador.

BYTE: Está compuesto por 8 bit (01110011), entonces existe $2^8 = 256$ combinaciones diferentes (tabla de código ASCII).

Por lo general, la información se representa por caracteres y cada carácter (número, letra, símbolo, etc.) es un byte. Para medir la información se utilizan múltiplos de bytes.

Byte	1 B		8 bits
Kilobyte	1 KB	2^{10} bytes	1024 bytes
Megabyte	1 MB	2^{20} bytes	1024 KB
Gigabyte	1 GB	2^{30} bytes	1024 MB
Terabyte	1 TB	2^{40} bytes	1024 GB

1.5 Sistemas de numeración

Todos los sistemas de numeración tienen una **base**, que es el número total de símbolos que utiliza el sistema. En el caso de la numeración decimal, la base es 10, que en el sistema binario es 2.

El **Teorema Fundamental de la Numeración** permite saber el valor decimal que tiene cualquier número en cualquier base. Dicho teorema utiliza la fórmula:

$$\ldots + X_3 \cdot B^3 + X_2 \cdot B^2 + X_1 \cdot B^1 + X_0 \cdot B^0 + X_{-1} \cdot B^{-1} + X_{-2} \cdot B^{-2} + \ldots$$

Donde:

- **X_i: Es el símbolo que se encuentra en la posición número i del número que se está convirtiendo. Teniendo en cuenta que la posición de las unidades es la posición 0 (la posición -1 sería la del primer decimal).**
- **B: Es la base del sistema que se utiliza para representar al número.**

Por ejemplo, si tenemos el número 153,6 utilizando el sistema octal (base ocho), el paso a decimal sería:

$$1 \cdot 8^2 + 5 \cdot 8^1 + 3 \cdot 8^0 + 6 \cdot 8^{-1} = 64 + 40 + 3 + 6 \div 8 = 107{,}75$$

1.6 Conversión binario a decimal

El **Teorema Fundamental de la Numeración** se puede aplicar para saber el número decimal representado por un número escrito en binario. Así, para el número binario 10011011011 la conversión sería (los ceros se han ignorado):

$$1 \cdot 2^{10} + 1 \cdot 2^7 + 1 \cdot 2^6 + 1 \cdot 2^4 + 1 \cdot 2^3 + 1 \cdot 2^1 + 1 \cdot 2^0 = 1243$$

1.7 Conversión decimal a binario

El método más utilizado consiste en ir haciendo divisiones sucesivas entre dos. Los restos son las cifras binarias. Por ejemplo, para pasar el 39:

```
39 ÷ 2 = 19 resto 1
19 ÷ 2 =  9 resto 1
 9 ÷ 2 =  4 resto 1
 4 ÷ 2 =  2 resto 0
 2 ÷ 2 =  1 resto 0
 1 ÷ 2 =  0 resto 1
```

Ahora las cifras binarias se toman al revés. Con lo cual, el número 100111 es el equivalente en binario de 39.

1.8 Representación de texto en el sistema binario

Puesto que un ordenador no solo maneja números, habrán dígitos binarios que contengan información no traducible al sistema decimal. Todo depende de cómo se interprete esa traducción. Por ejemplo, en el caso del texto, lo que se hace es codificar cada carácter en una serie de números binarios. El código **ASCII** ha sido durante mucho tiempo el más utilizado, inicialmente era un código que utilizaba 7 bits para representar texto, lo que significa que era capaz de codificar 127 caracteres. Por ejemplo, el número 65 (1000001 en binario) se utiliza para la **A** mayúscula.

Poco después apareció un problema: este código servía para los caracteres del inglés, pero no para otras lenguas. Entonces se añadió el octavo bit para representar otros 128 caracteres que son distintos, según idiomas (Europa Occidental usa unos códigos que no utiliza Europa Oriental).

Eso provoca que un código como el 190 signifique cosas diferentes si cambiamos de país. Por ello, cuando un ordenador necesita mostrar texto, tiene que saber qué juego de códigos debe de utilizar, lo cual supone un tremendo problema.

Una ampliación de este método de codificación es el código **UNICODE**, que puede utilizar hasta 4 bytes (32 bits), con lo que es capaz de codificar cualquier carácter en cualquier lengua del planeta, utilizando el mismo conjunto de códigos. Poco a poco se ha ido extendiendo cada vez más, pero la preponderancia histórica que ha tenido el código ASCII complica su popularidad.

1.9 Representación binaria de datos no numéricos ni de texto

En el caso de datos más complejos (imágenes, vídeo, audio) se necesita una codificación más compleja. Además, en estos datos no hay estándares, por lo que hay decenas de formas de codificar. En el caso, por ejemplo, de las imágenes, una forma básica de codificarlas en binario es la que graba cada **píxel** (cada punto distinguible en la imagen) mediante **tres bytes**: el primero graba el nivel de **rojo**; el segundo, el nivel de **azul;** y el tercero, el nivel de **verde**. Y así por cada píxel.

Por ejemplo, un punto en una imagen de color rojo puro:

```
11111111 00000000 00000000
```

Naturalmente, en una imagen no solo se graban los píxeles, sino el tamaño de la imagen, el modelo de color, etc. De ahí que representar estos datos sea tan complejo para el ordenador (y tan complejo entenderlo para nosotros).

1.10 Los programas (*software*)

Los programas o *software* son un conjunto de instrucciones ordenadas para ejecutarse de forma rápida y precisa en un ordenador. El *software* se divide en dos grupos: *software* de **sistema operativo** y ***software* de aplicaciones**.

El proceso de escribir un programa se denomina **programación**, y el conjunto de instrucciones que se utilizan para escribir un programa se llama **lenguaje de programación**.

1.11 Lenguajes de programación

Sirve para escribir programas y permite la comunicación usuario (programador) versus máquina (PC).

Existen tres tipos de lenguajes de programación:

- **Lenguaje de máquina:** Programación binaria, difícil de programar y dependiente de la máquina.
- **Lenguaje de bajo nivel (ensamblador):** Usa símbolos nemotécnicos, necesita ser traducido al lenguaje de máquina y sigue siendo dependiente.
- **Lenguaje de alto nivel:** Cercano al lenguaje natural, tiempo de programación relativamente corto y es independiente de la máquina. A continuación, se muestra un plano de la evolución de los lenguajes de programación de alto nivel.

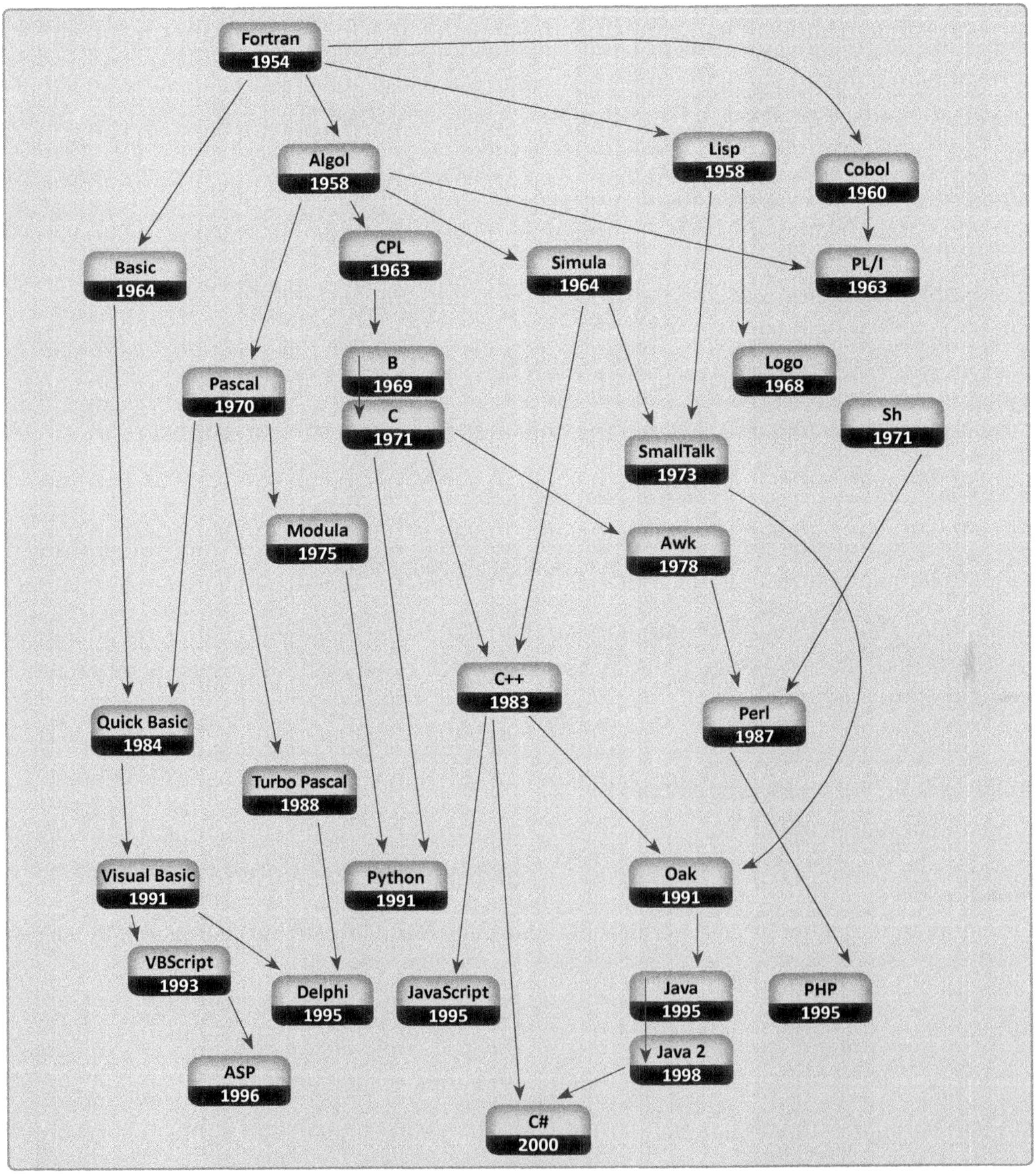

1.12 Traductores del lenguaje de programación

Son programas que traducen los **códigos fuentes** (programas escritos en un lenguaje de alto nivel) a **código máquina**.

Los traductores se dividen en:

- **Intérpretes:** Traducción y ejecución secuencial (línea por línea), ejecución lenta.
- **Compiladores:** Traduce el código fuente a programa objeto (ejecutable código máquina). Ejecución rápida.

1.13 Ciclo de vida de un *software*

La construcción de un *software,* por más pequeño que sea, involucra las siguientes etapas:

- **Requerimiento:** Enunciado del problema a resolver.
- **Análisis:** ¿Qué? (Entender el problema – entrada – proceso – salida).
- **Diseño:** ¿Cómo? (Resolver el problema – algoritmo – diagrama de flujo – diseño de interfaz de usuario).
- **Implementación:** ¿Hacerlo? (Codificación / Programar).
- **Pruebas:** ¿Funciona? (Verificar / Comprobar).
- **Despliegue:** ¿Instalar? (Distribuir el programa).

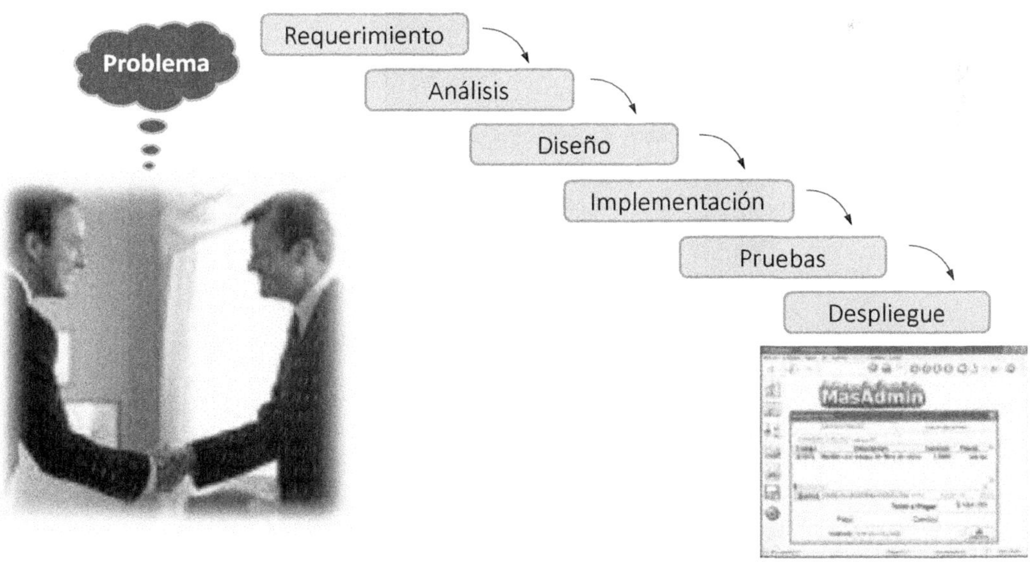

1.14 Algoritmo

Método que describe la solución de un problema computacional mediante una serie de pasos precisos, definidos y finitos.

- **Preciso:** Indica el orden de realización en cada paso.
- **Definido:** Al repetir los pasos n veces se obtiene el mismo resultado.
- **Finito:** Tiene un número determinado de pasos.

La solución de un algoritmo debe describir tres partes:

- **Entrada:** Datos que se necesitan para poder ejecutarse.
- **Proceso:** Acciones y cálculos a realizar.
- **Salida:** Resultado esperado.

Entrada → Proceso → Salida

La palabra algoritmo procede del matemático árabe **Mohamed Ibn Al Kow Rizmi**, quien escribió entre los años 800 y 825 su obra ***Quitad Al Mugabala***, donde recogió el sistema de numeración hindú y el concepto del cero. **Fibonacci**, tradujo la obra al latín y la llamó ***Algoritmi Dicit***.

El lenguaje algorítmico es aquel que implementa una solución teórica a un problema, indicando las operaciones a realizar y el orden en el que deben efectuarse. Por ejemplo, en el caso de que nos encontremos en casa con un foco estropeado de una lámpara, un posible algoritmo sería:

a. Comprobar si hay foco de repuesto.
b. En el caso de que haya, sustituir el foco anterior por el nuevo.
c. Si no hay foco de repuesto, bajar a comprar uno nuevo en la tienda y ponerlo en lugar del estropeado.

Los algoritmos son la base de la programación de ordenadores, ya que los **programas de ordenador** se pueden entender como algoritmos escritos en un código especial, entendible por un ordenador.

La desventaja del diseño de algoritmos radica en que no podemos escribir lo que deseemos. El lenguaje a utilizar no debe dejar posibilidad de duda, debe recoger todas las posibilidades.

1.14.1 Características que deben cumplir los algoritmos obligatoriamente

- **Un algoritmo debe resolver el problema para el que fue formulado**. Lógicamente, no sirve un algoritmo que no resuelve ese problema. En el caso de los programadores, a veces crean algoritmos que resuelven problemas diferentes al planteado.
- **Los algoritmos son independientes del lenguaje de programación**. Los algoritmos se escriben para poder ser utilizados en cualquier lenguaje de programación.
- **Los algoritmos deben ser precisos**. Los resultados de los cálculos deben ser exactos, de manera rigurosa. No es válido un algoritmo que solo aproxime la solución.
- **Los algoritmos deben ser finitos**. Deben de finalizar en algún momento. No es un algoritmo válido aquel que produce situaciones en las que el algoritmo no termina.
- **Los algoritmos deben poder repetirse**. Deben permitir su ejecución las veces que haga falta. No son válidos los que tras ejecutarse una vez ya no pueden volver a hacerlo por la razón que sea.

1.14.2 Características aconsejables para los algoritmos

- **Validez:** Un algoritmo es válido si carece de errores. Un algoritmo puede resolver el problema para el que se planteó y, sin embargo, no ser válido debido a que posee errores.
- **Eficiencia:** Un algoritmo es eficiente si obtiene la solución al problema en poco tiempo. No lo es si tarda en obtener el resultado.
- **Óptimo:** Un algoritmo es óptimo si es el más eficiente posible y no contiene errores. La búsqueda de este algoritmo es el objetivo prioritario del programador. No siempre podemos garantizar que el algoritmo hallado sea el óptimo, a veces sí.

1.14.3 Fases en la creación de algoritmos

Hay tres fases en la elaboración de un algoritmo:

a. **Análisis:** En esta se determina cuál es exactamente el problema a resolver, qué datos forman la entrada del algoritmo y cuáles deberán obtenerse como salida.
b. **Diseño:** Elaboración del algoritmo.
c. **Prueba:** Comprobación del resultado. Se observa si el algoritmo obtiene la salida esperada para todas las entradas.

1.14.4 Herramientas de un algoritmo

Para expresar la solución de un problema se pueden usar diferentes herramientas de programación, tales como diagrama de flujo (*flow chart*), diagrama N-S (Nassi Schneiderman) o pseudocódigo.

• **Diagrama de flujo:** Es una representación gráfica que utiliza símbolos normalizados por ANSI y expresa las sucesivas instrucciones que se deben seguir para resolver el problema. Estas instrucciones no dependen de la sintaxis de ningún lenguaje de programación, sino que deben servir fácilmente para su transformación (codificación) en un lenguaje de programación.

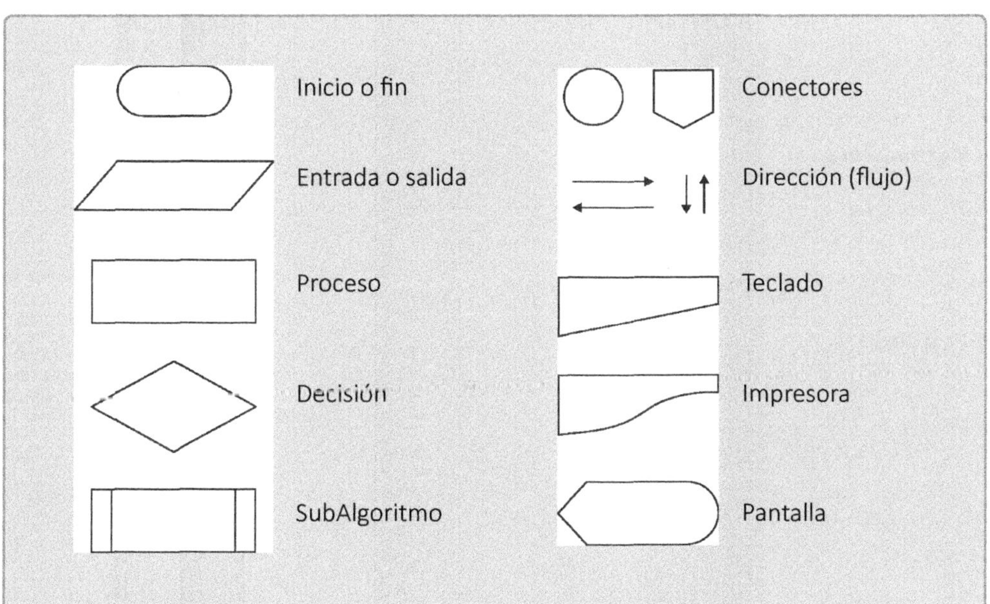

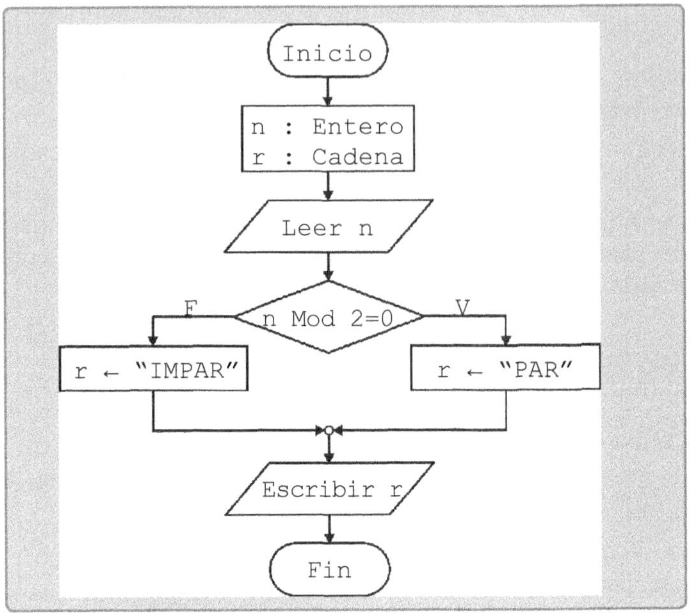

- **Diagrama de Nassi Scheneiderman (N-S):** Conocido también como el diagrama de Chapin, es como un diagrama de flujo pero sin flechas y con cajas continuas.

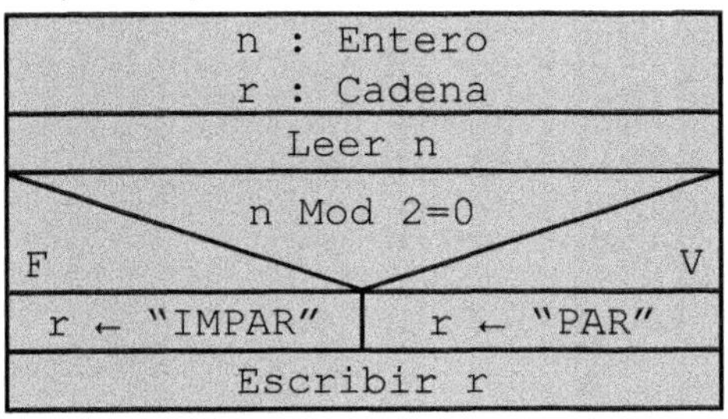

- **Pseudocódigo:** Permite expresar las instrucciones en un lenguaje común (inglés, español, etc.) para facilitar tanto la escritura como la lectura de la solución de un programa. No existen reglas para escribir pseudocódigo.

```
Inicio

   //Variables
   n : Entero
   r : Cadena

   //Entrada
   Leer n

   //Proceso
   Si n Mod 2 = 0 Entonces
      r ← "PAR"
   SiNo
      r ← "IMPAR"
   Fin Si

   //Salida
   Escribir r

Fin
```

1.14.5 Instrucciones

Son las acciones que debe realizar un algoritmo para resolver un problema. Las instrucciones más comunes son las siguientes:

A. Instrucción de inicio/ fin: Representa el inicio y fin de un algoritmo.

Diagrama de flujo	Pseudocódigo
Inicio	Inicio
Fin	Fin

B. Instrucción de asignación: Representa la asignación de un valor a una variable, se puede representar usando una flecha o el símbolo de igualdad, el cual es usado por muchos de los lenguajes de programación.

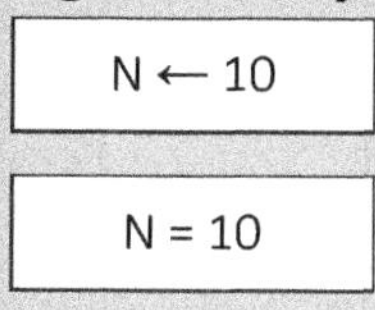

Diagrama de flujo	Pseudocódigo
N ← 10	N ← 10
N = 10	N = 10

C. Instrucción de lectura: Representa el ingreso de datos mediante un dispositivo de entrada, que muchas veces es representado por un símbolo de teclado.

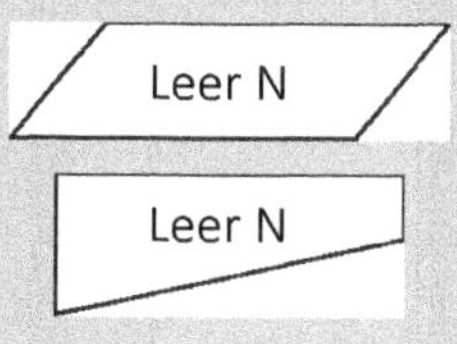

Diagrama de flujo	Pseudocódigo
Leer N	Leer N
Leer N	Leer N

D. Instrucción de escritura: Representa la salida de la información mediante un dispositivo de salida. Puede ser representado por el símbolo de entrada/salida, de pantalla o de impresora.

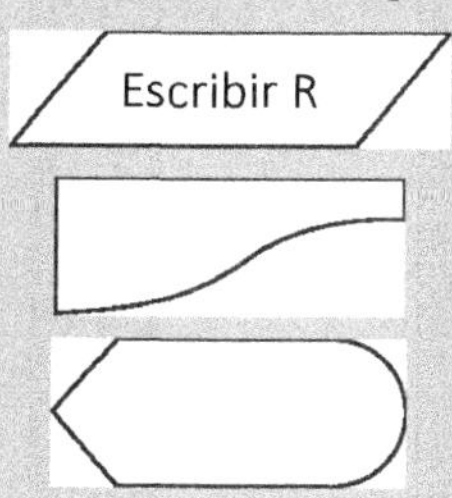

Diagrama de flujo	Pseudocódigo
Escribir R	Escribir R
	Escribir R
	Escribir R

E. Instrucción de bifurcación: Cambian el flujo del programa según el resultado de una expresión lógica (condición).

Diagrama de flujo	Pseudocódigo
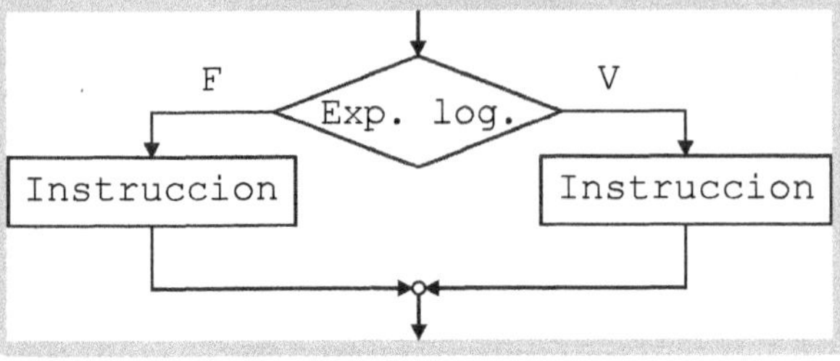	**Si** <Exp. Log> **Entonces** <Instrucción> **SiNo** <Instrucción> **Fin Si**

1.15 Comentarios

Permiten describir y explicar, además sirve como ayuda para recordar y entender las operaciones que se van a ejecutar. Los comentarios no son instrucciones, por lo tanto, al ser traducido el código fuente a código binario (tiempo de compilación), los lenguajes de programación los ignoran. Dependiendo del lenguaje de programación, los comentarios se escriben usando cierta simbología. En este libro usaremos el símbolo **//** en los pseudocódigos para colocar comentarios.

Ejemplo pseudocódigo

```
//Variables
N : Entero
```

Java

```
'Variables
int N;
```

1.16 Palabras reservadas

Son palabras usadas por el lenguaje de programación que no deben ser utilizadas como identificadores de variables, funciones, entre otros.

- **Algunas de las palabras reservadas de Java**

```
short, int, float, double, if, for, switch, this ...
```

1.17 Identificadores

Son los nombres que asignamos a las variables, constantes, funciones, objetos, entre otros. No pueden coincidir con las palabras reservadas porque ocasionaría ambiguedad y el compilador no lo entendería. Por lo general, los identificadores deben de cumplir las siguientes reglas:

- Deben comenzar por una letra. Evite usar **ñ** y tilde.
- No debe coincidir con palabras reservadas del lenguaje de programación que está utilizando.

Error de compilación Java

```
// Identificador de Variable es if
// y esta es palabra reservada
int if;
```

1.18 Variables

Representa un espacio de memoria RAM, el cual guarda un valor que servirá para algún proceso en particular. Dicho valor puede ser modificado en cualquier momento. Las variables tienen, por lo general, un identificador (nombre) y, asignado, el tipo de dato que se esta utilizando, es decir, si almacena un número (entero), si es texto o alfanumérico (cadena), si es un valor verdadero o falso (lógico) llamado también booleano, etc.

Ejemplo pseudocódigo

```
//Variables
N : Entero
```

Java

```
//Variables
int N
```

Para asignarle un valor, usamos el operador de asignación, para algoritmos usaremos (←) o (=). Este último es el más usado por los lenguajes de programación.

Ejemplo pseudocódigo

```
//Asignar un valor
N ← 10
//Cambiar su valor
N ←50
```

Java

```
//Asignar un valor
N = 10
//Cambiar su valor
N = 50
```

1.19 Constantes

Representa un espacio de memoria RAM, el cual guarda un valor que servirá para algún proceso en particular. Dicho valor permanece fijo, es decir, no puede cambiarse en la ejecución del programa. Las constantes tienen, al igual que las variables, un identificador (nombre) y un tipo de dato.

Ejemplo pseudocódigo

```
//Constantes
PI ← 3.14159 : Real
//Error ya no puede modificarlo
PI ← 3.14
```

Java

```
//Constantes
Final float PI = 3.14159F;
//Error ya no puede modificarlo
PI = 3.14;
```

1.20 Tipo de datos simples (primitivos)

Al declarar una variable, debemos indicar el tipo de dato que es permitido almacenar en dicha variable. Cada lenguaje de programación trabaja con una variedad de tipo de datos. Por lo general, todos usan los llamados «primitivos», que son los siguientes:

A. Entero: Representan los números enteros (no almacena decimales).

Ejemplo pseudocódigo

```
//Crear la variable
//(identificador y tipo de dato)
N : Entero

//Asignar un valor
//(identificador, operador de asignación y valor)
N ← 15
```

En el lenguaje de Java el tipo entero se puede trabajar con **short**, **int** y **long**. La diferencia está en que almacenan rangos de números diferentes, llamados también «entero corto» y «entero largo».

Ejemplo Java

```
//Entero corto
short N;
//Asignar un valor (error de desbordamiento)
```

```
//Sobrepaso su limite (rango)
N = 45000;
//Entero largo
int N;
long N;
//Asignar un valor
N = 4500099;
```

B. Real: Representan los números reales (almacena decimales).

Ejemplo pseudocódigo

```
//Crear la variable
//(identificador y tipo de dato)
N : Real
//Asignar un valor
//(identificador, operador de asignación y valor)
N ← 15.75
```

En el lenguaje de C#, el tipo real se puede trabajar con **float** o **double**, la diferencia está en la cantidad de decimales que pueden almacenar, llamados también «precisión simple» y «precisión doble».

```
//Precisión simple
float N;
//Se redondea a 15.123457
N = 15.12345678;
//Precisión doble
double N;
//Lo almacena sin redondear 15.12345678
N = 15.12345678;
```

C. Carácter: Representa un carácter de cualquier tipo: texto, número, símbolo, etc. El valor se coloca entre comillas simples.

Ejemplo pseudocódigo

```
//Crear la variable
R : Caracter
//Asignar un valor
R ← 'A'
R ← '9'
R ← '*'
```

Ejemplo Java

```
'Crear la variable
char R;
'Asignar un valor
R = 'A';
R = '9';
R = '*';
```

E. Lógico: Representan los valores «verdadero» o «falso», conocidos también como boolean. No se colocan comillas simples ni dobles.

Ejemplo pseudocódigo

```
//Crear la variable
L : Logico
//Asignar un valor
L ← VERDADERO
L ← FALSO
```

En Java se utiliza el tipo de dato llamado «boolean» para almacenar valores lógicos.

Ejemplo Java

```
'Crear la variable
boolean L;
'Asignar un valor
L = True;
L = False;
```

1.21 Tipo de datos complejos (estructurados)

Son aquellos que están constituidos por tipos de datos simples y definen una estructura de datos, un ejemplo claro es el tipo cadena, que está compuesto por un conjunto de caracteres (tipo de dato carácter). Existe una variedad de tipo de datos complejos, el enfoque de este libro es algorítmico y solo tocaremos dos tipos de datos complejos: cadena y arreglos. Los libros que profundizan en el tema se llaman libros de estructura de datos.

A. Cadena: Representa un conjunto de caracteres, internamente es un arreglo de caracteres. Por lo general, se representa con comillas dobles.

Ejemplo pseudocódigo

```
//Crear la variable
R : Cadena
//Asignar un valor
R ← "ricardomarcelo@hotmail.com"
```

1.22 Operadores y expresiones

Son los que permiten realizar los cálculos entre valores fijos y variables. Los operadores se clasifican en: aritméticos, relacionales, lógicos y de cadena. Sobre estos expondremos a continuación.

A. Operadores aritméticos: Son aquellos operadores que permiten realizar las operaciones aritméticas de la misma forma como se utilizan en las matemáticas.

Operador	Descripción
+	Suma
-	Resta
*	Multiplicación
/	División
\	División entera
^	Exponenciación
Mod	Módulo (resto de una división)

Dependiendo del lenguaje del programación, los operadores varían o no implementan uno u otro operador. En el caso de Java, implementa los siguientes.

Expresiones aritméticas

Operador	Descripción
+	Suma
-	Resta
*	Multiplicación
/	División
%	Módulo (resto de una división)

Para elevar a una potencia se usa Math.pow(9.0, 2.0), dentro de los parámetros se colocan números reales (double) y para división entera use / pero con números enteros.

División real

N = 9,0 / 4,0 //retorna 2,25

División entera

N = 9 / 4 //retorna 2

Expresiones aritméticas (algoritmo)

8 x 3	Equivale a	8*3 = 24
8 ÷ 3 o $\frac{8}{3}$	Equivale a	8/3 = 2,666666 8\3 = 2
8^2	Equivale a	8^2 = 64
$\sqrt{9}$	Equivale a	9^(1/2) = 3
9 | 4 ① 2	Equivale a	9 Mod 4 = 1

B. Operadores relacionales: Llamados también operadores de comparación, permiten evaluar si dos valores guardan alguna relación entre sí.

Operador	Descripción
=	Igualdad
>	Mayor que
>=	Menor o igual que
<	Menor que
<=	Menor o Igual que
<>	Diferente a

Dependiendo del lenguaje de programación, los operadores varían o no, implementan uno u otro operador. En el caso de Java varía la simbología en algunos.

Operador	Descripción
==	Igualdad
>	Mayor que
>=	Menor o igual que
<	Menor que
<=	Menor o Igual que
!=	Diferente a

Expresiones lógicas (condiciones) – (Algoritmo)

8 = 3	Falso
8 > 3	Verdadero
8 <= 3	Verdadero
8 <> 8	Falso

C. Operadores lógicos: Son aquellos operadores que se utilizan en combinación con los operadores de relación.

Operador	Descripción
Y	Y Lógico
O	O Lógico
No	No Lógico

«Y» lógico: Si p y q son valores lógicos, ambos deben ser verdaderos para que **Y** devuelva verdadero.

Expresiones lógicas (condiciones)

8 > 4	Y	3 = 6	Falso
7 <> 5	Y	5>=4	Verdadero

«O» lógico: Si p y q son valores lógicos, uno de ellos debe ser verdadero para que **O** devuelva verdadero.

8 > 4	O	3 = 6	Verdadero
7 <> 5	Y	5>=4	Verdadero

«No» lógico: Si p es un valor lógico, el operador **No** invierte su valor.

NO (8 > 4)	Falso
NO (7 <> 7)	Verdadero

Para Java se utiliza la siguiente simbología:

Operador	Descripción
&&	Y Lógico
||	O Lógico
!	No Lógico

D. Operadores de cadena: Son aquellos operadores que permiten realizar operaciones con cadenas. Por lo general, permiten unir en cadena, lo cual es llamado también «concatenar».

Operador	Descripción
+	Unir cadenas
&	Unir cadenas

Expresiones de cadena

"Ricardo" + " " + "Marcelo"	Ricardo Marcelo
"ricardomarcelo" & "@" & "hotmail.com"	ricardomarcelo@hotmail.com

En Java se utiliza solo el símbolo (+) para unir cadenas (concatenar).

1.23 Control de flujo

Todos los lenguajes de programación implementan estructuras para controlar la ejecución de un programa. Estas son:

- **Estructura secuencial.**
- **Estructura selectiva simple y doble.**
- **Estructura selectiva múltiple.**
- **Estructura repetitiva mientras.**
- **Estructura repetitiva para.**

En los siguientes capítulos se explicarán cada una de las estructuras mencionadas.

Capítulo 2

Estructura secuencial

2.1 Estructura secuencial

Son aquellos algoritmos que ejecutan instrucciones en forma consecutiva, es decir, uno detrás de otro, hasta finalizar el proceso.

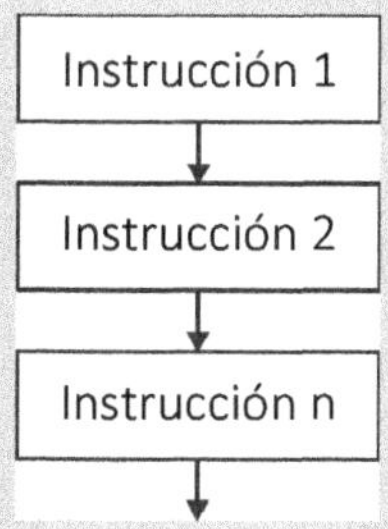

Instrucción 1

Instrucción 2

Instrucción n

Problema n.° 1

Enunciado: Dados dos números enteros, hallar la suma.

Análisis: Para la solución de este problema, se requiere que el usuario introduzca dos números enteros. Luego, que el sistema realice el cálculo respectivo para hallar la suma. Para ello usará la siguiente expresión.

Expresión matemática

s = n1 + n2

Expresión algorítmica

s ← n1 + n2

Entrada

- Dos números (n1 y n2)

Salida

- La suma (s)

Diseño: Interfaz de usuario

Algoritmo

Diagrama de flujo

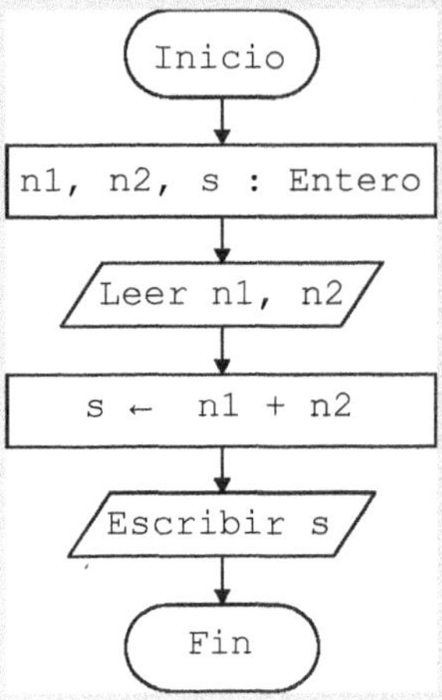

Pseudocódigo

```
Inicio

   //Variables
   n1, n2, s : Entero

   //Entrada
   Leer n1, n2

   //Proceso
   s ← n1 + n2

   //Salida
   Escribir s

Fin
```

Codificación:

```
import java.util.Scanner;

public class Problema01 {
    public static void main(String[] args) {
        //Variables
        int n1,n2,s;

        //Entrada
        Scanner teclado = new Scanner(System.in);
        System.out.print("Numero 1: ");
        n1 = teclado.nextInt();
        System.out.print("Numero 2: ");
        n2 = teclado.nextInt();

        //Proceso
        s = n1 + n2;

        //Salida
        System.out.println("");
        System.out.println("Suma: " + s);
    }
}
```

Problema n.° 2

Enunciado: Hallar el cociente y el residuo (resto) de dos números enteros.

Análisis: Para la solución de este problema, se requiere que el usuario introduzca dos números enteros. Luego, que el sistema realice el cálculo respectivo para hallar el cociente y residuo. Para esto use la siguiente expresión:

Expresión algorítmica

c ← n1 / n2

r ← n1 Mod n2

Entrada

- Dos números (n1 y n2)

Salida

- El cociente (c)
- El residuo (r)

Diseño: Interfaz de usuario

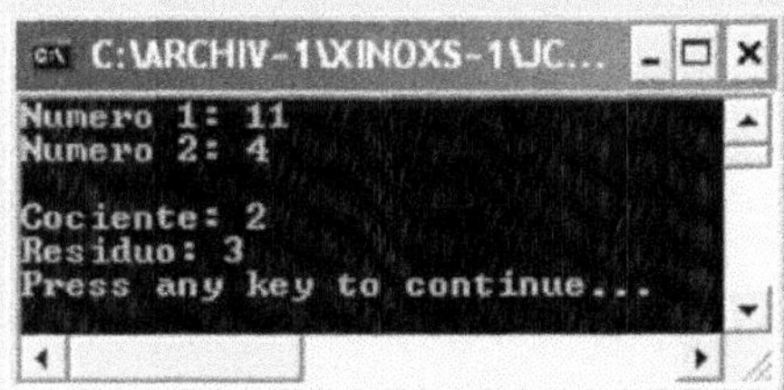

Algoritmo

Diagrama de flujo

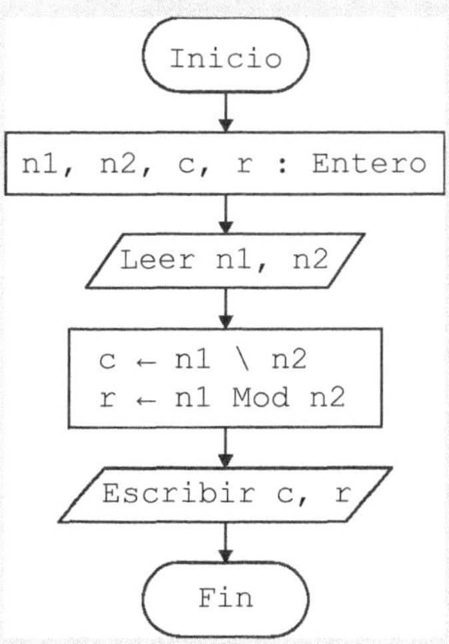

Pseudocódigo

```
Inicio

   //Variables
   n1, n2, c, r : Entero

   //Entrada
   Leer n1, n2

   //Proceso
   c ← n1 \ n2
   r ← n1 Mod n2

   //Salida
   Escribir c, r

Fin
```

Codificación:

```
import java.util.Scanner;

public class Problema02 {
    public static void main(String[] args) {
        //Variables
        int n1,n2,c,r;

        //Entrada
        Scanner teclado = new Scanner(System.in);
        System.out.print("Numero 1: ");
        n1 = teclado.nextInt();
        System.out.print("Numero 2: ");
        n2 = teclado.nextInt();

        //Proceso
        c = n1 / n2;
        r = n1 % n2;

        //Salida
        System.out.println("");
        System.out.println("Cociente: " + c);
        System.out.println("Residuo: " + r);

    }
}
```

Problema n.° 3

Enunciado: Dado el valor de venta de un producto, hallar el IGV (19 %) y el precio de venta.

Análisis: Para la solución de este problema, se requiere que el usuario introduzca el valor de venta del producto. Luego, que el sistema realice el cálculo respectivo para hallar el IGV y el precio de venta. Para esto use la siguiente expresión:

Expresión algorítmica

igv ← vv * 0,19

pv ← vv + igv

Entrada

- Valor de venta (vv)

Salida

- El IGV (igv)
- El precio de venta (pv)

Diseño: Interfaz de usuario

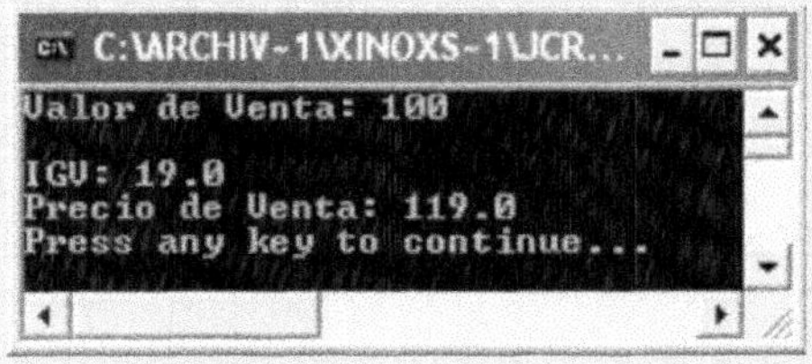

Algoritmo

Diagrama de flujo

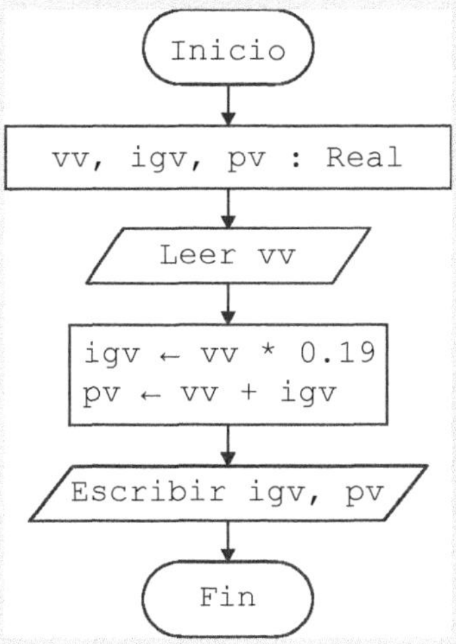

Pseudocódigo

```
Inicio

   //Variables
   vv, igv, pv : Real

   //Entrada
   Leer vv

   //Proceso
   igv ← vv * 0.19
   pv ← vv + igv

   //Salida
   Escribir igv, pv

Fin
```

Codificación:

```
import java.util.Scanner;

public class Problema03 {
    public static void main(String[] args) {
        //Variables
        float vv,igv,pv;

        //Entrada
        Scanner teclado = new Scanner(System.in);
        System.out.print("Valor de Venta: ");
        vv = teclado.nextFloat();

        //Proceso
        igv = v * 0.19F;
        pv = vv + igv;

        //Salida
        System.out.println("");
        System.out.println("IGV: " + igv);
        System.out.println("Precio de Venta: " + pv);
    }
}
```

Problema n.° 4

Enunciado: Hallar la potencia de a^n, donde «a» y «n» pertenecen a Z^+ (números enteros positivos).

Análisis: Para la solución de este problema, se requiere que el usuario introduzca dos números enteros positivos «a» y «n». Luego, que el sistema procese y obtenga la potencia «p».

Expresión matemática

$$p = a^n = \underbrace{a \times a \times a \times \ldots \times a}_{n \text{ factores}}$$

Expresión algorítmica

p ← a ^ n

Entrada

- Dos números enteros (a, n)

Salida

- La Potencia (p)

Diseño:

Interfaz de usuario

Algoritmo

Diagrama de flujo

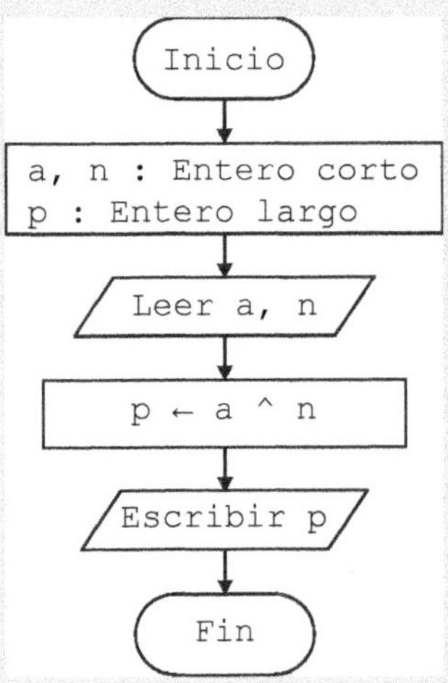

Pseudocódigo

```
Inicio

   //Variables
   a, n : Entero corto
   p : Entero largo

   //Entrada
   Leer a, n

   //Proceso
   p ← a ^ n

   //Salida
   Escribir p

Fin
```

Codificación:

```
import java.util.Scanner;

public class Problema04 {
    public static void main(String[] args) {
        //Variables
        short a,n;
        int p;

        //Entrada
        Scanner teclado = new Scanner(System.in);
        System.out.print("a: ");
        a = teclado.nextShort();
        System.out.print("n: ");
        n = teclado.nextShort();

        //Proceso
        p = (int)Math.pow((double)a,(double)n);

        //Salida
        System.out.println("");
        System.out.println("Potencia: " + p);
    }
}
```

Problema n.° 5

Enunciado: Hallar la radicación de $\sqrt[n]{a}$, donde «a» y «n» pertenecen a Z^+ (números enteros positivos).

Análisis: Para la solución de este problema, se requiere que el usuario introduzca dos números enteros positivos «a» y «n». Luego, que el sistema procese y obtenga la radicación «r».

Expresión matemática

$r = \sqrt[n]{a} = a^{\frac{1}{n}}$

Expresión algorítmica

r ← a ^ (1/n)

Entrada

- Dos números enteros (a, n)

Salida

- La radicación (r)

Diseño:

Interfaz de usuario

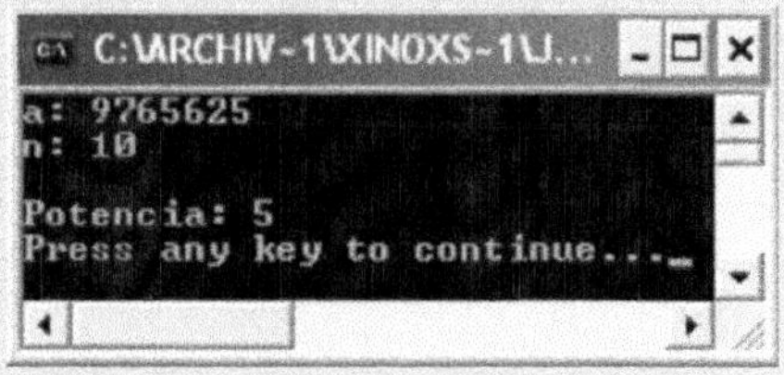

Algoritmo

Diagrama de flujo

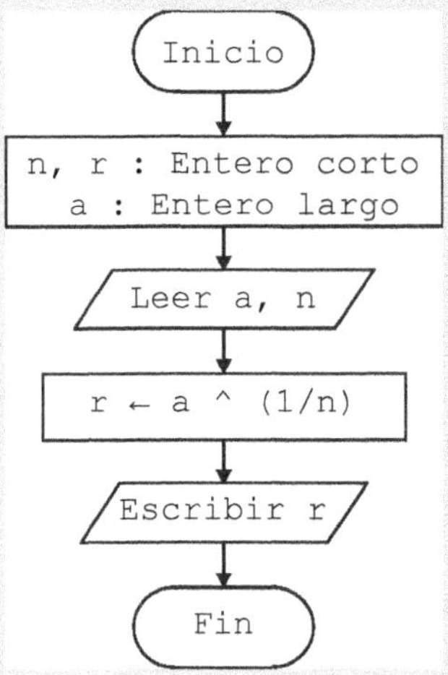

Pseudocódigo

```
Inicio

   //Variables
   n, r : Entero corto
   a : Entero largo

   //Entrada
   Leer a, n

   //Proceso
   r ← a ^ (1/n)

   //Salida
   Escribir r

Fin
```

Codificación:

```
import java.util.Scanner;

public class Problema05 {
    public static void main(String[] args) {
        //Variables
        int a;
        short n,r;

        //Entrada
        Scanner teclado = new Scanner(System.in);
        System.out.print("a: ");
        a = teclado.nextInt();
        System.out.print("n: ");
        n = teclado.nextShort();

        //Proceso
        r = (short)Math.pow((double)a,(1/(double)n));

        //Salida
        System.out.println("");
        System.out.println("Potencia: " + r);
    }
}
```

Problema n.° 6

Enunciado: Dado un número de cinco dígitos, devolver el número en orden inverso.

Análisis: Para la solución de este problema, se requiere que el usuario introduzca un número «n». Luego, que el sistema procese y obtenga el número inverso «ni» realizando 4 divisiones sucesivas entre 10, para acumular el residuo y el último cociente.

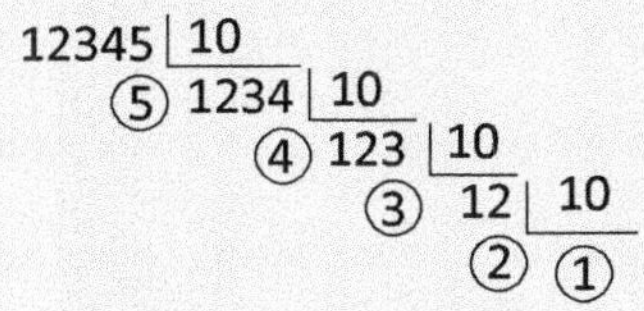

Entrada

- Un número entero (n)

Salida

- El número inverso (ni)

Diseño:

Interfaz de usuario

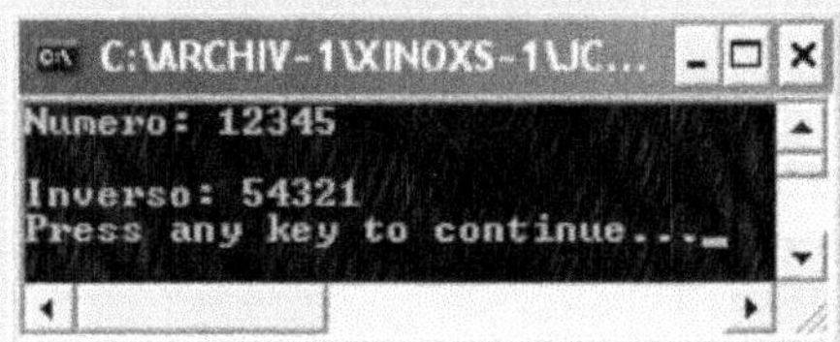

Algoritmo

Diagrama de flujo

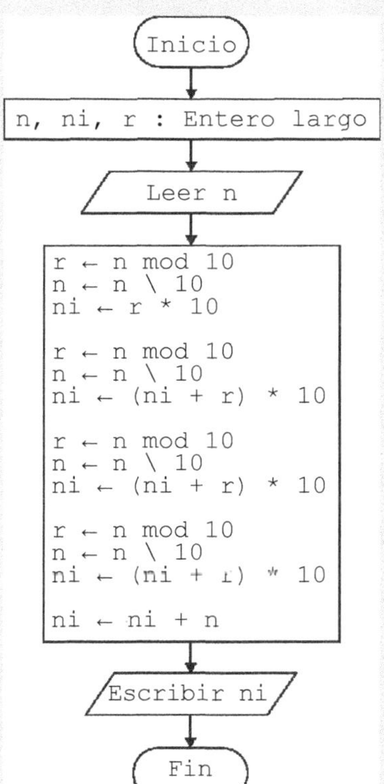

Pseudocódigo

```
Inicio

  //Variables
  n, ni, r : Entero largo

  //Entrada
  Leer n

  //Proceso
  r ← n mod 10
  n ← n \ 10
  ni ← r * 10

  r ← n mod 10
  n ← n \ 10
  ni ← (ni + r) * 10

  r ← n mod 10
  n ← n \ 10
  ni ← (ni + r) * 10

  r ← n mod 10
  n ← n \ 10
  ni ← (ni + r) * 10

  r ← n mod 10
  n ← n \ 10
  ni ← (ni + r) * 10

  ni ← ni + n

  //Salida
  Escribir ni

Fin
```

Codificación:

```
import java.util.Scanner;

public class Problema06 {
    public static void main(String[] args) {
        //Variables
        int n,ni,r;

        //Entrada
        Scanner teclado = new Scanner(System.in);
        System.out.print("Numero: ");
        n = teclado.nextInt();

        //Proceso
        r = n % 10;
          n = n / 10;
          ni = r * 10;

          r = n % 10;
          n = n / 10;
          ni = (ni + r) * 10;

          r = n % 10;
          n = n / 10;
          ni = (ni + r) * 10;

          r = n % 10;
          n = n / 10;
          ni = (ni + r) * 10;

          ni = ni + n;

        //Salida
        System.out.println("");
        System.out.println("Inverso: " + ni);
    }
}
```

Problema n.° 7

Enunciado: Determinar la suma de los N primeros números enteros positivos (Z^+). Use la siguiente fórmula:

$$S=\frac{N(N+1)}{2}$$

Análisis: Para la solución de este problema, se requiere que el usuario introduzca un número entero positivo «n». Luego, que el sistema procese y obtenga la suma de los primeros números enteros positivos hasta «n».

Expresión matemática

$$S=\frac{N(N+1)}{2}$$

Expresión algorítmica

s ← (n * (n + 1)) / 2

Entrada

- Número entero (n).

Salida

- Suma (s).

Diseño: Interfaz de usuario

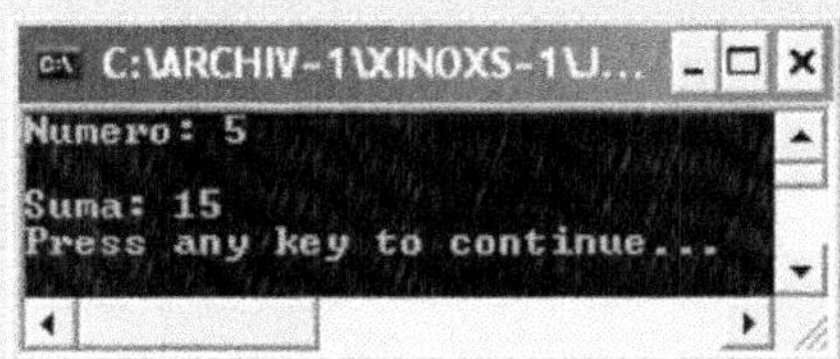

Algoritmo

Diagrama de flujo

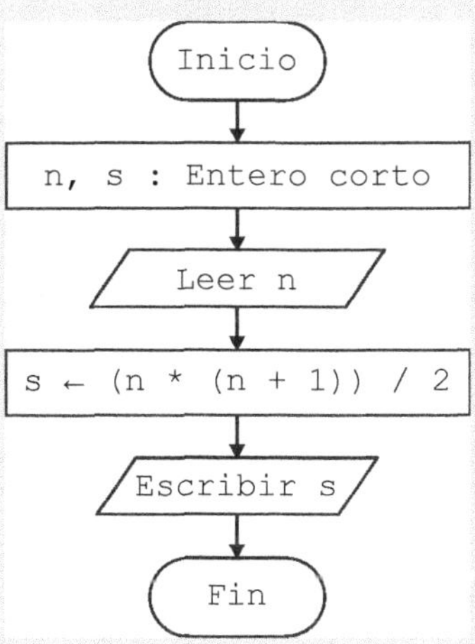

Pseudocódigo

```
Inicio

   //Variables
   n, s : Entero corto

   //Entrada
   Leer n

   //Proceso
   s ← (n * (n + 1)) / 2

   //Salida
   Escribir s

Fin
```

Codificación:

```
import java.util.Scanner;

public class Problema07 {
    public static void main(String[] args) {
        //Variables
        int n,s;

        //Entrada
        Scanner teclado = new Scanner(System.in);
        System.out.print("Numero: ");
        n = teclado.nextInt();

        //Proceso
        s = (n * (n + 1)) / 2;

        //Salida
        System.out.println("");
        System.out.println("Suma: " + s);
    }
}
```

Problema n.° 8

Enunciado: Calcular el interés compuesto generado por un capital depositado durante cierta cantidad de tiempo, a una tasa de interés determinada. Aplique las siguientes fórmulas:

$$M = (1 + r\%)^t.C$$

$$I = M - C$$

Monto (M): Es la suma del capital más los intereses producidos en un determinado tiempo.

Tasa de interés (r%): Es la ganancia que se obtiene por cada 100 unidades monetarias en cada periodo de tiempo.

Capital (C): Es todo aquello que se va a ceder o imponer durante algún tiempo para generar una ganancia.

Interés (I): Parte de la utilidad que obtiene el capitalista al prestar su dinero.

Tiempo (t): Es el periodo de tiempo durante el cual se cede el capital.

Análisis: Para la solución de este problema, se requiere que el usuario introduzca el capital «c» y la tasa de interés «r». Luego, que el sistema procese y obtenga el interés ganado y el monto producido.

Expresión matemática

$M = (1 + r\%)^t.C$

Expresión algorítmica

m ← ((1 + r / 100) ^ t) * c

Entrada

- Capital (c)
- Tasa de interés (r)
- Tiempo (t)

Salida

- Interés (i).
- Monto (m).

Diseño:

Interfaz de usuario

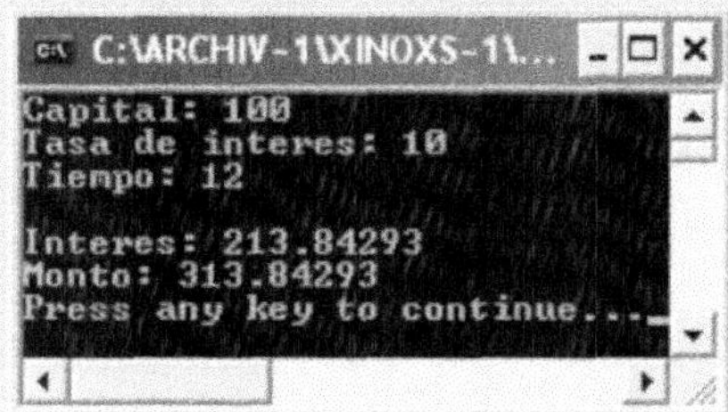

Algoritmo

Diagrama de flujo

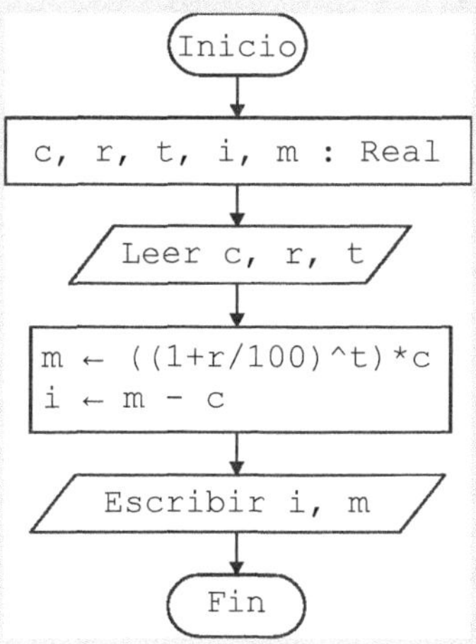

Pseudocódigo

```
Inicio

   //Variables
   c, r, t, i, m : Real

   //Entrada
   Leer c, r, t

   //Proceso
   m ← ((1+r/100)^t)*c
   i ← m - c

   //Salida
   Escribir i, m

Fin
```

Codificación:

```
import java.util.Scanner;

public class Problema08 {
    public static void main(String[] args) {
        //Variables
        float c,r,t,i,m;

        //Entrada
        Scanner teclado = new Scanner(System.in);
        System.out.print("Capital: ");
        c = teclado.nextFloat();
```

```
        System.out.print("Tasa de interes: ");
        r = teclado.nextFloat();
        System.out.print("Tiempo: ");
        t = teclado.nextFloat();

        //Proceso
        m = (float)(Math.pow((double)(1 + r / 100), (double)t)) * c;
        i = m - c;

        //Salida
        System.out.println("");
        System.out.println("Interes: " + i);
        System.out.println("Monto: " + m);
    }
}
```

Problema n.° 9

Enunciado: Crear un programa para encontrar el área de un círculo. Use la fórmula:

$$A = \pi . r^2$$

Área (A): Es el área del círculo.

PI (π): Representa el valor constante pi (3,14159).

Radio (r): Es el radio del círculo.

Análisis: Para la solución de este problema, se requiere que el usuario introduzca el radio del círculo. Luego, que el sistema procese y obtenga el área del círculo.

Expresión aritmética

$$A = \pi . r^2$$

Expresión algorítmica

A ← 3,14159 * r ^ 2

Entrada

- Radio (r)

Salida

- Área (a).

Diseño:

Interfaz de usuario

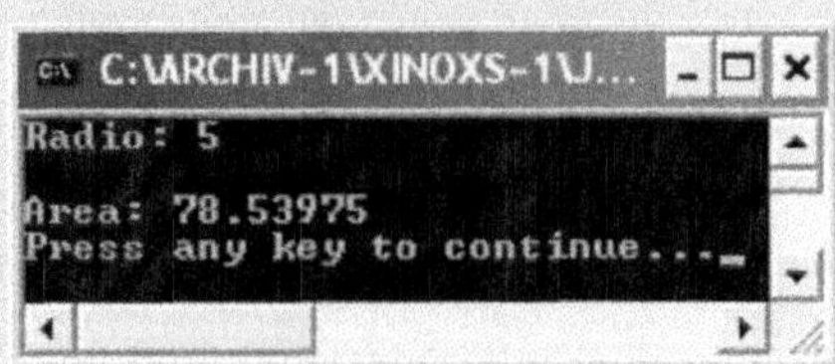

Algoritmo

Diagrama de flujo

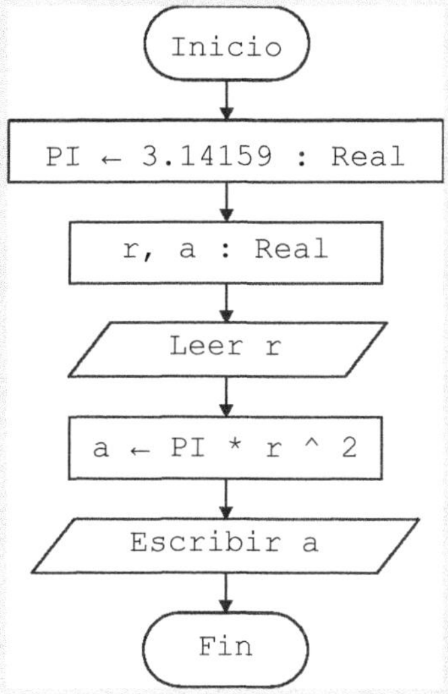

Pseudocódigo

```
Inicio

   //Constantes
   PI = 3.14159 : Real

   //Variables
   r, a : Real

   //Entrada
   Leer r

   //Proceso
   a ← PI * r ^ 2

   //Salida
   Escribir a

Fin
```

Codificación:

```
import java.util.Scanner;

public class Problema09 {
    public static void main(String[] args) {
        //Constantes
        final float PI = 3.14159F;

        //Variables
        float a,r;

        //Entrada
        Scanner teclado = new Scanner(System.in);
        System.out.print("Radio: ");
        r = teclado.nextFloat();

        //Proceso
        a = (float)(PI * (Math.pow((double)r , 2.0)));

        //Salida
        System.out.println("");
        System.out.println("Area: " + a);
    }
}
```

Problema n.° 10

Enunciado: Crear un programa que permita convertir una cantidad de segundos en horas, minutos y segundos.

Análisis: Para la solución de este problema, se requiere que el usuario introduzca un tiempo expresado en segundos. Luego, que el sistema procese y obtenga las horas, minutos y segundos restantes.

Entrada

- Tiempo en segundos (t)

Salida

- Horas (h)
- Minutos (m)
- Segundos (s)

Diseño:

Interfaz de usuario

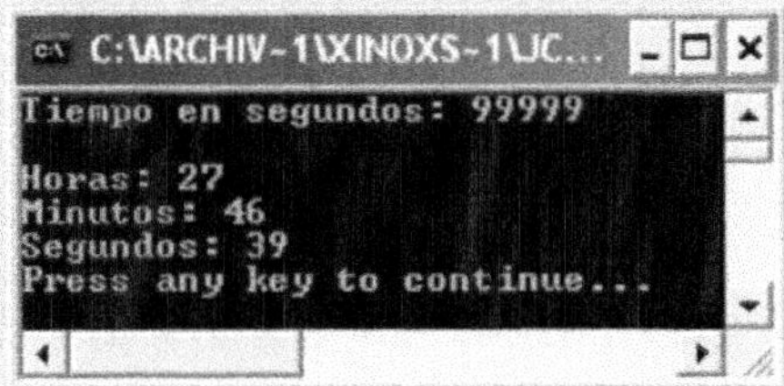

Algoritmo

Diagrama de flujo

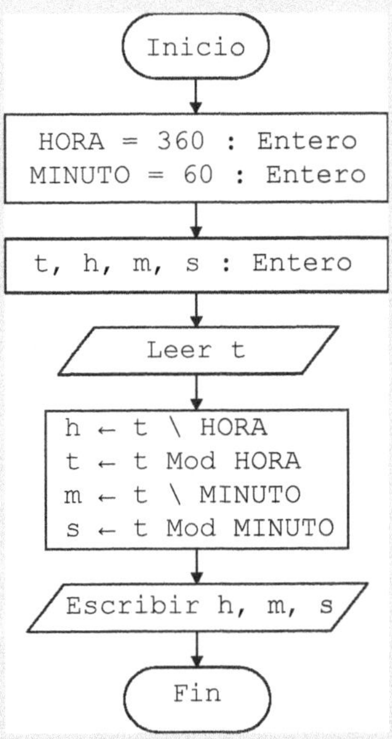

Pseudocódigo

```
Inicio

  //Constantes
  HORA = 360 : Entero
  MINUTO = 60 : Entero

  //Variables
  t, h, m, s : Entero

  //Entrada
  Leer t

  //Proceso
  h ← t \ HORA
  t ← t Mod HORA
  m ← t \ MINUTO
  s ← t Mod MINUTO

  //Salida
  Escribir h, m, s

Fin
```

Codificación:

```
import java.util.Scanner;

public class Problema10 {
    public static void main(String[] args) {
        //Constantes
        final int HORA = 3600;
        final int MINUTO = 60;

        //Variables
        int t,h,m,s;

        //Entrada
        Scanner teclado = new Scanner(System.in);
        System.out.print("Tiempo en segundos: ");
        t = teclado.nextInt();

        //Proceso
        h = t / HORA;
        t = t % HORA;
        m = t / MINUTO;
        s = t % MINUTO;

        //Salida
        System.out.println("");
        System.out.println("Horas: " + h);
        System.out.println("Minutos: " + m);
        System.out.println("Segundos: " + s);
    }
}
```

2.2 Problemas propuestos

Los siguientes problemas le servirán para medir su aprendizaje. Es importante que los resuelva.

Propuesto n.° 1

Enunciado: Dados dos números enteros (Z), a y b, hallar a + b y a – b.

Propuesto n.° 2

Enunciado: Dados dos números enteros, determinar cuántos números enteros están incluidos en ellos.

Propuesto n.° 3

Enunciado: Dada una cantidad de milímetros, expresarlo en la máxima cantidad de metros, el resto en decímetros, centímetros y milímetros.

Propuesto n.° 4

Enunciado: Obtener el valor de «c» y «d» de acuerdo a la siguiente fórmula.

$$c = \frac{(4a^4 + 3ba + b^2)}{a^2 - b^2} \qquad d = \frac{(3c^2 + a + b)}{4}$$

Propuesto n.° 5

Enunciado: Dados cuatro números enteros, obtener el porcentaje de cada uno en función a la suma de los cuatro números ingresados.

Propuesto n.° 6

Enunciado: Hallar el área y el perímetro de un cuadrado.

Propuesto n.° 7

Enunciado: Dada una cantidad de horas, obtener su equivalente en minutos y segundos.

Propuesto n.° 8

Enunciado: Convertir una cantidad de grados Fahrenheit a Celsius y Kelvin.

Propuesto n.° 9

Enunciado: Hallar el área y el perímetro de un rectángulo.

Propuesto n.° 10

Enunciado: Convertir grados sexagesimales a centesimales.

Capítulo 3

Estructura selectiva simple y doble

3.1 Introducción

Muchas veces tenemos que decidir si realizar una u otra tarea, dependiendo de una condición. En la programación existe una estructura que permite evaluar una condición (expresión lógica que devuelve «verdadero» o «falso») y determina qué instrucción o instrucciones se deben ejecutar si la condición es verdadera o si la condición es falsa.

En este capítulo usted aprenderá a resolver problemas que permitan evaluar condiciones lógicas. Esta es una de las estructuras básicas y más utilizadas en todo lenguaje de programación, también se las conoce como estructuras condicionales, alternativas y de decisiones.

3.2 Estructura selectiva simple

Evalúa una expresión lógica (condición). Si es verdadera ejecuta una determinada instrucción o instrucciones.

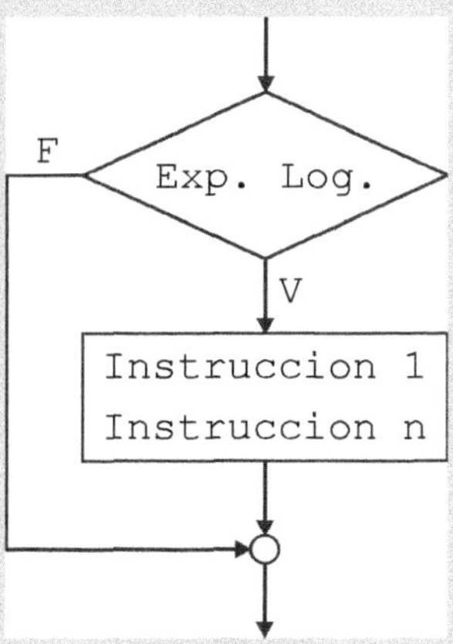


```
Si      <Exp. Log.> Entonces

        <Instruccion 1>
        <Instruccion n>

Fin Si
```

Sintaxis Java

```
//Una instrucción
if (<Exp. Log.>)
      <Instruccion 1>;
//Varias instrucciones
if (<Exp. Log.>) {
      <Instruccion 1>;
      <Instruccion n>;
}
```

3.3 Estructura selectiva doble

Evalúa una expresión lógica (condición). Si es verdadera, ejecuta una o varias instrucciones, y si es falsa, ejecuta otro grupo de instrucciones.

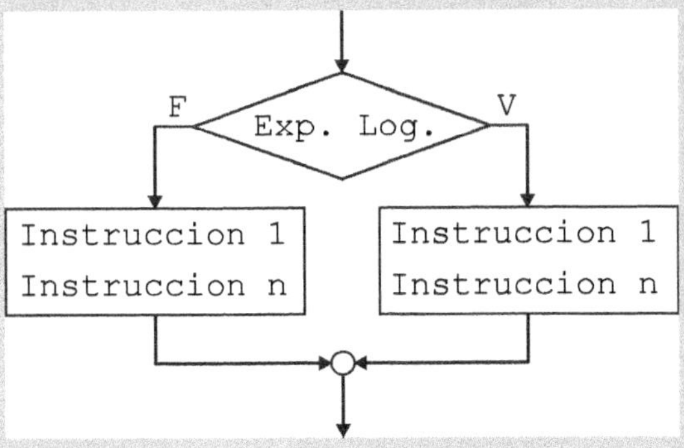


```
Si      <Exp. Log.>          Entonces
        <Instruccion 1>
        <Instruccion n>
SiNo
        <Instruccion 1>
        <Instruccion n>
Fin     Si
```

Sintaxis Java

```
if (<Exp. Log.>) {
      <Instruccion 1>;
      <Instruccion n>;
} else {
      <Instruccion 1>;
      <Instruccion n>;
}
```

3.4 Estructuras anidadas

Son aquellas estructuras que contienen una o más estructuras, es decir, está permitido colocar dentro de una estructura, otra estructura.

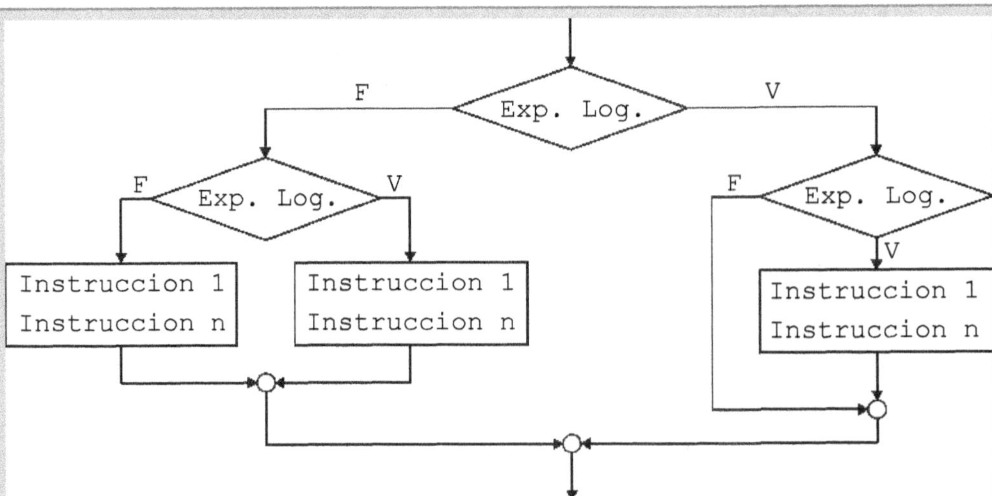

```
Si          <Exp. Log.> Entonces
   Si <Exp. Log.> Entonces
      <Instruccion 1>
      <Instruccion n>
   Fin Si
SiNo
   Si <Exp. Log.> Entonces
      <Instruccion 1>
      <Instruccion n>
   SiNo
      <Instruccion 1>
      <Instruccion n>
   Fin Si
Fin Si
```

Sintaxis Java

```
if (<Exp. Log.>) {
      if (<Exp. Log.>) {
            <Instruccion 1>;
            <Instruccion n>;
      }
} else {
      if (<Exp. Log.>) {
            <Instruccion 1>;
            <Instruccion n>;
      } else {
            <Instruccion 1>;
            <Instruccion n>;
      }
}
```

Problema n.º 11

Enunciado: Dados dos números enteros diferentes, devolver el número mayor.

Análisis: Para la solución de este problema, se requiere que el usuario introduzca dos números enteros diferentes. Luego, que el sistema realice el proceso para devolver el número mayor.

Expresión

Si n1 > n2 ⇒ n1 es Mayor

Si n2 > n1 ⇒ n2 es Mayor

Entrada

- Dos números (n1 y n2).

Salida

- Número mayor (m).

Diseño:

Interfaz de usuario

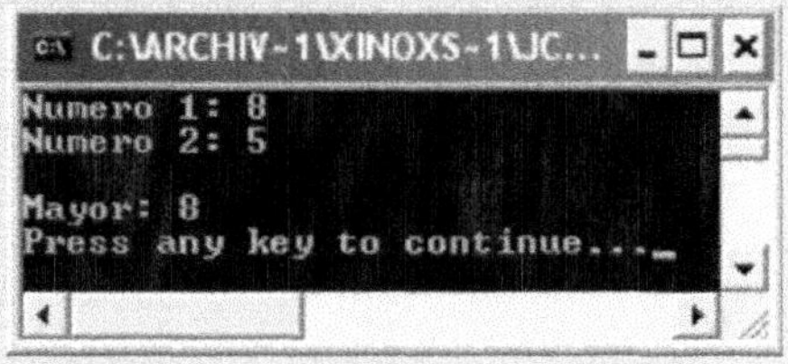

Algoritmo

Diagrama de flujo

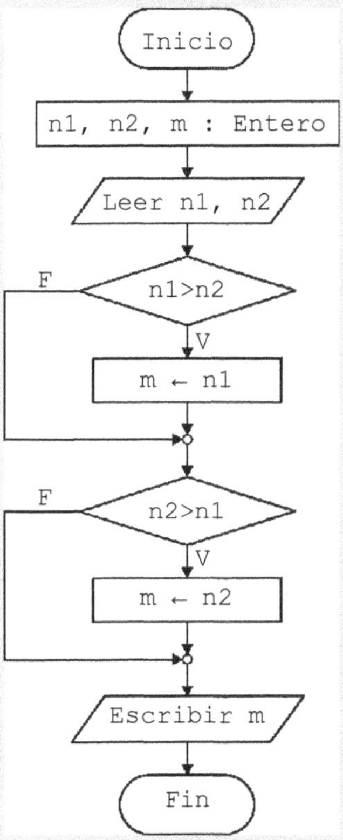

Pseudocódigo

```
Inicio

  //Variables
  n1, n2, m : Entero

  //Entrada
  Leer n1, n2

  //Proceso
  Si  n1 > n2 Entonces
      m ← n1
  Fin Si

  Si  n2 > n1 Entonces
      m ← n2
  Fin Si

  //Salida
  Escribir m

Fin
```

Codificación:

```
import java.util.Scanner;

public class Problema11 {
    public static void main(String[] args) {
        //Variables
        int n1,n2,m=0;

        //Entrada
        Scanner teclado = new Scanner(System.in);
        System.out.print("Numero 1: ");
        n1 = teclado.nextInt();
        System.out.print("Numero 2: ");
        n2 = teclado.nextInt();

        //Proceso
        if(n1 > n2)
           m = n1;

        if(n2 > n1)
           m = n2;

        //Salida
        System.out.println("");
        System.out.println("Mayor: " + m);
    }
}
```

Problema n.º 12

Enunciado: Determinar si un número entero es positivo, negativo o neutro.

Análisis: Para la solución de este problema, se requiere que el usuario introduzca un número entero. Luego, que el sistema verifique si es positivo, negativo o neutro.

Expresión

Si $n > 0 \Rightarrow$ POSITIVO

Si $n < 0 \Rightarrow$ NEGATIVO

Si $n = 0 \Rightarrow$ NEUTRO

Entrada

- Número (n)

Salida

- Resultado (r)
  - POSITIVO
  - NEGATIVO
  - NEUTRO

Diseño:

Interfaz de usuario

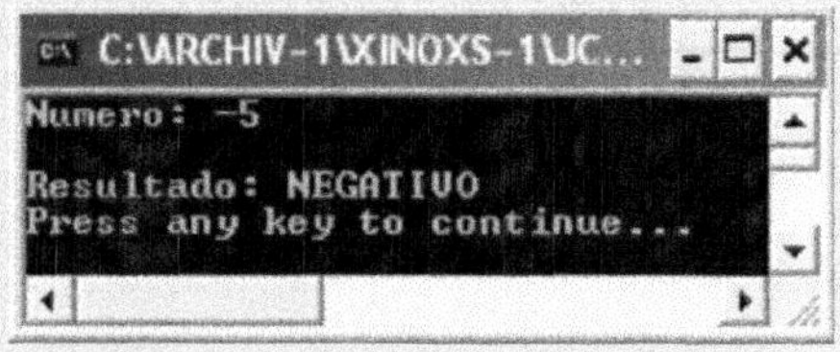

Algoritmo

Diagrama de flujo

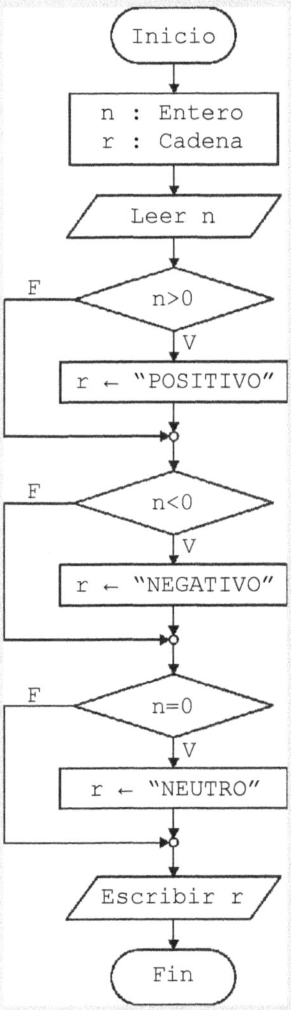

Pseudocódigo

```
Inicio

   //Variables
   n : Entero
   r : Cadena

   //Entrada
   Leer n

   //Proceso
   Si n > 0 Entonces
      r ← "POSITIVO"
   Fin Si

   Si n < 0 Entonces
      r ← "NEGATIVO"
   Fin Si

   Si n = 0 Entonces
      r ← "NEUTRO"
   Fin Si

   //Salida
   Escribir r

Fin
```

Codificación:

```
import java.util.Scanner;

public class Problema12 {
    public static void main(String[] args) {
        //Variables
        int n;
        String r="";

        //Entrada
        Scanner teclado = new Scanner(System.in);
        System.out.print("Numero: ");
        n = teclado.nextInt();

        //Proceso
        if(n > 0) {
           r = "POSITIVO";
        }

        if(n < 0){
           r = "NEGATIVO";
        }

        if(n == 0){
           r = "NEUTRO";
        }

        //Salida
        System.out.println("");
        System.out.println("Resultado: " + r);
    }
}
```

Problema n.º 13

Enunciado: Dado un carácter, determinar si es una vocal.

Análisis: Para la solución de este problema, se requiere que el usuario introduzca un carácter. Luego, que el sistema verifique si es una vocal.

Expresión

Si c = 'a' v c = 'A' ⇒ VOCAL

Si c = 'e' v c = 'E' ⇒ VOCAL

Si c = 'i' v c = 'I' ⇒ VOCAL

Si c = 'o' v c = 'O' ⇒ VOCAL

Si c = 'u' v c = 'U' ⇒ VOCAL

Entrada

- Carácter (c)

Salida

- Resultado (r)
  - ES VOCAL
  - NO ES VOCAL

Diseño:

Interfaz de usuario

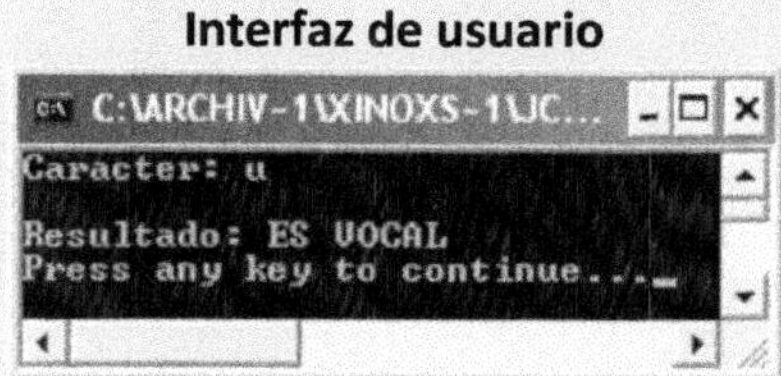

Algoritmo

Diagrama de flujo

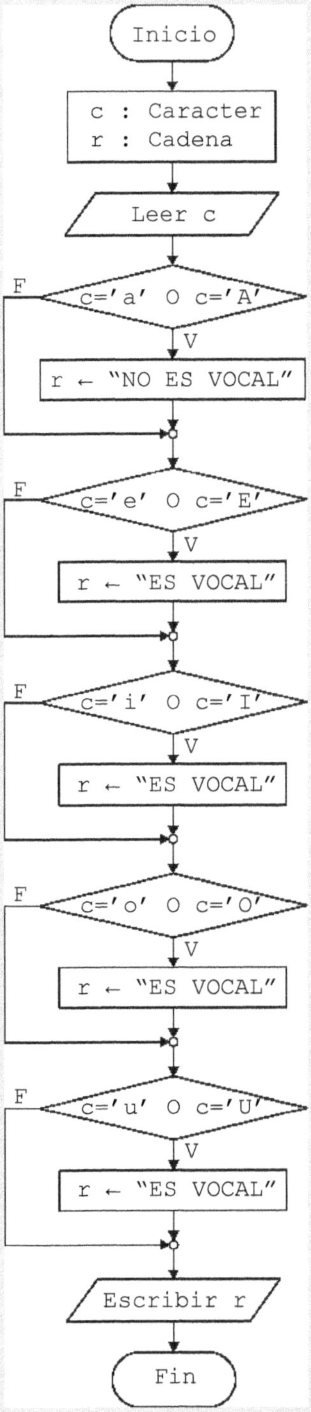

Pseudocódigo

```
Inicio

   //Variables
   c : Caracter
   r : Cadena

   //Entrada
   Leer c

   //Proceso
   r ← "NO ES VOCAL"

   Si c='a' O c='A' Entonces
       r ← "ES VOCAL"
   Fin Si

   Si c='e' O c='E' Entonces
       r ← "ES VOCAL"
   Fin Si

   Si c='i' O c='I' Entonces
       r ← "ES VOCAL"
   Fin Si

   Si c='o' O c='O' Entonces
       r ← "ES VOCAL"
   Fin Si

   Si c='U' O c='U' Entonces
       r ← "ES VOCAL"
   Fin Si

   //Salida
   Escribir r

Fin
```

Codificación:

```
import java.util.Scanner;

public class Problema13 {
    public static void main(String[] args) {
        //Variables
        char c;
        String r = "";

        //Entrada
        Scanner teclado = new Scanner(System.in);
        System.out.print("Caracter: ");
        c = teclado.next().charAt(0);

        //Proceso
          r = "NO ES VOCAL";

          if(c == 'a'  || c == 'A'){
                r = "ES VOCAL";
          }

          if(c == 'e' || c == 'E') {
                r = "ES VOCAL";
          }

          if(c == 'i' || c == 'I') {
                r = "ES VOCAL";
          }

          if(c == 'o' || c == 'O'){
                r = "ES VOCAL";
          }

          if(c == 'u' || c == 'U') {
                r = "ES VOCAL";
          }

        //Salida
        System.out.println("");
        System.out.println("Resultado: " + r);
    }
}
```

Problema n.º 14

Enunciado: Determinar si un número es múltiplo de 3 y 5.

Análisis: Para la solución de este problema, se requiere que el usuario introduzca un número entero n. Luego, que el sistema analice y determine si el número es múltiplo de 3 y de 5.

Expresión

Si n Mod 3 = 0 ^ n Mod 5 = 0 ⇒

SI ES MULTIPLO DE 3 y 5

SiNo

NO ES MULTIPLO DE 3 y 5

Entrada

- Número (n)

Salida

- Resultado (r)
  - ES MULTIPLO
  - NO ES MULTIPLO

Diseño:

Interfaz de usuario

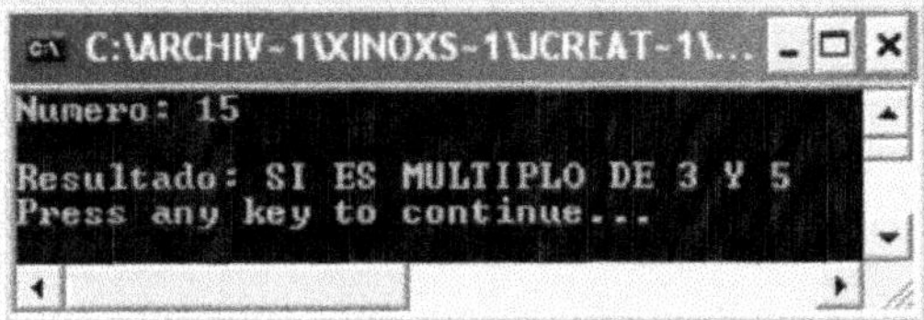

Algoritmo

Diagrama de flujo

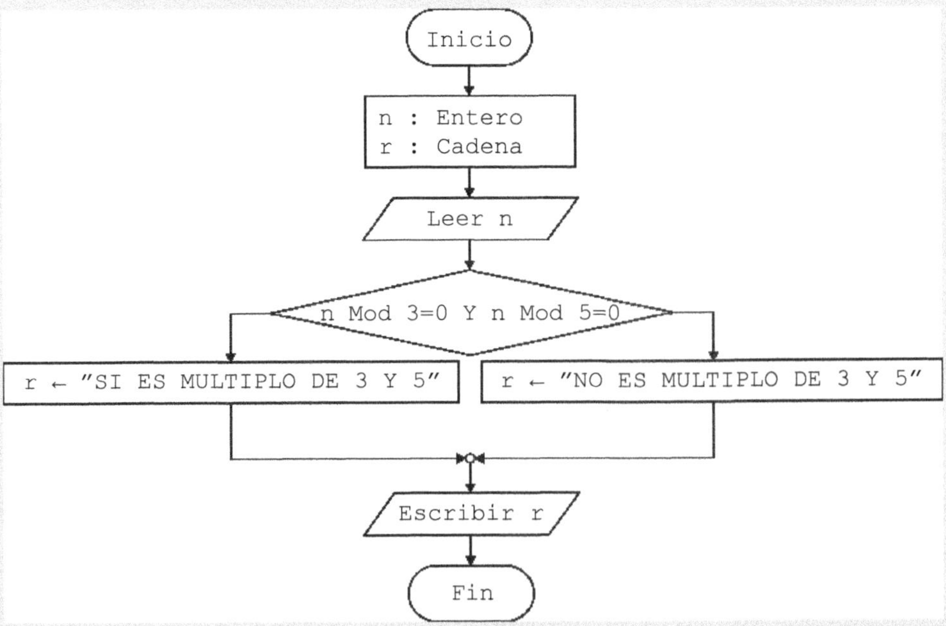

Pseudocódigo

```
Inicio

    //Variables
    n : Entero
    r : Cadena

    //Entrada
    Leer n

    //Proceso
    Si n Mod 3 = 0 Y n Mod 5 = 0 Entonces
        r ← "SI ES MULTIPLO DE 3 y 5"
    SiNo
        r ← "NO ES MULTIPLO DE 3 y 5"
    Fin Si

    //Salida
    Escribir r

Fin
```

Codificación:

```
import java.util.Scanner;

public class Problema14 {
    public static void main(String[] args) {
        //Variables
        int n;
        String r;

        //Entrada
        Scanner teclado = new Scanner(System.in);
        System.out.print("Numero: ");
        n = teclado.nextInt();

        //Proceso
        if(n % 3 == 0 && n % 5 == 0) {
           r = "SI ES MULTIPLO DE 3 Y 5";
        }else{
           r = "NO ES MULTIPLO DE 3 Y 5";
        }

        //Salida
        System.out.println("");
        System.out.println("Resultado: " + r);
    }
}
```

Problema n.º 15

Enunciado: Determinar si un número entero es par o impar.

Análisis: Para la solución de este problema se requiere que el usuario introduzca un número entero n. Luego, que el sistema verifique si el número es par o impar.

Expresión

Si n Mod 2 = 0 ⇒

PAR

SiNo

IMPAR

Entrada

- Número (n).

Salida

- Resultado (r)
  - PAR
  - IMPAR

Diseño:

Interfaz de usuario

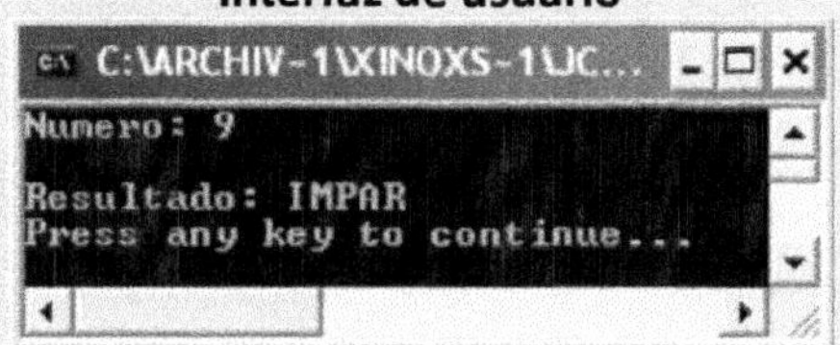

Algoritmo

Diagrama de flujo

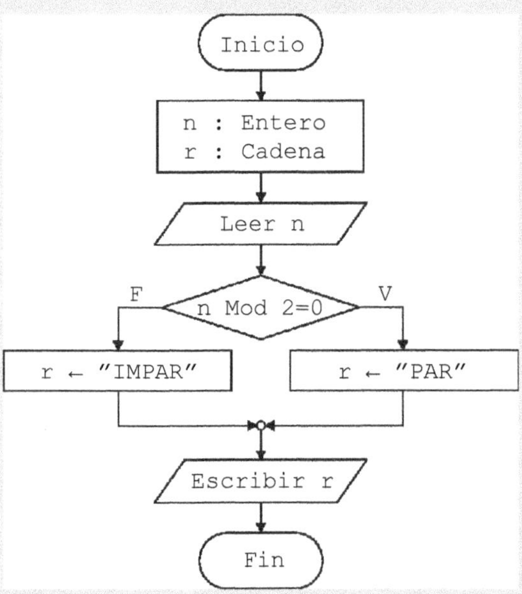

Pseudocódigo

```
Inicio

   //Variables
   n : Entero
   r : Cadena

   //Entrada
   Leer n

   //Proceso
   Si n Mod 2 = 0 Entonces
       r ← "PAR"
   SiNo
       r ← "IMPAR"
   Fin Si

   //Salida
   Escribir r

Fin
```

Codificación:

```
import java.util.Scanner;

public class Problema15 {
    public static void main(String[] args) {
        //Variables
        int n;
        String r;

        //Entrada
        Scanner teclado = new Scanner(System.in);
        System.out.print("Numero: ");
        n = teclado.nextInt();

        //Proceso
        if(n % 2 == 0){
           r = "PAR";
        }else{
           r = "IMPAR";
        }

        //Salida
        System.out.println("");
        System.out.println("Resultado: " + r);
    }
}
```

Problema n.º 16

Enunciado: Dados tres números enteros, devolver el número mayor.

Análisis: Para la solución de este problema se requiere que el usuario introduzca tres números enteros (n1, n2 y n3). Luego, que el sistema verifique y devuelva el número mayor.

Entrada

- Tres números (n1, n2, n3)

Salida

- Número mayor (m)

Diseño:

Interfaz de usuario

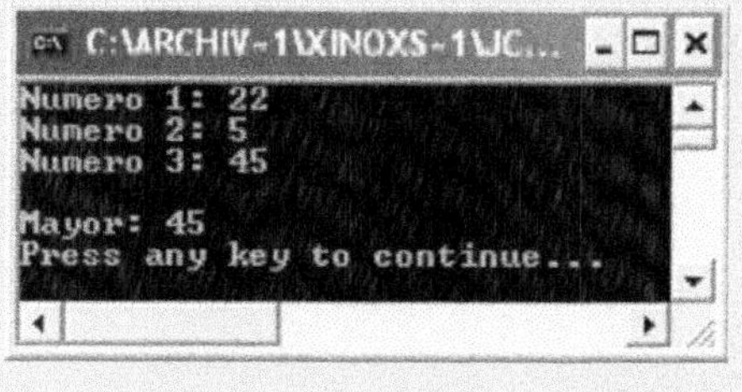

Algoritmo

Diagrama de flujo

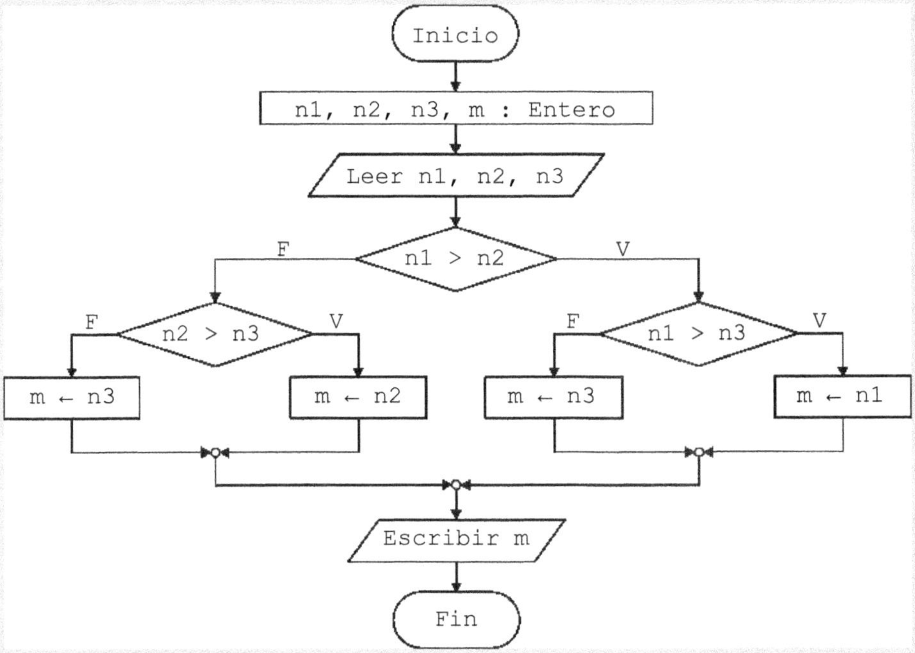

Pseudocódigo

```
Inicio

   //Variables
   n1, n2, n3 : Entero

   //Entrada
   Leer n1, n2, n3

   //Proceso
   Si n1 > n2 Entonces
       Si n1 > n3 Entonces
              m ← n1
       SiNo
              m ← n3
       Fin Si
   SiNo
       Si n2 > n3 Entonces
              m ← n2
       SiNo
              m ← n3
       Fin Si
   Fin Si

   //Salida
   Escribir m

Fin
```

Codificación:

```
import java.util.Scanner;

public class Problema16 {
    public static void main(String[] args) {
        //Variables
        int n1,n2,n3,m;

        //Entrada
        Scanner teclado = new Scanner(System.in);
        System.out.print("Numero 1: ");
        n1 = teclado.nextInt();
        System.out.print("Numero 2: ");
        n2 = teclado.nextInt();
        System.out.print("Numero 3: ");
        n3 = teclado.nextInt();

        //Proceso
        if(n1 > n2){
           if(n1 > n3){
              m = n1;
           }else{
              m = n3;
           }
        }else{
           if(n2 > n3){
              m = n2;
           }else{
              m = n3;
           }
        }

        //Salida
        System.out.println("");
        System.out.println("Mayor: " + m);
    }
}
```

Problema n.º 17

Enunciado: Dado un número, devolver el doble si el número no es par. En caso contrario, el triple.

Análisis: Para la solución de este problema, se requiere que el usuario introduzca un número entero n. Luego, que el sistema verifique y devuelva el doble o el triple del número.

Expresión

Si ~(n Mod 2 = 0) ⇒

r = n * 2

SiNo

r = n * 3

Entrada	**Salida**
• Número entero (n)	• Resultado (r)

Diseño:

Interfaz de usuario

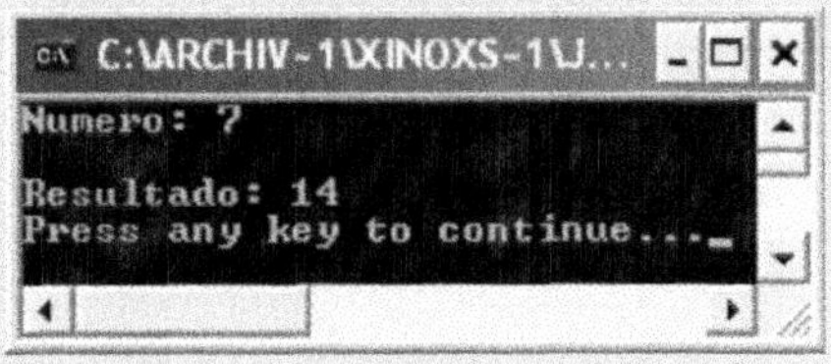

Algoritmo

Diagrama de flujo

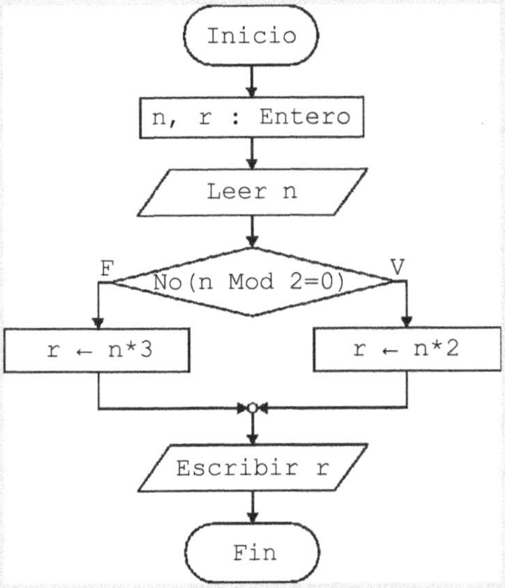

Pseudocódigo

```
Inicio

   //Variables
   n, r : Entero

   //Entrada
   Leer n

   //Proceso
   Si No(n Mod 2=0) Entonces
      r ← n * 2
   SiNo
      r ← n * 3
   Fin Si

   //Salida
   Escribir r

Fin
```

Codificación:

```
import java.util.Scanner;

public class Problema17 {
    public static void main(String[] args) {
        //Variables
        int n,r;

        //Entrada
        Scanner teclado = new Scanner(System.in);
        System.out.print("Numero: ");
        n = teclado.nextInt();

        //Proceso
        if(!(n % 2 == 0)){
           r = n * 2;
        }else{
           r = n * 3;
        }

        //Salida
        System.out.println("");
        System.out.println("Resultado: " + r);
    }
}
```

Problema n.º 18

Enunciado: Dados tres números, devolver los números en orden ascendente.

Análisis: Para la solución de este problema, se requiere que el usuario introduzca tres números (n1, n2 y n3). Luego, que el sistema verifique y devuelva los números ordenados en forma ascendente.

Primero se debe encontrar el número mayor, luego el número menor y al final el número intermedio, el cual resulta de sumar los tres números para después restarle (mayor + menor).

Entrada	Salida
• Números (n1, n2, n3)	• Números ordenados (ma, int, me)

Diseño:

Interfaz de usuario

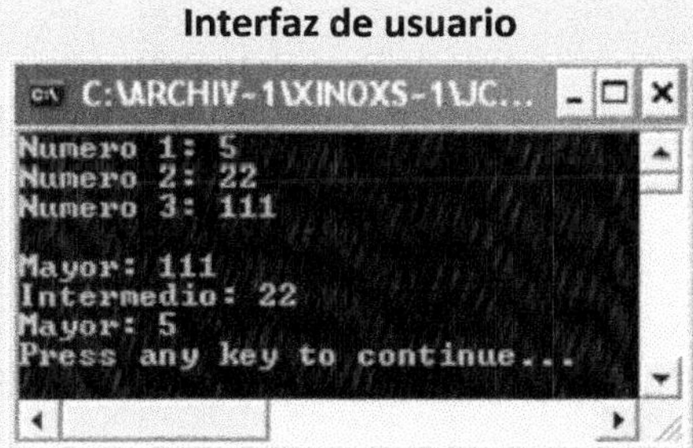

Algoritmo

Diagrama de flujo

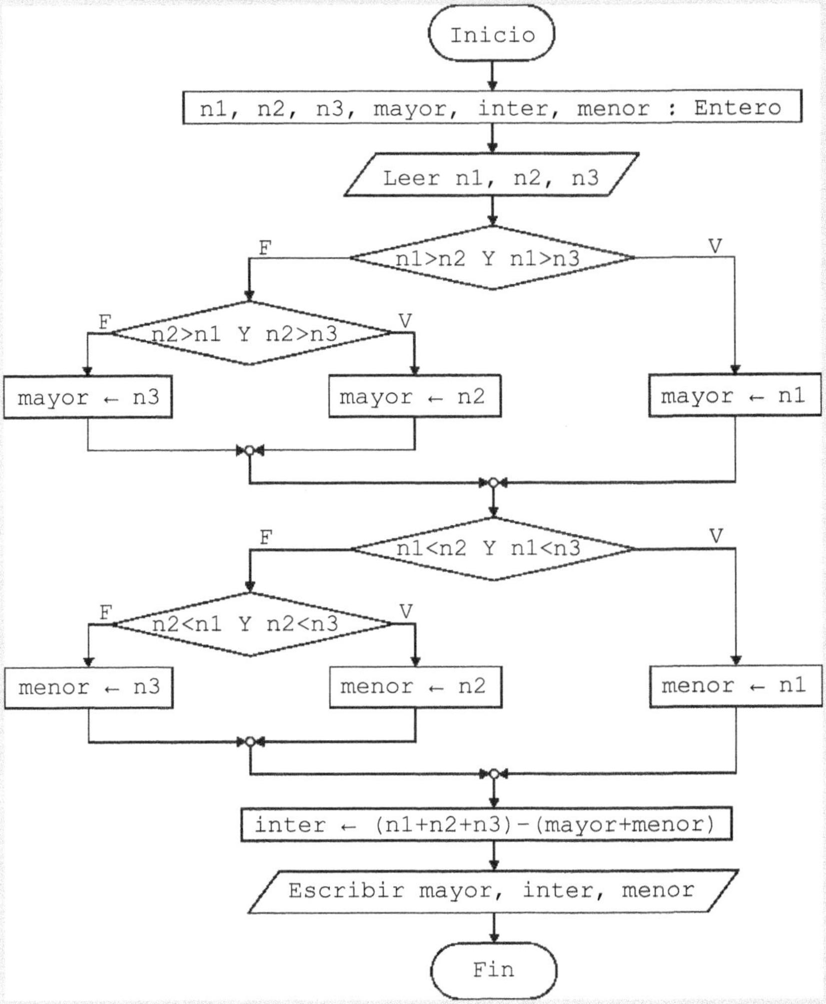

Pseudocódigo

```
Inicio

   //Variables
   n1, n2, n3, mayor, inter, menor : Entero

   //Entrada
   Leer n1, n2, n3

   //Proceso
   Si n1 > n2 Y n1 > n3 Entonces
      mayor ← n1
   SiNo
      Si n2 > n1 Y n2 > n3 Entonces
         mayor ← n2
      SiNo
         mayor ← n3
      Fin Si
   Fin Si
   Si n1 < n2 Y n1 < n3 Entonces
      menor ← n1
   SiNo
      Si n2 < n1 Y n2 < n3 Entonces
         menor ← n2
      SiNo
         menor ← n3
      Fin Si
   Fin Si

   inter ← (n1+n2+n3)-(mayor+menor)

   //Salida
   Escribir mayor, inter, menor

Fin
```

Codificación:

```
import java.util.Scanner;

public class Problema18 {
    public static void main(String[] args) {
        //Variables
        int n1,n2,n3,mayor,inter,menor;

        //Entrada
        Scanner teclado = new Scanner(System.in);
        System.out.print("Numero 1: ");
        n1 = teclado.nextInt();
        System.out.print("Numero 2: ");
        n2 = teclado.nextInt();
          System.out.print("Numero 3: ");
        n3 = teclado.nextInt();

        //Proceso
          if(n1 > n2 && n1 > n3){
                mayor = n1;
          }else{
           if(n2 > n1 && n2 > n3){
                          mayor = n2;
           }else{
              mayor = n3;
           }
          }

          if(n1 < n2 && n1 < n3){
                menor = n1;
          }else{
            if(n2 < n1 && n2 < n3){
                menor = n2;
            }else{
                menor = n3;
            }
          }

          inter = (n1 + n2 + n3) - (mayor + menor);

        //Salida
        System.out.println("");
        System.out.println("Mayor: " + mayor);
        System.out.println("Intermedio: " + inter);
        System.out.println("Mayor: " + menor);
    }
}
```

Problema n.º 19

Enunciado: Un restaurante ofrece un descuento del 10 % para consumos de hasta 100 € y un descuento de 20 % para consumos mayores. Para ambos casos se aplica un impuesto del 19 %. Determinar el monto del descuento, el impuesto y el importe a pagar.

Análisis: Para la solución de este problema se requiere que el usuario introduzca el consumo. Luego, que el sistema verifique y calcule el monto del descuento, el impuesto y el importe a pagar.

Entrada

- Consumo (c)

Salida

- Monto del descuento (m_d)
- Impuesto (m_igv)
- Importe a pagar (p)

Diseño:

Interfaz de usuario

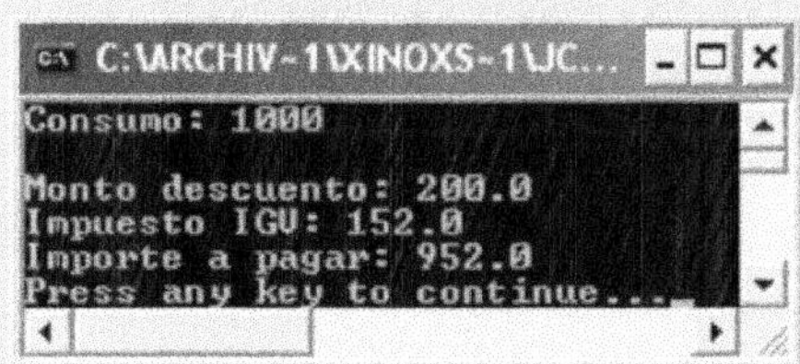

Algoritmo

Diagrama de flujo

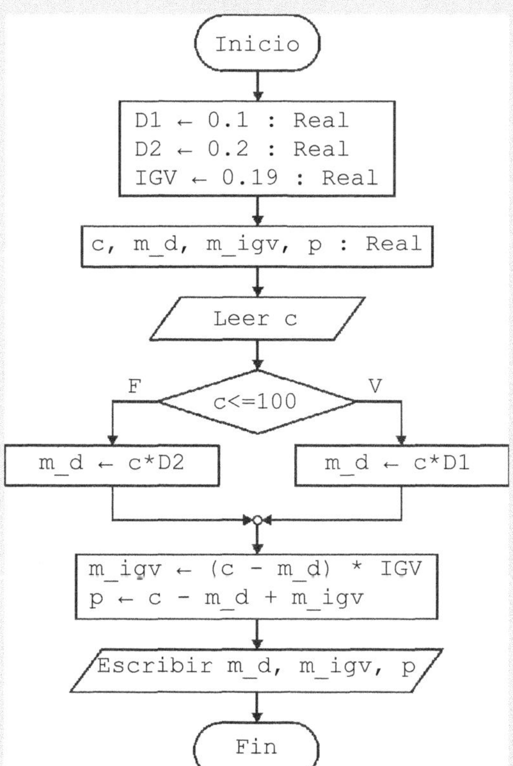

Pseudocódigo

```
Inicio

   //Constantes
   D1 = 0.1 : Real
   D2 = 0.2 : Real
   IGV = 0.19 : Real

   //Variables
   c, m_d, m_igv, p : Real

   //Entrada
   Leer c

   //Proceso
   Si c <= 100 Entonces
      m_d ← c * D1
   SiNo
      m_d ← c * D2
   Fin Si

   m_igv ← (c - m_d) * IGV
   p ← c - m_d + m_igv

   //Salida
   Escribir m_d, m_igv, p

Fin
```

Codificación:

```
import java.util.Scanner;

public class Problema19 {
    public static void main(String[] args) {
            //Constantes
            final float D1 = 0.1F;
            final float D2 = 0.2F;
            final float IGV = 0.19F;

        //Variables
        float c,m_d,m_igv,p;

        //Entrada
        Scanner teclado = new Scanner(System.in);
        System.out.print("Consumo: ");
        c = teclado.nextFloat();

        //Proceso
          if(c <= 100 ){
                m_d = c * D1;
          }else{
                m_d = c * D2;
          }

          m_igv = (c - m_d) * IGV;
          p = c - m_d + m_igv;

        //Salida
        System.out.println("");
        System.out.println("Monto descuento: " + m_d);
        System.out.println("Impuesto IGV: " + m_igv);
        System.out.println("Importe a pagar: " + p);
    }
}
```

Problema n.º 20

Enunciado: Debido a los excelentes resultados, el restaurante decide ampliar sus ofertas de acuerdo a la siguiente escala de consumo (ver tabla). Determinar el monto del descuento, el importe del impuesto y el importe a pagar.

Consumo (€)	Descuento (%)
Hasta 100	10
Mayor a 100	20
Mayor a 200	30

Análisis: Para la solución de este problema, se requiere que el usuario introduzca el consumo. Luego, que el sistema verifique y calcule el monto del descuento, el impuesto y el importe a pagar.

Entrada

- Consumo (c)

Salida

- Monto del descuento (m_d)
- Impuesto (m_igv)
- Importe a pagar (p)

Diseño:

Interfaz de usuario

Algoritmo

Diagrama de flujo

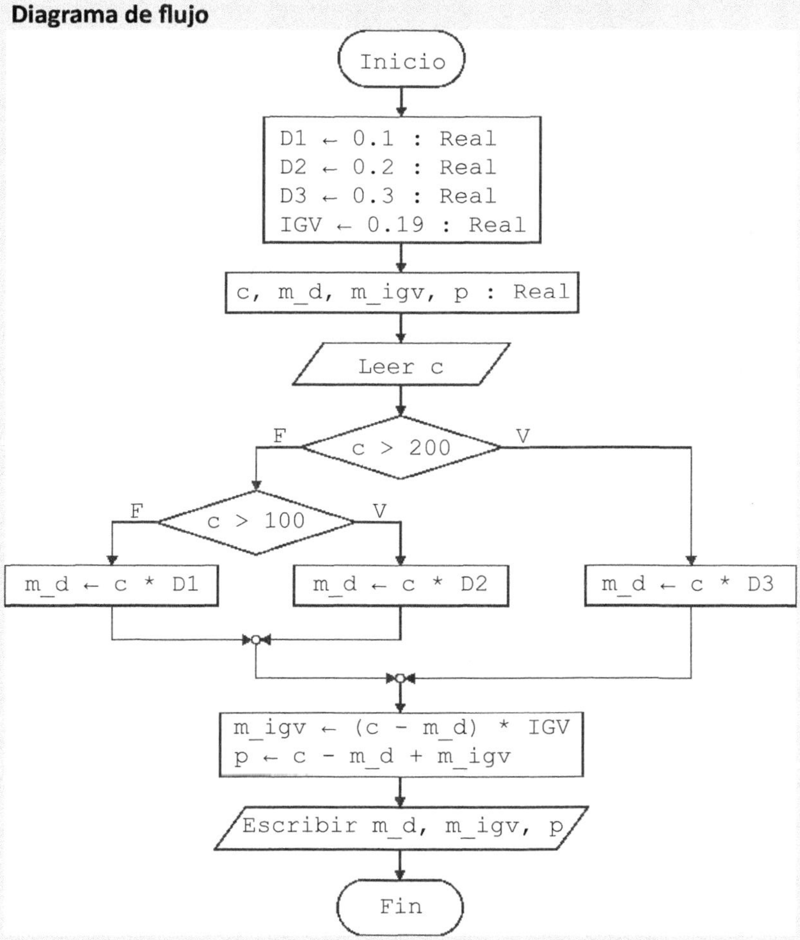

Pseudocódigo

```
Inicio

   //Constantes
   D1 = 0.1 : Real
   D2 = 0.2 : Real
   D3 = 0.3 : Real
   IGV = 0.19 : Real
   //Variables
   c, m_d, m_igv, p : Real

   //Entrada
   Leer c

   //Proceso
   Si c > 200 Entonces
       m_d ← c * D3
   SiNo
       Si c > 100 Entonces
             m_d ← c * D2
       SiNo
             m_d ← c * D1
       Fin Si
   Fin Si

   m_igv ← (c - m_d) * IGV
   p ← c - m_d + m_igv

   //Salida
   Escribir m_d, m_igv, p

Fin
```

Codificación:

```
import java.util.Scanner;

public class Problema20 {
    public static void main(String[] args) {
        //Constantes
        final float D1 = 0.1F;
        final float D2 = 0.2F;
        final float D3 = 0.3F;
        final float IGV = 0.19F;

        //Variables
        float c,m_d,m_igv,p;

        //Entrada
        Scanner teclado = new Scanner(System.in);
        System.out.print("Consumo: ");
        c = teclado.nextFloat();
```

```
        //Proceso
        if(c > 200){
            m_d = c * D3;
        }else{
                if(c > 100 ){
                            m_d = c * D2;
                    }else{
                            m_d = c * D1;
                    }
        }

           m_igv = (c - m_d) * IGV;
           p = c - m_d + m_igv;

        //Salida
        System.out.println("");
        System.out.println("Monto descuento: " + m_d);
        System.out.println("Impuesto IGV: " + m_igv);
        System.out.println("Importe a pagar: " + p);
    }
}
```

Problema n.º 21

Enunciado: Al introducir el valor de una temperatura, obtener el tipo de clima según la siguiente tabla.

Temperatura	Tipo de clima
Temp. < 10	Frío
Temp. Entre 10 Y 20	Nublado
Temp. Entre 21 Y 30	Calor
Temp. > 30	Tropical

Análisis: Para la solución de este problema se requiere que el usuario introduzca la temperatura. Luego, que el sistema verifique y determine el clima.

Entrada

- Temperatura (t)

Salida

- Clima (c)

Diseño:

Interfaz de usuario

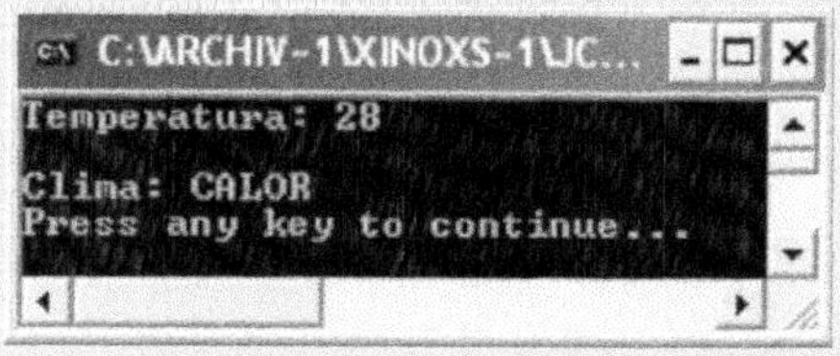

Algoritmo

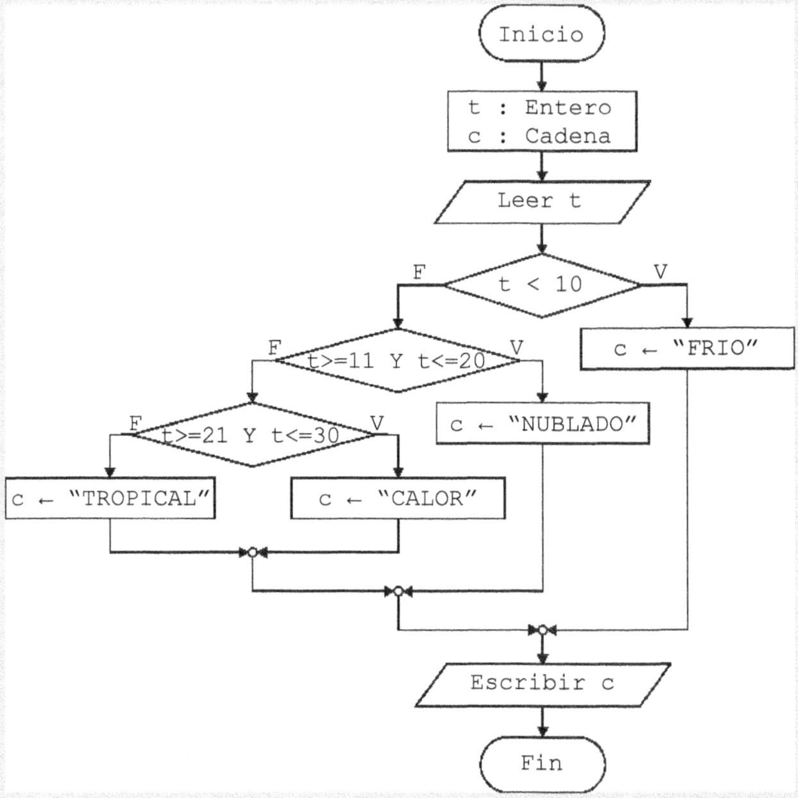

Pseudocódigo

```
Inicio

      //Variables
      t : Entero
      c : Cadena

      //Entrada
      Leer t

      //Proceso
      Si t < 10 Entonces
            c ← "FRIO"
      SiNo
            Si t >= 11 Y t <=20 Entonces
                  c ← "NUBLADO"
            SiNo
                  Si t >= 21 Y t <=20 Entonces
                        c ← "CALOR"
                  SiNo
                        c ← "TROPICAL"
                  Fin Si
            Fin Si
      Fin Si

      //Salida
      Escribir c

Fin
```

Codificación:

```
import java.util.Scanner;

public class Problema21 {
    public static void main(String[] args) {
        //Variables
        int t;
        String c;

        //Entrada
        Scanner teclado = new Scanner(System.in);
        System.out.print("Temperatura: ");
        t = teclado.nextInt();

        //Proceso
        if(t < 10) {
                c = "FRIO";
        }else{
            if(t >= 10 && t <= 20){
                    c = "NUBLADO";
            }else{
                if(t >= 21 && t <= 30){
                        c = "CALOR";
                }else{
                    c = "TROPICAL";
                }
            }
        }

        //Salida
        System.out.println("");
        System.out.println("Clima: " + c);
    }
}
```

Problema n.º 22

Enunciado: Un negocio tiene dos tipos de cliente: cliente general (G) y cliente afiliado (A). Acepta dos formas de pago: al contado (C) y en plazos (P). Nos piden crear un programa que al introducir el monto de la compra se obtenga el monto del descuento o el monto del recargo y el total a pagar, según la siguiente tabla:

Tipo	Contado (C) descuento	Plazos (P) recargo
Cliente general (G)	15 %	10 %
Cliente afiliado (A)	20 %	5 %

Análisis: Para la solución de este problema se requiere que el usuario introduzca el monto de la compra, el tipo de cliente y la forma de pago. Luego, que el sistema verifique y determine el monto de descuento o recargo, y el total a pagar.

Entrada

- Monto de la compra (mc)
- Tipo de cliente (tc)
- Forma de pago (fp)

Salida

- Monto de descuento o recargo (m)
- Total a pagar (tp)

Diseño:

Interfaz de usuario

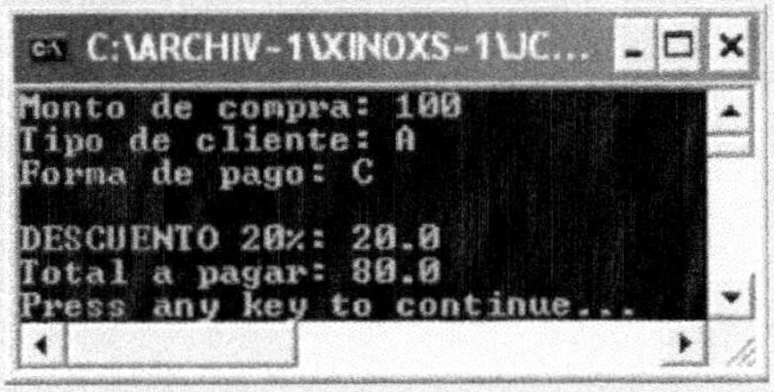

Algoritmo

Diagrama de flujo

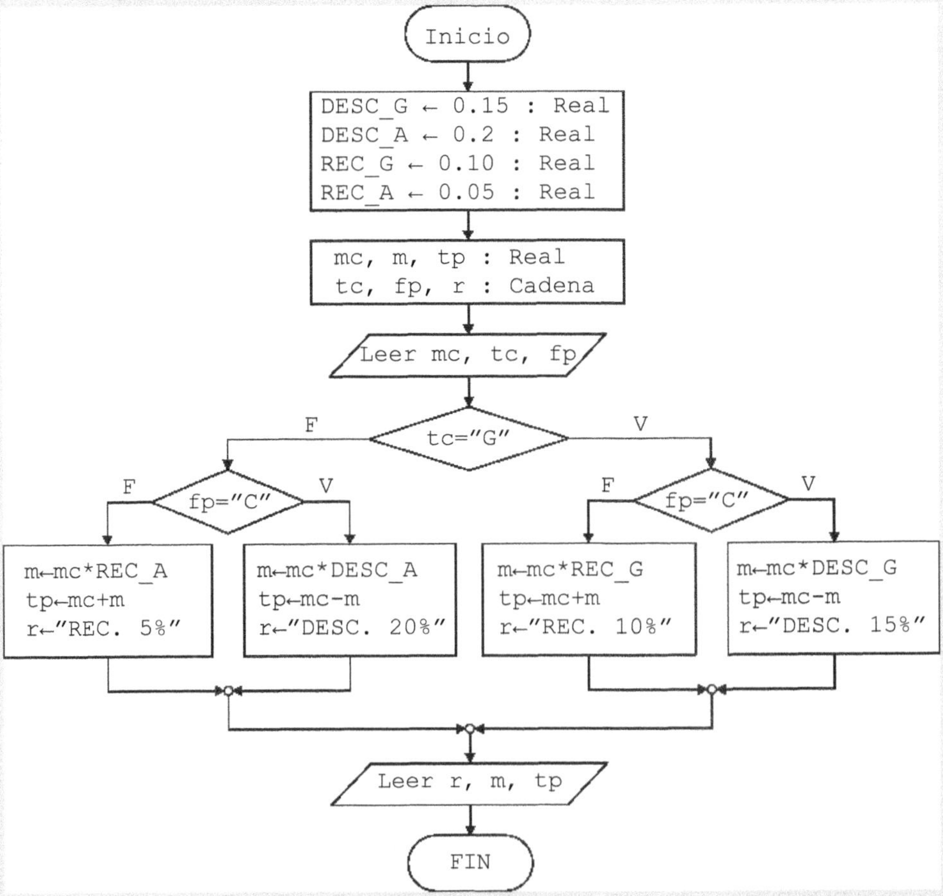

Pseudocódigo

```
Inicio

   //Constantes
   DESC_G = 0.15 : Real
   DESC_A = 0.2 : Real
   REC_G = 0.10 : Real
   REC_A = 0.05 : Real

   //Variables
   mc, m, tp : Real
   tc, fp, r : Cadena

   //Entrada
   Leer mc, tc, fp

   //Proceso
   Si tc = "G" Entonces
      Si fp = "C" Entonces
            m ← mc * DESC_G
            tp ← mc - m
            r ← "DESCUENTO 15%"
      SiNo
            m ← mc * REC_G
            tp ← mc + m
            r ← "RECARGA 10%"
      Fin Si
   SiNo
      Si fp = "C" Entonces
            m ← mc * DESC_A
            tp ← mc - m
            r ← "DESCUENTO 20%"
      SiNo
            m ← mc * REC_A
            tp ← mc + m
            r ← "RECARGA 5%"
      Fin Si
   Fin Si

   //Salida
   Escribir r, m, tp

Fin
```

Codificación:

```
import java.util.Scanner;

public class Problema22 {
    public static void main(String[] args) {
            //Constantes
            final float DESC_G = 0.15F;
            final float DESC_A = 0.2F;
            final float REC_G = 0.1F;
            final float REC_A = 0.05F;

            //Variables
            float mc,m,tp;
            char tc, fp;
            String r;

            //Entrada
            Scanner teclado = new Scanner(System.in);
            System.out.print("Monto de compra: ");
            mc = teclado.nextFloat();
            System.out.print("Tipo de cliente: ");
            tc = teclado.next().charAt(0);
            System.out.print("Forma de pago: ");
            fp = teclado.next().charAt(0);

            //Proceso
            if(tc == 'G'){
                        if(fp == 'C'){
                              m = mc * DESC_G;
                  tp = mc - m;
                  r = "DESCUENTO 15%";
                        }else{
                  m = mc * REC_G;
                  tp = mc + m;
                  r = "RECARGO 10%";
                        }
            }else{
                  if(fp == 'C'){
                        m = mc * DESC_A;
                  tp = mc - m;
                  r = "DESCUENTO 20%";
                  }else{
                  m = mc * REC_A;
                  tp = mc + m;
                  r = "RECARGO 5%";
                  }
            }

            //Salida
            System.out.println("");
            System.out.println( r + ": " + m);
            System.out.println("Total a pagar: " + tp);
    }
}
```

Problema n.º 23

Enunciado: Elabore un algoritmo que resuelva una ecuación de primer grado.

$$\mathbf{a}x + \mathbf{b} = 0 \qquad \mathbf{x} = \frac{\mathbf{-b}}{\mathbf{a}}$$

Considerar, si **a** es diferente a 0, no es una ecuación de primer grado.

Análisis: Para la solución de este problema se requiere que el usuario introduzca el valor de a y b. Luego, que el sistema verifique y determine el valor de x.

Entrada
- Coeficiente a (a)
- Término independiente b (b)

Salida
- Raíz x (x)

Diseño:

Interfaz de usuario

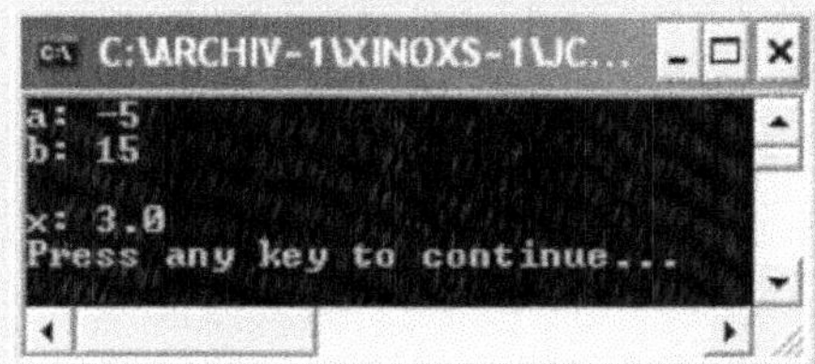

Algoritmo

Diagrama de flujo

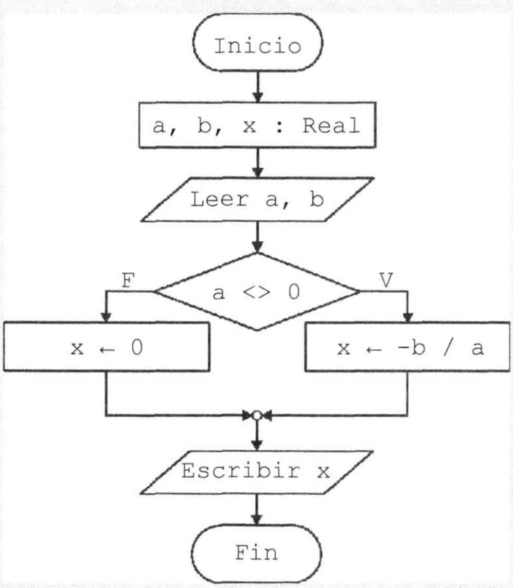

Pseudocódigo

```
Inicio

   //Variables
   a, b, x : Real

   //Entrada
   Leer a, b

   //Proceso
   Si a <> 0 Entonces
      x ← -b / a
   SiNo
      x ← 0
   Fin Si

   //Salida
   Escribir r

Fin
```

Codificación:

```
import java.util.Scanner;

public class Problema23 {
    public static void main(String[] args) {
        //Variables
        float a,b,x;

        //Entrada
        Scanner teclado = new Scanner(System.in);
        System.out.print("a: ");
        a = teclado.nextFloat();
        System.out.print("b: ");
        b = teclado.nextFloat();

        //Proceso
          if(a != 0){
            x = -b / a;
          }else{
            x = 0;
          }

        //Salida
        System.out.println("");
        System.out.println("x: " + x);
    }
}
```

Problema n.º 24

Enunciado: Elabore un algoritmo que obtenga las raíces reales de una ecuación de segundo grado.

$$ax^2 + bx + c = 0$$

$$x1 = \frac{-b + \sqrt{b^2 - 4ac}}{2a} \qquad x2 = \frac{-b - \sqrt{b^2 - 4ac}}{2a}$$

- Considerar que **a** ≠ 0, para poder dividir.
- Considerar $b^2 - 4ac \neq 0$, para obtener la raíz cuadrada.

Análisis: Para la solución de este problema se requiere que el usuario introduzca el valor de a, b y c. Luego, que el sistema verifique y determine el valor de x1 y x2.

Entrada

- Coeficiente a (a)
- Coeficiente b (b)
- Término independiente c (c)

Salida

- Primera raíz x (x1)
- Segunda raíz x (x2)

Diseño:

Interfaz de usuario

Algoritmo

Diagrama de flujo

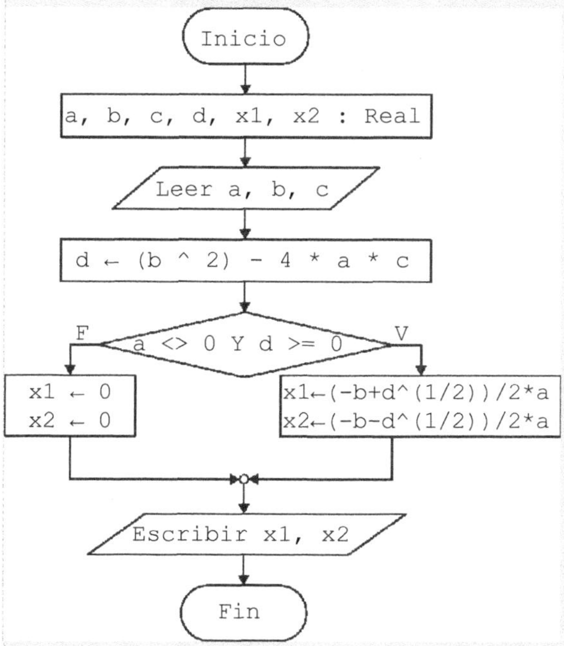

Pseudocódigo

```
Inicio

   //Variables
   a, b, c, x1, x2 : Real

   //Entrada
   Leer a, b, c

   //Proceso
   d ← (b ^ 2) - 4 * a * c

   Si a <> 0 Y d >= 0  Entonces
     x1 ← (-b + d ^ (1 / 2)) / 2 * a
     x2 ← (-b - d ^ (1 / 2)) / 2 * a
   SiNo
     x1 ← 0
     x2 ← 0
   Fin Si

   //Salida
   Escribir x1, x2

Fin
```

Codificación:

```
import java.util.Scanner;

public class Problema24 {
    public static void main(String[] args) {
        //Variables
        double a, b, c, d, x1, x2;

        //Entrada
        Scanner teclado = new Scanner(System.in);
        System.out.print("a: ");
        a = teclado.nextDouble();
        System.out.print("b: ");
```

```
        b = teclado.nextDouble();
          System.out.print("c: ");
        c = teclado.nextDouble();

        //Proceso
          d = Math.pow(b , 2.0) - 4.0 * a * c;
          if(a != 0 && d >= 0){
            x1 = (-b + Math.pow(d, (1.0 / 2.0))) / 2 * a;
            x2 = (-b - Math.pow(d, (1.0 / 2.0))) / 2 * a;

          }else{
            x1 = 0;
             x2 = 0;
          }

        //Salida
        System.out.println("");
        System.out.println("x1: " + x1);
        System.out.println("x2: " + x2);
    }
}
```

Problema n.º 25

Enunciado: Dada la hora, minuto y segundo, encuentre la hora del siguiente segundo.

Análisis: Para la solución de este problema se requiere que el usuario introduzca la hora, minuto y segundo. Luego, que el sistema verifique y determine la hora, minuto y segundo del siguiente segundo.

Entrada

- Hora (h)
- Minuto (m)
- Segundo (s)

Salida

- Hora (h)
- Minuto (m)
- Segundo (s)

Diseño:

Interfaz de usuario

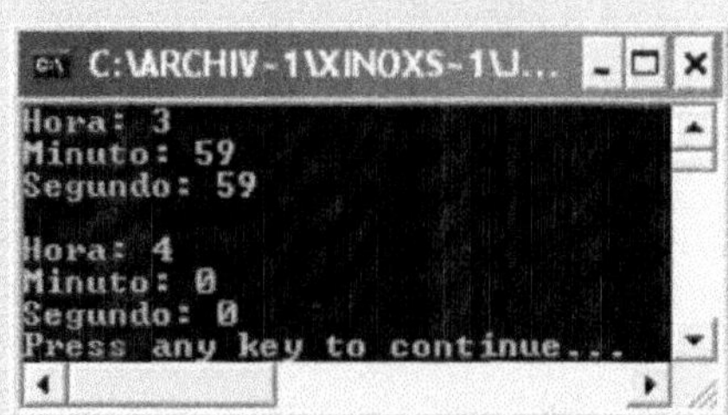

Algoritmo

Diagrama de flujo

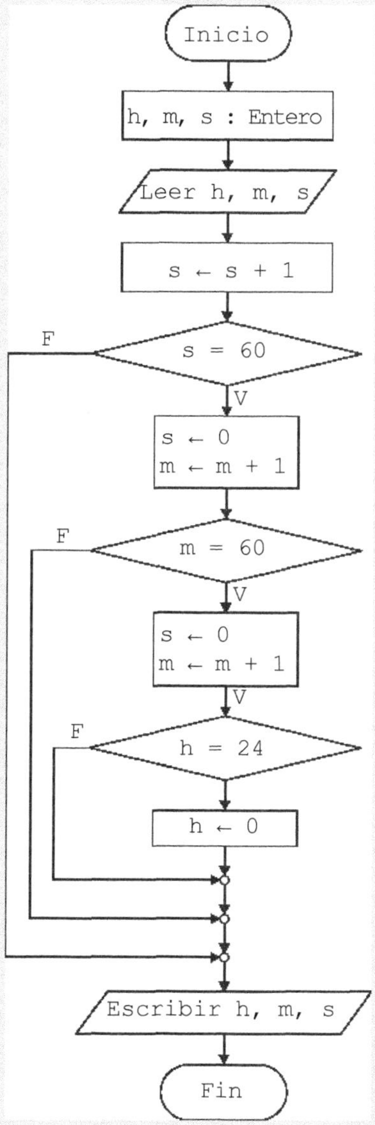

Pseudocódigo

```
Inicio

   //Variables
   h, m, s : Entero

   //Entrada
   Leer h, m, s

   //Proceso
   s ← s + 1
   Si  s = 60 Entonces
       s ← 0
       m ← m + 1
       Si     m = 60 Entonces
              m ← 0
              h ← h + 1
              Si     h = 60 Entonces
                     h ← 0
              Fin Si
       Fin Si
   Fin Si

   //Salida
   Escribir h, m, s

Fin
```

Codificación:

```
import java.util.Scanner;

public class Problema25 {
    public static void main(String[] args) {
        //Variables
        int h,m,s;

        //Entrada
        Scanner teclado = new Scanner(System.in);
        System.out.print("Hora: ");
        h = teclado.nextInt();
        System.out.print("Minuto: ");
        m = teclado.nextInt();
          System.out.print("Segundo: ");
        s = teclado.nextInt();

        //Proceso
         s += 1;
         if(s == 60){
           s = 0;
            m += 1;
            if(m == 60){
                  m = 0;
                h += 1;
                if(h == 24){
                      h = 0;
                }
            }
         }

        //Salida
        System.out.println("");
        System.out.println("Hora: " + h);
        System.out.println("Minuto: " + m);
        System.out.println("Segundo: " + s);
    }
}
```

3.5 Problemas propuestos

Los siguientes problemas le servirán para medir su aprendizaje. Es importante que los resuelva.

Propuesto n.º 11

Enunciado: Dada la edad de una persona, determinar si es mayor o menor de edad. Considere que se considera a alguien como mayor de edad si tiene 18 años o más.

Propuesto n.º 12

Enunciado: Dados dos números enteros, devolver el número menor.

Propuesto n.º 13

Enunciado: Dados dos números, determinar si son iguales o son diferentes.

Propuesto n.º 14

Enunciado: Dado un número entero, devolver el doble del número si el número es positivo, el triple del número si es negativo, y cero si el número es neutro.

Propuesto n.º 15

Enunciado: Crear un programa que al introducir tres números enteros devuelva los números ordenados en forma ascendente y en forma descendente.

Propuesto n.º 16

Enunciado: Después de introducir cuatro notas, obtener el promedio de la tres mejores. Mostrar el mensaje «Aprobado» si el promedio es mayor o igual a 11. En caso contrario, mostrar «Desaprobado».

Propuesto n.º 17

Enunciado: Dados los siguientes datos de entrada: saldo anterior, tipo de movimiento «R» (retiro) o «D» (deposito) y monto de la transacción, obtener como dato de salida el saldo actual.

Propuesto n.º 18

Enunciado: Dados dos números enteros «a» y «b», determinar cuál es mayor con respecto al otro.

a es mayor que **b**

b es mayor que **a**

a es igual a **b**

Propuesto n.º 19

Enunciado: Dadas tres longitudes, diga si forman un triángulo.

TEOREMA: En todo triángulo cada lado es menor que la suma de los otros dos, pero mayor que su diferencia.

Propuesto n.º 20

Enunciado: Dadas tres longitudes, si forman un triángulo, devolver el tipo de triángulo según sus lados.

T. Equilátero: Sus tres lados son iguales.

T. Isósceles: Tiene dos lados iguales.

T. Escaleno: Sus tres lados son diferentes.

Capítulo 4

Estructura selectiva múltiple

4.1 Introducción

Sabemos que en la actualidad existen muchos sistemas financieros que ofrecen préstamos con condiciones diferentes. Usted, al solicitar un préstamo, tiene que evaluar diversas alternativas y decidirse por una de ellas.

En los lenguajes de programación se cuenta con una implementación similar, la cual recibe el nombre de estructura selectiva múltiple, que permite evaluar varias alternativas y realizar el proceso para comprobar si cumple o no con la condición elegida.

Muchas veces, para solucionar este tipo de problemas, se utilizan estructuras selectivas dobles anidadas (en cascada), dando una solución muy complicada y confusa para analizar. Es recomendable que cuando se tenga que evaluar varias alternativas se utilicen estructuras selectiva múltiple porque es más legible, eficiente y fácil de interpretar.

4.2 Estructura selectiva múltiple

Permite comparar un valor con diversas alternativas; si la comparación tiene éxito, se ejecuta el grupo de instrucción que contenga la alternativa seleccionada y, luego, sale de la estructura.

Muchas se pueden implementar, en forma opcional, una alternativa por defecto, es decir, si al comparar con todas las alternativas propuestas no se tiene éxito con ninguna, entonces se ejecuta la alternativa por defecto.

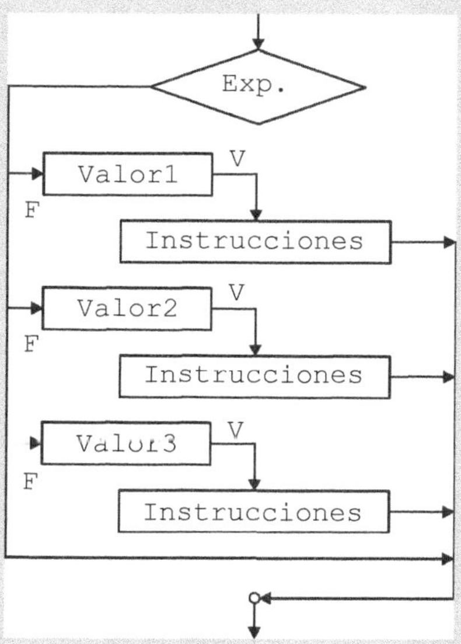


```
En Caso que <Exp.>         Sea
   Caso Valor1
               <Instrucciones>
   Caso Valor2
               <Instrucciones>
   Caso Valor3
               <Instrucciones>
Fin Caso
```

Sintaxis 1 Java

```
switch (<Exp.>) {
      case Valor1:
            <Instrucciones>;
            break;
      case Valor2:
            <Instrucciones>;
            break;
      case Valor3:
            <Instrucciones>;
            break;
}
```

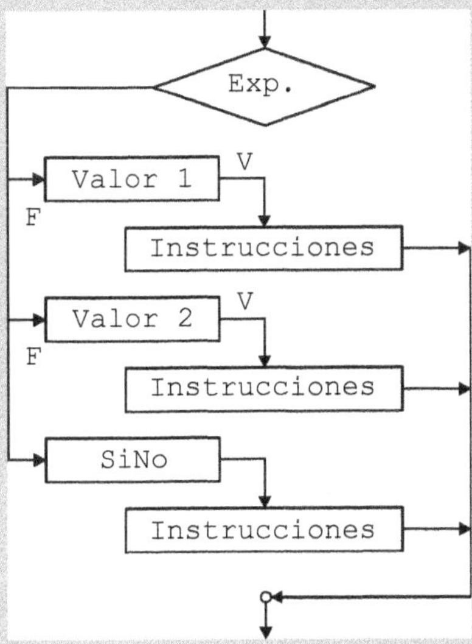


```
En Caso que <Exp.> Sea
   Caso Valor1
      <Instrucciones>
   Caso Valor2
      <Instrucciones>
   SiNo
      <Instrucciones>
Fin Caso
```

Sintaxis 2 Java

```
switch (<Exp.>) {
      case Valor1:
            <Instrucciones>;
            break;
      case Valor2:
            <Instrucciones>;
            break;
      default:
            <Instrucciones>;
            break;
}
```

4.2.1 Estructura selectiva múltiple usando rangos

La estructura selectiva múltiple permite comparar un valor (igualdad), pero cuando se requiere manejar rangos (>= Y <=) se puede usar una estructura selectiva múltiple similar a la estructura selectiva doble anidada.

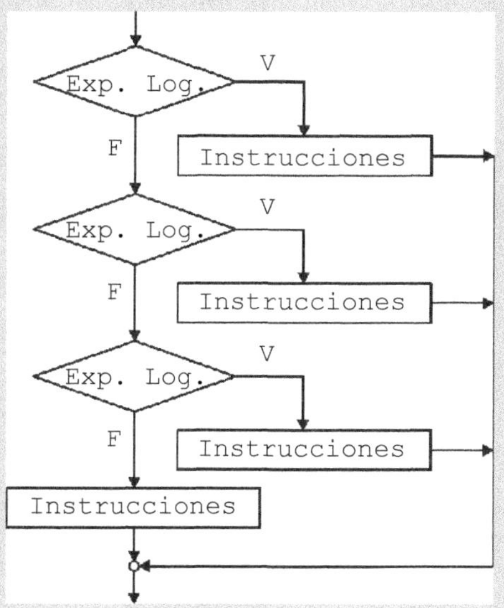


```
Si <Exp.Log.> Entonces
      <Instrucciones>
SiNoSi <Exp.Log.> Entonces
      <Instrucciones>
SiNoSi <Exp.Log.> Entonces
      <Instrucciones>
SiNo
      <Instrucciones>
Fin Si
```

Sintaxis Java

```
if (<Exp. Log.>)
    <Instrucciones>;
else if (<Exp. Log.>)
    <Instrucciones>;
else if (<Exp. Log.>)
    <Instrucciones>;
else
    <Instrucciones>;
```

Problema n.º 26

Enunciado: Al introducir un número entre 1 y 4, devolver la estación del año de acuerdo a la siguiente tabla.

Número	Estación
1	Verano
2	Otoño
3	Invierno
4	Primavera

Análisis: Para la solución de este problema, se requiere que el usuario introduzca un número entero. Luego, que el sistema realice el proceso para devolver la estación.

Entrada

- Número (n)

Salida

- Estación (e)

Diseño:

Interfaz de usuario

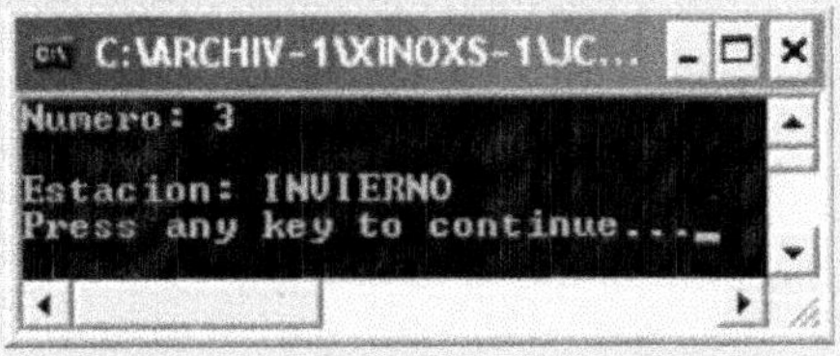

Algoritmo

Diagrama de flujo

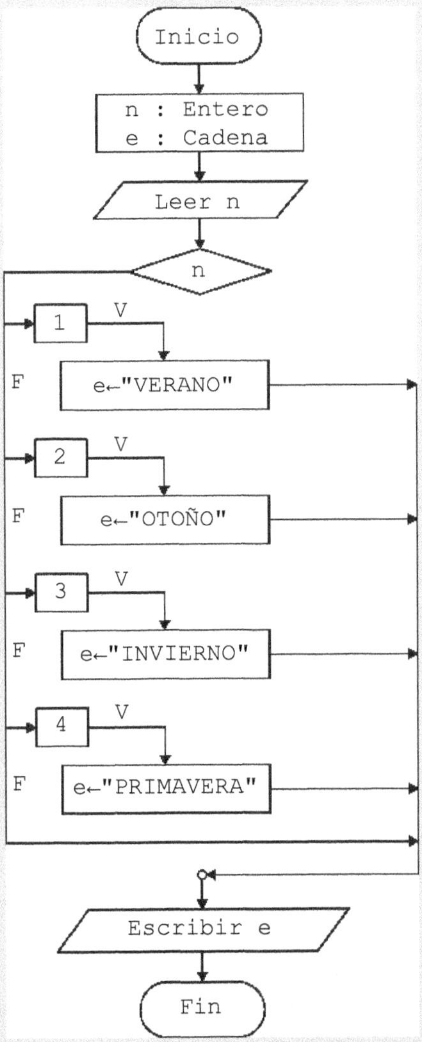

Pseudocódigo

```
Inicio

   //Variables
   n : Entero
   e : Cadena

   //Entrada
   Leer n

   //Proceso
   En Caso que n Sea
      Caso 1
         e ← "VERANO"
      Caso 2
         e ← "INVIERNO"
      Caso 3
         e ← "OTOÑO"
      Caso 4
         e ← "PRIMAVERA"
   Fin Caso

   //Salida
   Escribir e

Fin
```

Codificación:

```
import java.util.Scanner;

public class Problema26 {
    public static void main(String[] args) {
        //Variables
        int n;
        String e = “”;

        //Entrada
        Scanner teclado = new Scanner(System.in);
        System.out.print(“Numero: ”);
        n = teclado.nextInt();

        //Proceso
        switch(n){
           case 1:
                 e = “VERANO”;
                 break;
           case 2:
                 e = “OTOÑO”;
                 break;
           case 3:
                 e = “INVIERNO”;
                 break;
           case 4:
                 e = “PRIMAVERA”;
                 break;
        }

        //Salida
        System.out.println(“”);
        System.out.println(“Estacion: ” + e);
    }
}
```

Problema n.º 27

Enunciado: Dado un número entero de un digito (0 al 9), devolver el número en letras.

Análisis: Para la solución de este problema, se requiere que el usuario introduzca un número entero. Luego, que el sistema verifique y devuelva el número en letras.

Entrada

- Número (n)

Salida

- Resultado (r)

Diseño:

Interfaz de usuario

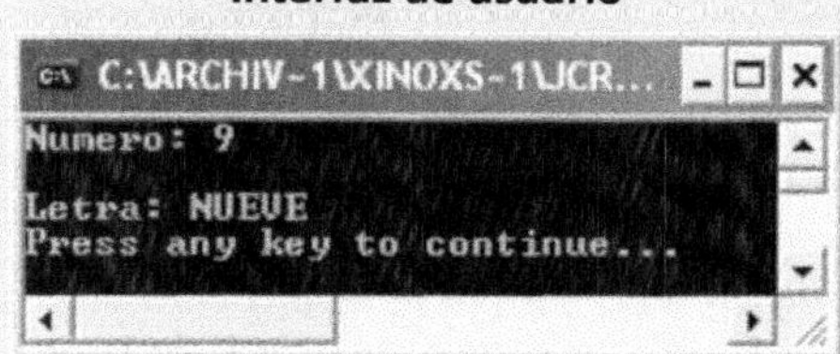

Algoritmo

Diagrama de flujo

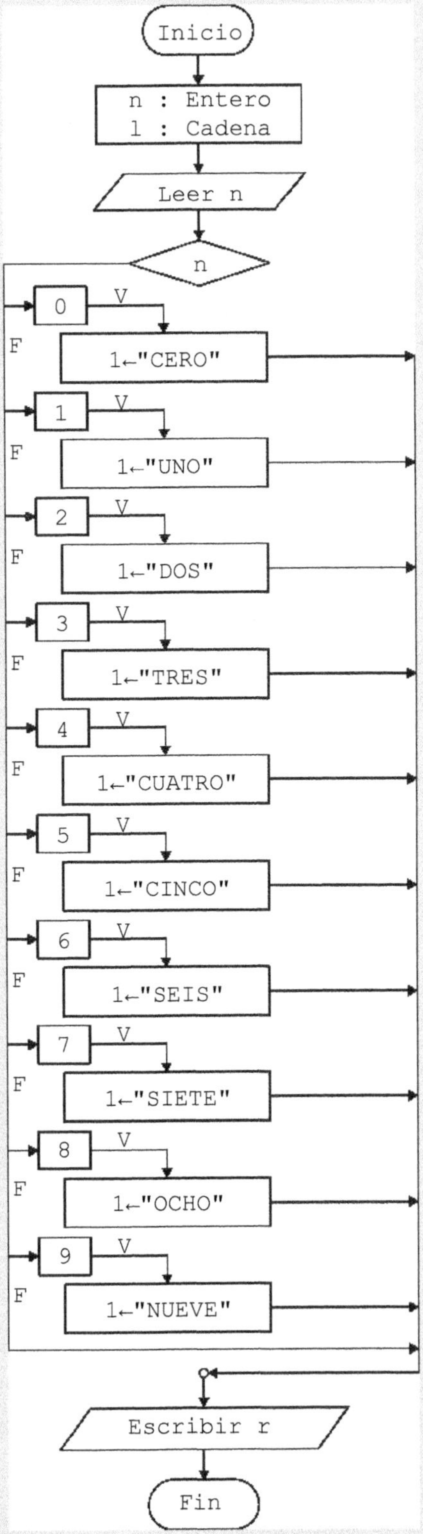

Pseudocódigo

```
Inicio

  //Variables
  n : Entero
  l : Cadena

  //Entrada
  Leer n

  //Proceso
  En Caso que n Sea
     Caso 0
       l ← "CERO"
     Caso 1
       l ← "UNO"
     Caso 2
       l ← "DOS"
     Caso 3
       l ← "TRES"
     Caso 4
       l ← "CUATRO"
     Caso 5
       l ← "CINCO"
     Caso 6
       l ← "SEIS"
     Caso 7
       l ← "SIETE"
     Caso 8
       l ← "OCHO"
     Caso 7
       l ← "NUEVE"
  Fin Caso

  //Salida
  Escribir l

Fin
```

Codificación:

```
import java.util.Scanner;

public class Problema27 {
    public static void main(String[] args) {
        //Variables
        int n;
        String l = "";

        //Entrada
        Scanner teclado = new Scanner(System.in);
        System.out.print("Numero: ");
        n = teclado.nextInt();

        //Proceso
          switch(n) {
                case 0:
                l = "CERO";
                break;
            case 1:
                l = "UNO";
                break;
            case 2:
                l = "DOS";
                break;
            case 3:
                l = "TRES";
                break;
            case 4:
                l = "CUATRO";
                break;
            case 5:
                l = "CINCO";
                break;
            case 6:
                l = "SEIS";
                break;
            case 7:
                l = "SIETE";
                break;
            case 8:
                l = "OCHO";
                break;
            case 9:
                l = "NUEVE";
                break;
          }

            //Salida
        System.out.println("");
        System.out.println("Letra: " + l);
    }
}
```

Problema n.º 28

Enunciado: Dados dos números enteros y un operador (+, -, * y /), devolver la operación de los dos números según el operador ingresado. Considere que si el segundo número es cero y el operador es «/», no es divisible con el primer número, entonces devolver como resultado «0».

Análisis: Para la solución de este problema se requiere que el usuario introduzca un operador y dos números. Luego, que el sistema verifique la operación que debe realizar y devuelva el resultado de la operación.

Entrada
- Operador (op)
- Número (n1 y n2)

Salida
- Resultado (r)

Diseño:

Interfaz de usuario

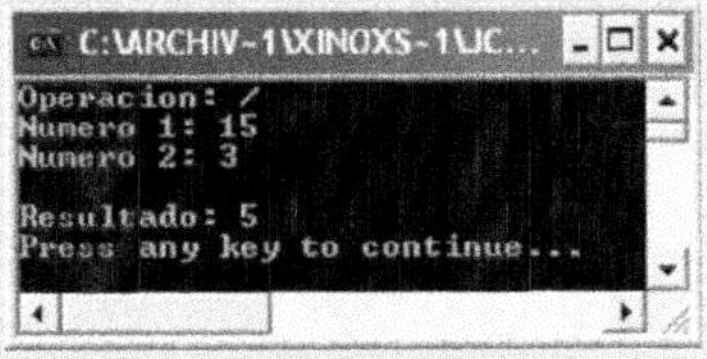

Algoritmo

Diagrama de flujo

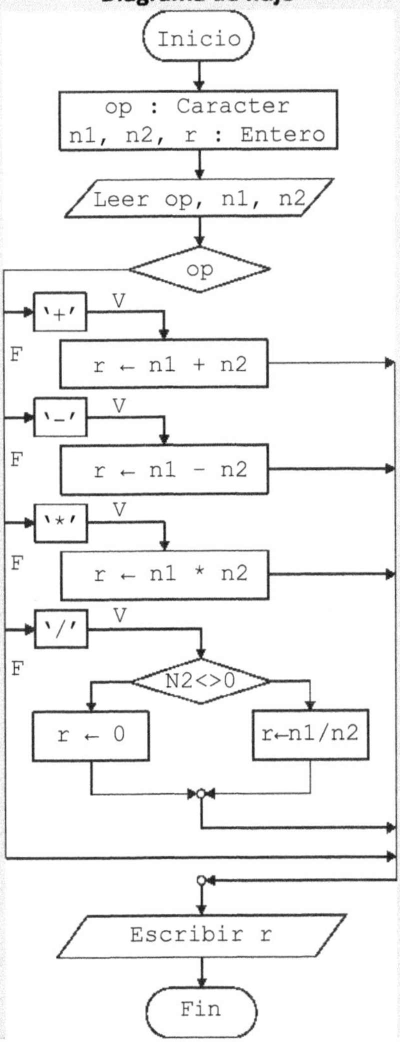

Pseudocódigo

```
Inicio

  //Variables
  op : Caracter
  n1, n2, r : Entero

  //Entrada
  Leer op, n1, n2

  //Proceso
  En Caso que op Sea
     Caso '+'
        r ← n1 + n2
     Caso '-'
        r ← n1 - n2
     Caso '*'
        r ← n1 * n2
     Caso '/'
        Si n2 <> 0 Entonces
           r ← n1 + n2
        SiNo
           r ← 0
        Fin Sin
  Fin Caso

  //Salida
  Escribir r

Fin
```

Codificación:

```
import java.util.Scanner;

public class Problema28 {
    public static void main(String[] args) {
        //Variables
        int n1,n2,r = 0;
        char op;

        //Entrada
        Scanner teclado = new Scanner(System.in);
        System.out.print("Operacion: ");
        op = teclado.next().charAt(0);
        System.out.print("Numero 1: ");
        n1 = teclado.nextInt();
        System.out.print("Numero 2: ");
        n2 = teclado.nextInt();

        //Proceso
        if(op == '+') {
           r = n1 + n2;
        }else if(op == '-') {
           r = n1 - n2;
        }else if(op == '*') {
           r = n1 * n2;
        }else if(op == '/') {
            if(n2 != 0)
                r = n1 / n2;
            else
                r = 0;
        }

        //Salida
        System.out.println("");
        System.out.println("Resultado: " + r);
    }
}
```

Problema n.° 29

Enunciado: Dada una letra, determinar si es una vocal.

Análisis: Para la solución de este problema se requiere que el usuario introduzca una letra «l». Luego, que el sistema analice y determine si es una vocal.

Entrada

- Letra (l)

Salida

- Resultado (r)

Diseño:

Interfaz de usuario

Algoritmo

Diagrama de flujo

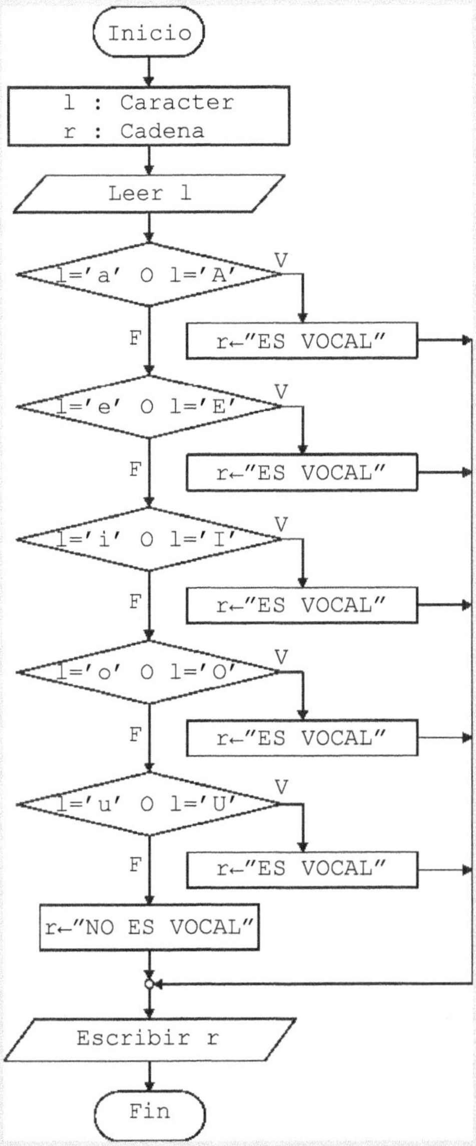

Pseudocódigo

```
Inicio

  //Variables
  l : Caracter
  r : Cadena

  //Entrada
  Leer l

  //Proceso
  Si l = 'a' O l = 'A' Entonces
     r ← "ES VOCAL"
  SiNoSi l = 'e' O l = 'E' Entonces
     r ← "ES VOCAL"
  SiNoSi l = 'i' O l = 'I' Entonces
     r ← "ES VOCAL"
  SiNoSi l = 'o' O l = 'O' Entonces
     r ← "ES VOCAL"
  SiNoSi l = 'u' O l = 'U' Entonces
     r ← "ES VOCAL"
  SiNo
     r ← "NO ES VOCAL"
  Fin Si

  //Salida
  Escribir r

Fin
```

Codificación:

```
import java.util.Scanner;

public class Problema29 {
    public static void main(String[] args) {
        //Variables
        char l;
        String r = "";

        //Entrada
        Scanner teclado = new Scanner(System.in);
        System.out.print("Letra: ");
        l = teclado.next().charAt(0);

        //Proceso
        if(l == 'a' || l == 'A')
           r = "ES VOCAL";
         else if(l == 'e' || l == 'E')
             r = "ES VOCAL";
         else if(l == 'i' || l == 'I')
             r = "ES VOCAL";
         else if(l == 'o' || l == 'O')
             r = "ES VOCAL";
         else if(l == 'u' || l == 'U')
             r = "ES VOCAL";
         else
             r = "NO ES VOCAL";


        //Salida
        System.out.println("");
        System.out.println("Resultado: " + r);
    }
}
```

Problema n.º 30

Enunciado: Al introducir el número de un mes, devolver la estación del año de acuerdo a la siguiente tabla.

Mes	Estación
1, 2, 3	Verano
4, 5, 6	Otoño
7, 8, 9	Invierno
10, 11, 12	Primavera

Análisis: Para la solución de este problema se requiere que el usuario introduzca el número del mes. Luego, que el sistema verifique y determine la estación.

Entrada
- Mes (m)

Salida
- Estación (e)

Diseño:

Interfaz de usuario

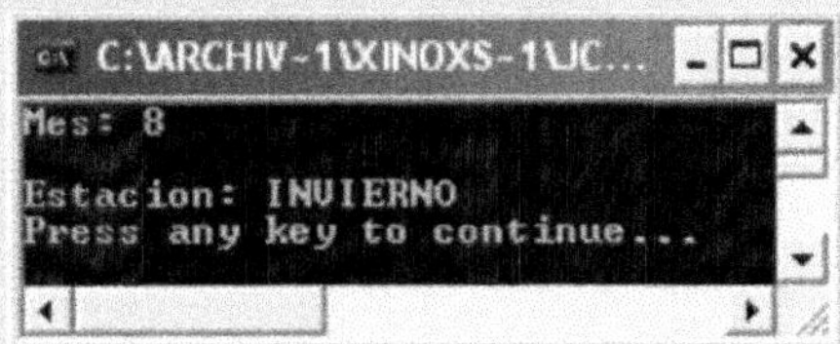

Algoritmo

Diagrama de flujo

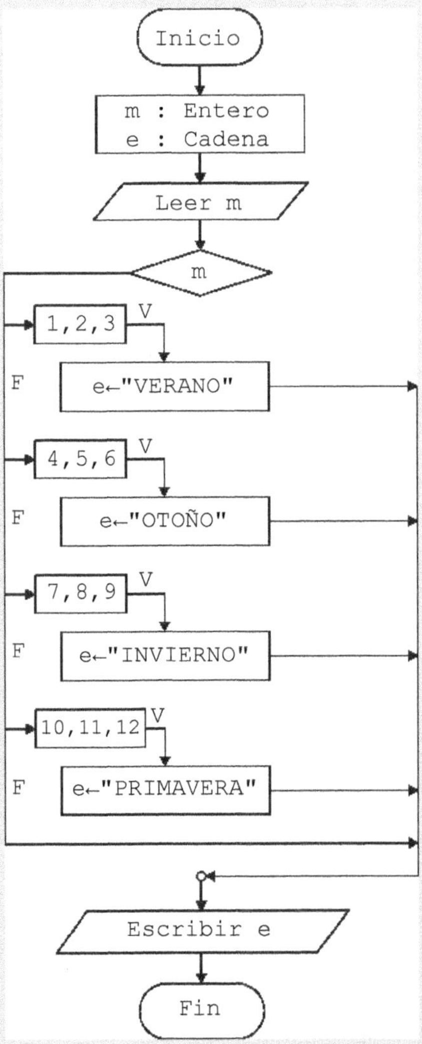

Pseudocódigo

```
Inicio

   //Variables
   m : Entero
   e : Cadena

   //Entrada
   Leer m

   //Proceso
   En Caso que m Sea
      Caso 1,2,3
         e ← "VERANO"
      Caso 4,5,6
         e ← "OTOÑO"
      Caso 7,8,9
         e ← "INVIERNO"
      Caso 10,11,12
         e ← "PRIMAVERA"
   Fin Caso

   //Salida
   Escribir e

Fin
```

Codificación:

```
import java.util.Scanner;

public class Problema30 {
    public static void main(String[] args) {
        //Variables
        int m;
        String e = "";

        //Entrada
        Scanner teclado = new Scanner(System.in);
        System.out.print("Mes: ");
        m = teclado.nextInt();

        //Proceso
          switch(m){
                case 1:
                case 2:
                case 3:
                e = "VERANO";
                break;
            case 4:
            case 5:
            case 6:
                e = "OTOÑO";
                break;
            case 7:
            case 8:
            case 9:
                e = "INVIERNO";
                break;
            case 10:
            case 11:
            case 12:
                e = "PRIMAVERA";
                break;
         }

        //Salida
        System.out.println("");
        System.out.println("Estacion: " + e);
    }
}
```

Problema n.º 31

Enunciado: Dada la nota promedio de un alumno, obtener la categoría según la siguiente tabla:

Promedio	Categoría
Entre 0 Y 5	Pésimo
Entre 6 Y 10	Malo
Entre 11 Y 14	Regular
Entre 15 Y 17	Bueno
Entre 18 y 20	Excelente

Análisis: Para la solución de este problema se requiere que el usuario introduzca el promedio. Luego, que el sistema verifique y devuelva la categoría.

Entrada

- Promedio (p)

Salida

- Categoría (c)

Diseño:

Interfaz de usuario

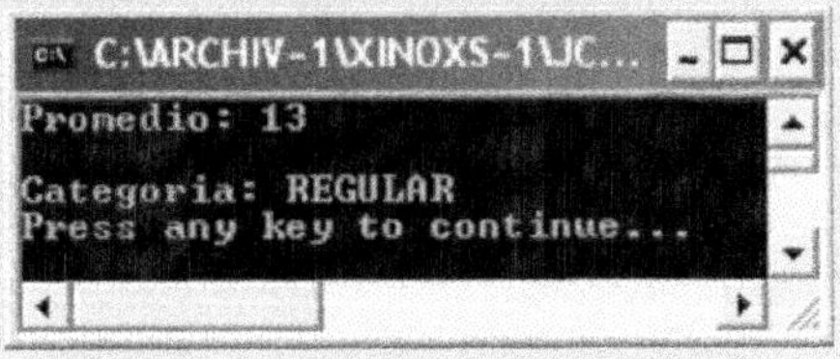

Algoritmo

Diagrama de flujo

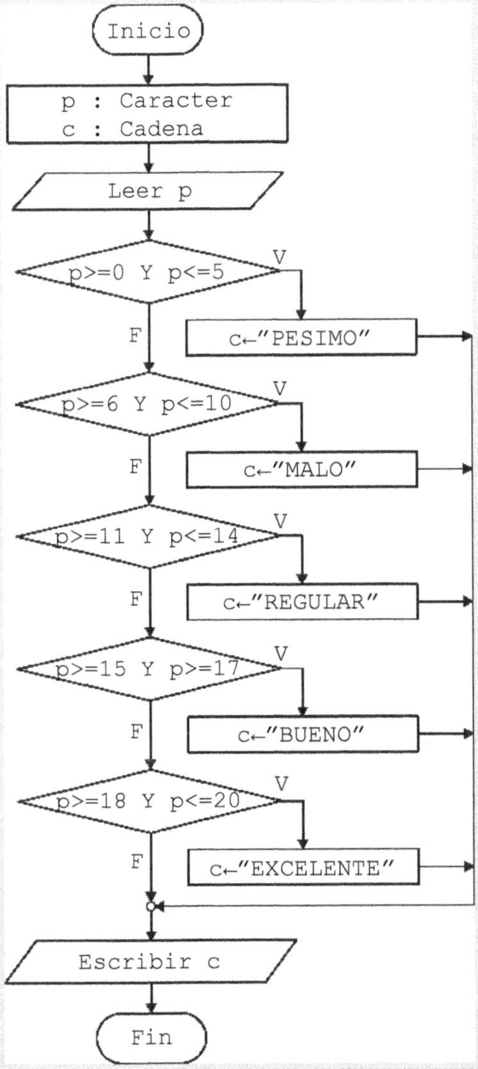

Pseudocódigo

```
Inicio

   //Variables
   p : Entero
   c : Cadena

   //Entrada
   Leer p

   //Proceso
   Si p >= 0 Y p <= 5 Entonces
       c ← "PESIMO"
   SiNoSi p >= 6 Y p <= 10 Entonces
       c ← "MALO"
   SiNoSi p >= 11 Y p <= 14 Entonces
       c ← "REGULAR"
   SiNoSi p >= 15 Y p <= 17 Entonces
           c ← "BUENO"
   SiNoSi p >= 18 Y p <= 20 Entonces
       c ← "EXCELENTE"
   Fin Si

   //Salida
   Escribir c

Fin
```

Codificación:

```
import java.util.Scanner;

public class Problema31 {
    public static void main(String[] args) {
        //Variables
        int p;
        String c = "";

        //Entrada
        Scanner teclado = new Scanner(System.in);
        System.out.print("Promedio: ");
        p = teclado.nextInt();

        //Proceso
           if(p >= 0 && p <= 5){
                c = "PESIMO";
           }else if(p >= 6 && p <= 10){
                c = "MALO";
           }else if(p >= 11 && p <= 14){
                c = "REGULAR";
           }else if(p >= 15 && p <= 17){
                c = "BUENO";
           }else if(p >= 18 && p <= 20){
                 c = "EXCELENTE";
           }

        //Salida
        System.out.println("");
        System.out.println("Categoria: " + c);
    }
}
```

Problema n.º 32

Enunciado: Al introducir el día y el número de un mes, devolver la estación del año de acuerdo a la siguiente tabla:

Estación	Tiempo
Verano	Del 21 de diciembre al 20 de marzo
Otoño	Del 21 de marzo al 21 de junio
Invierno	Del 22 de junio al 22 de septiembre
Primavera	Del 23 de septiembre al 20 de diciembre

Análisis: Para la solución de este problema, se requiere que el usuario introduzca el día y el mes. Luego, que el sistema verifique y devuelva la estación.

Entrada

- Dia (d)
- Mes (m)

Salida

- Estación (e)

Diseño:

Interfaz de usuario

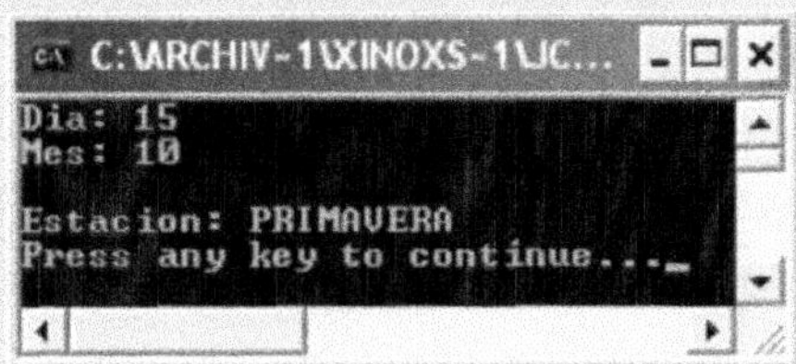

Algoritmo

Diagrama de flujo

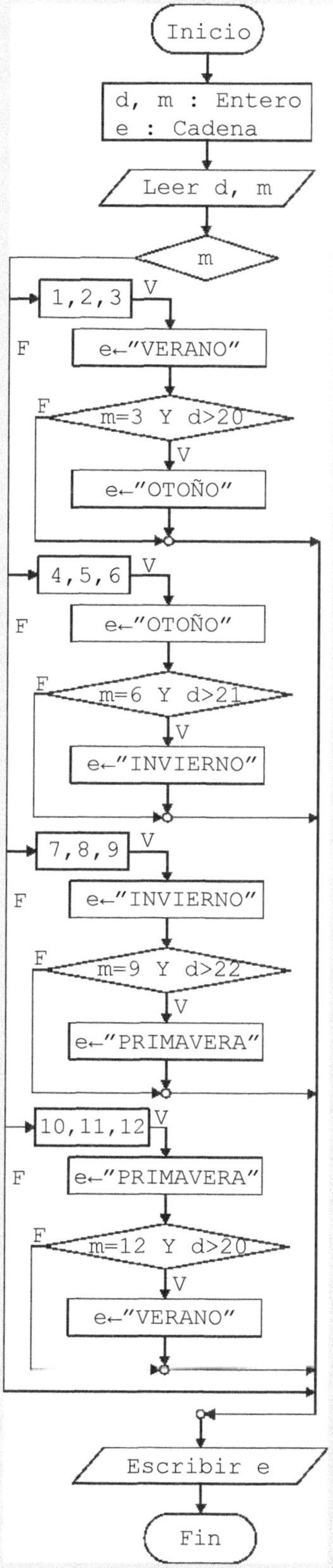

Pseudocódigo

```
Inicio

   //Variables
   d, m : Entero
   e : Cadena

   //Entrada
   Leer d, m

   //Proceso
   En Caso que m Sea
      Caso 1, 2, 3
        e ← "VERANO"
        Si m = 3 Y d > 20 Entonces
            e ← "OTOÑO"
        Fin Si
      Caso 4, 5, 6
        e ← "OTOÑO"
        Si m = 6 Y d > 21 Entonces
            e ← "INVIERNO"
        Fin Si
      Caso 7, 8, 9
        e ← "INVIERNO"
        Si m = 9 Y d > 22 Entonces
            e ← "PRIMAVERA"
        Fin Si
      Caso 10, 11, 12
        e ← "PRIMAVERA"
        Si m = 12 Y d > 20 Entonces
            e ← "VERANO"
        Fin Si
   Fin Caso

   //Salida
   Escribir e

Fin
```

Codificación:

```
import java.util.Scanner;

public class Problema32 {
    public static void main(String[] args) {
        //Variables
        int d, m;
        String e = "";

        //Entrada
        Scanner teclado = new Scanner(System.in);
        System.out.print("Dia: ");
        d = teclado.nextInt();
        System.out.print("Mes: ");
        m = teclado.nextInt();

        //Proceso
          switch(m){
                case 1:
                case 2:
                case 3:
                e = "VERANO";
                if(m == 3 && d > 20)
                    e = "OTOÑO";

                break;
            case 4:
            case 5:
            case 6:
                e = "OTOÑO";
                if(m == 6 && d > 21)
                    e = "INVIERNO";

                break;
            case 7:
            case 8:
            case 9:
                e = "INVIERNO";
                if(m == 9 && d > 22)
                    e = "PRIMAVERA";

                break;
            case 10:
            case 11:
            case 12:
                e = "PRIMAVERA";
                if(m == 12 && d > 20)
                    e = "VERANO";

                break;
        }

        //Salida
                System.out.println("");
        System.out.println("Estacion: " + e);
    }
}
```

Problema n.º 33

Enunciado: En una universidad se han establecido los siguientes puntajes de ingreso para sus respectivas facultades:

Facultad	Puntaje mínimo
Sistemas	100
Electrónica	90
Industrial	80
Administración	70

De acuerdo al puntaje obtenido por un estudiante, determinar la facultad a la cual ingresó o dar un mensaje correspondiente para el caso que no ingrese.

Análisis: Para la solución de este problema se requiere que el usuario introduzca el puntaje. Luego, que el sistema verifique y devuelva la facultad que ingreso.

Entrada

- Puntaje (p)

Salida

- Facultad (f)

Diseño:

Interfaz de usuario

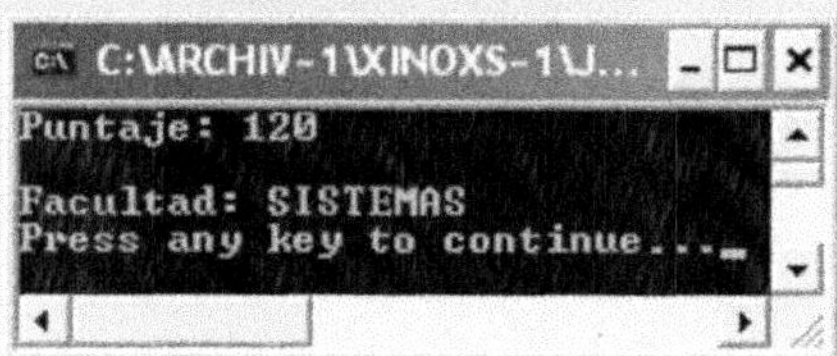

Algoritmo

Diagrama de flujo

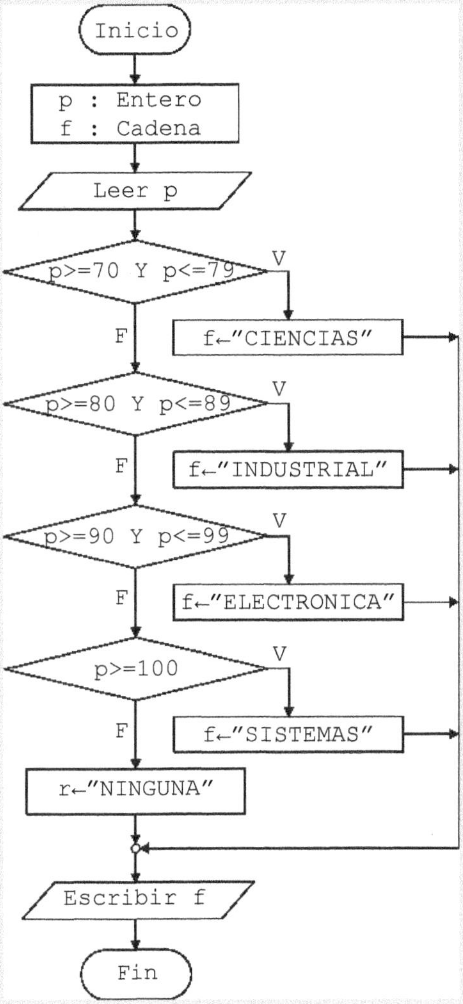

Pseudocódigo

```
Inicio

   //Variables
   p : Entero
   f : Cadena

   //Entrada
   Leer p

   //Proceso
   Si p >= 70 Y p <= 79 Entonces
       f ← "CIENCIAS"
   SiNoSi p >= 80 Y p <= 89 Entonces
       f ← "INDUSTRIAL"
   SiNoSi p >= 90 Y p <= 99 Entonces
       f ← "ELECTRONICA"
   SiNoSi p >= 100 Entonces
       f ← "SISTEMAS"
   SiNo
       f ← "NINGUNO"
   Fin Si

   //Salida
   Escribir f

Fin
```

Codificación:

```
import java.util.Scanner;

public class Problema33 {
    public static void main(String[] args) {
        //Variables
        int p;
                String f = "";

        //Entrada
        Scanner teclado = new Scanner(System.in);
        System.out.print("Puntaje: ");
        p = teclado.nextInt();

        //Proceso
           if(p >= 70 && p <= 79)
            f = "CIENCIAS";
          else if(p >= 80 && p <= 89)
            f = "INDUSTRIAL";
          else if(p >= 90 && p <= 99)
            f = "ELECTRONICA";
          else if(p >= 100)
            f = "SISTEMAS";
          else
            f = "NINGUNA";

        //Salida
                System.out.println("");
        System.out.println("Facultad: " + f);
    }
}
```

Problema n.º 34

Enunciado: Determine el importe a pagar para el examen de admisión de una universidad, cuyo valor depende del nivel socioeconómico y el colegio de procedencia.

	Nivel social		
Colegio	**A**	**B**	**C**
Nacional	300	200	100
Particular	400	300	200

Análisis: Para la solución de este problema se requiere que el usuario introduzca el colegio y el nivel socioeconómico. Luego, que el sistema verifique y determine el monto a pagar.

Entrada

- Colegio (c)
- Nivel (n)

Salida

- Monto a pagar (mp)

Diseño:

Interfaz de usuario

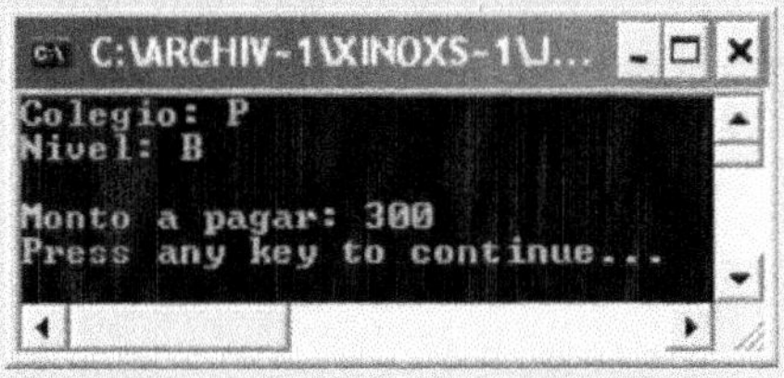

Algoritmo

Diagrama de flujo

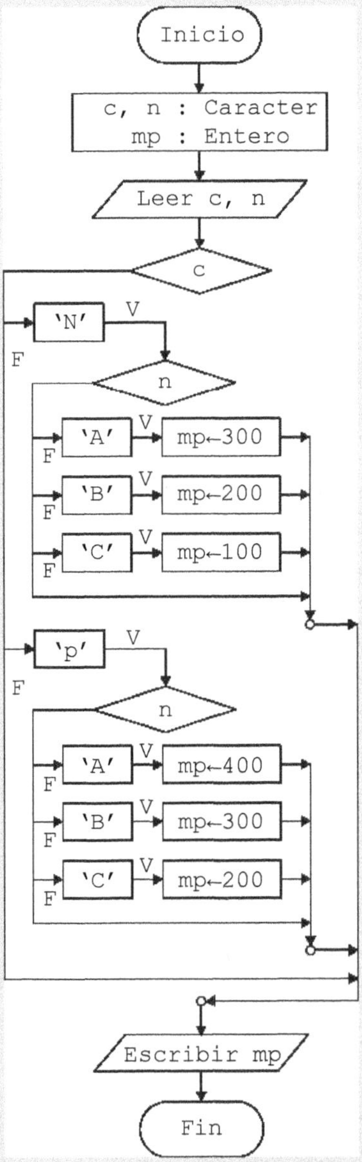

Pseudocódigo

```
Inicio

  //Variables
  c, n : Carácter
  mp : Entero

  //Entrada
  Leer c, n

  //Proceso
  En Caso que c Sea
     Caso 'N'
          En Caso que n Sea
               Caso 'A'
                    mp ← 300
               Caso 'B'
                    mp ← 200
               Caso 'C'
                    mp ← 100
          Fin Caso
     Caso 'P'
          En Caso que n Sea
               Caso 'A'
                    mp ← 400
               Caso 'B'
                    mp ← 300
               Caso 'C'
                    mp ← 200
          Fin Caso
  Fin Caso

  //Salida
  Escribir mp

Fin
```

Codificación:

```
import java.util.Scanner;

public class Problema34 {
    public static void main(String[] args) {
        //Variables
        char c,n;
        int mp = 0;

        //Entrada
        Scanner teclado = new Scanner(System.in);
        System.out.print("Colegio: ");
        c = teclado.next().charAt(0);
        System.out.print("Nivel: ");
        n = teclado.next().charAt(0);

        //Proceso
           if(c == 'N'){
                 if(n == 'A')
                        mp = 300;
                 else if(n == 'B')
                     mp = 200;
                 else if(n == 'C')
                     mp = 100;
          }else if(c == 'P'){
                 if(n == 'A')
                        mp = 400;
                 else if(n == 'B')
                     mp = 300;
                 else if(n == 'C')
                     mp = 200;
           }

        //Salida
        System.out.println("");
        System.out.println("Monto a pagar: " + mp);
    }
}
```

Problema n.º 35

Enunciado: Dado el número del mes y el año (cuatro dígitos) de una fecha, determinar en letras qué mes es y cuántos días tiene. Considerar que febrero tiene 28 o 29 días si el año es bisiesto, un año es bisiesto si es múltiplo de 4, pero no de 100, y sí de 400.

Análisis: Para la solución de este problema, se requiere que el usuario introduzca el mes y el año. Luego, que el sistema verifique y determine cuántos días tiene y el nombre del mes.

Entrada

- Mes (m)
- Año (a)

Salida

- Días (d)
- Mes letras (ml)

Diseño:

Interfaz de usuario

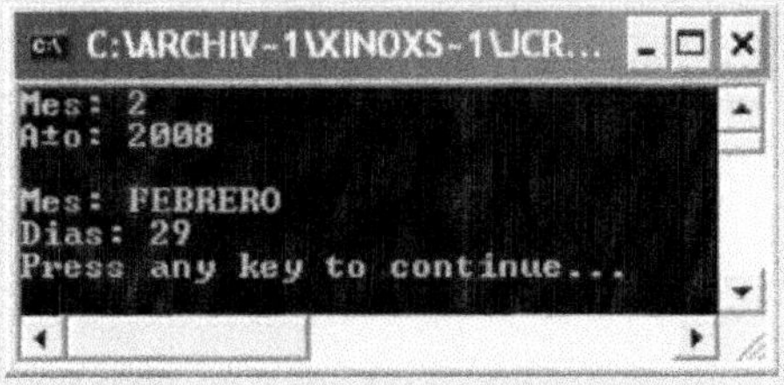

Algoritmo

Diagrama de flujo

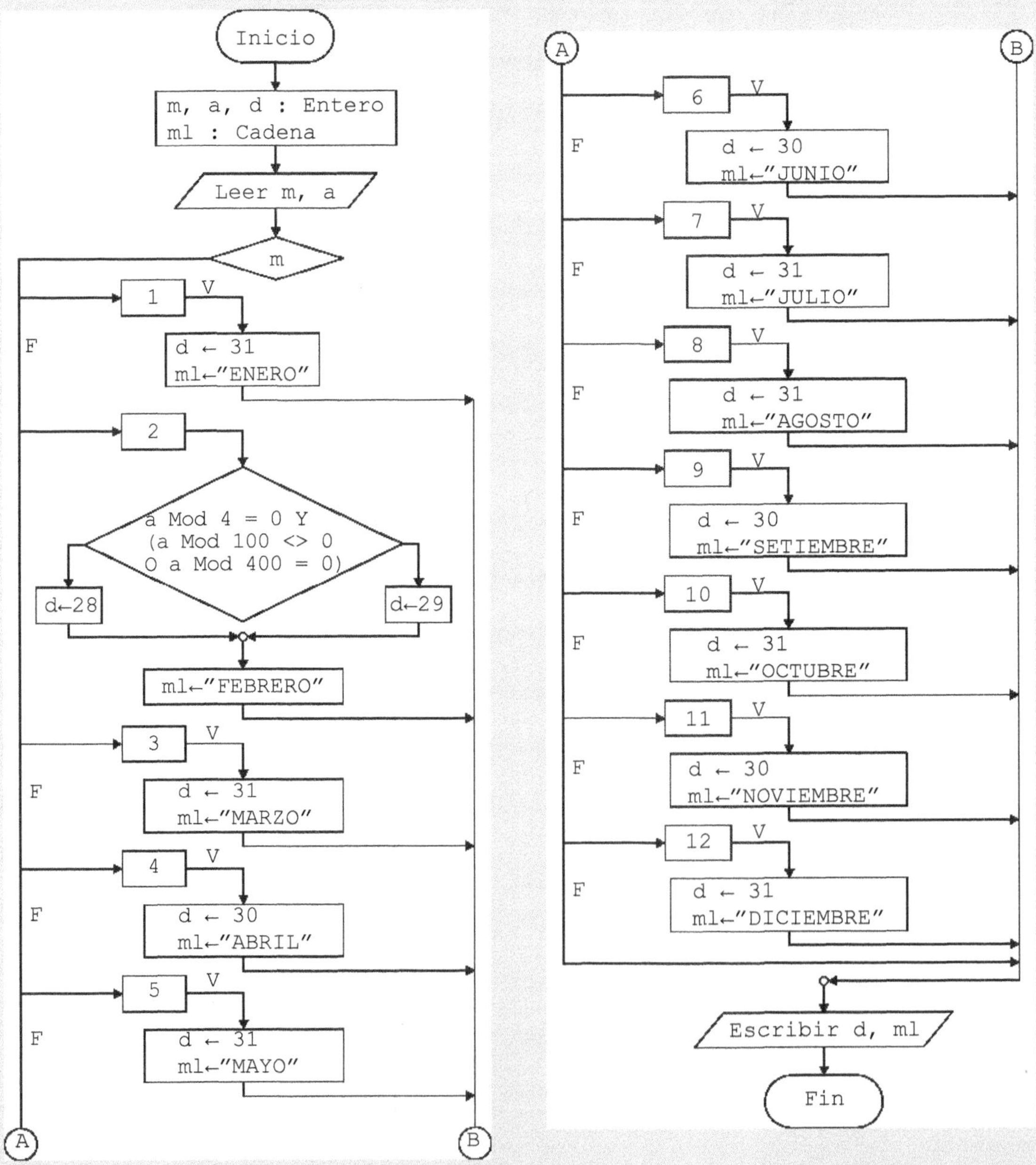

Pseudocódigo

```
Inicio

   //Variables
   m, a, d : Entero
   ml : Cadena

   //Entrada
   Leer m, a

   //Proceso
   En Caso que m Sea
      Caso 1
         d ← 31
         ml ← "ENERO"
      Caso 2
         Si a Mod 4 = 0 Y (a Mod 100 <> 0 O
                              a Mod 400 = 0) Entonces
            d ← 29
         SiNo
            d ← 28
         Fin Si
         ml ← "FEBRERO"
      Caso 3
         d ← 31
         ml ← "MARZO"
      Caso 4
         d ← 30
         ml ← "ABRIL"
      Caso 5
         d ← 31
         ml ← "MAYO"
      Caso 6
         d ← 30
         ml ← "JUNIO"
      Caso 7
         d ← 31
         ml ← "JULIO"
      Caso 8
         d ← 31
         ml ← "AGOSTO"
      Caso 9
         d ← 30
         ml ← "SEPTIEMBRE"
      Caso 10
         d ← 31
         ml ← "OCTUBRE"
      Caso 11
         d ← 30
         ml ← "NOVIEMBRE"
      Caso 12
         d ← 31
         ml ← "DICIEMBRE"
   Fin Caso

   //Salida
   Escribir d, ml

Fin
```

Codificación:

```
import java.util.Scanner;

public class Problema35 {
    public static void main(String[] args) {
        //Variables
        int m, a, d = 0;
        String ml = "";

        //Entrada
        Scanner teclado = new Scanner(System.in);
        System.out.print("Mes: ");
        m = teclado.nextInt();
        System.out.print("Año: ");
        a = teclado.nextInt();

        //Proceso
          switch(m){
                case 1:
                d = 31;
                ml = "ENERO";
                break;
            case 2:
                if(a % 4 == 0 && (a % 100 != 0 || a % 400 == 0))
                    d = 29;
                else
                    d = 28;

                ml = "FEBRERO";
                break;
            case 3:
                d = 31;
                ml = "MARZO";
                break;
            case 4:
                d = 30;
                ml = "ABRIL";
                break;
            case 5:
                d = 31;
                ml = "MAYO";
                break;
            case 6:
                d = 30;
                ml = "JUNIO";
                break;
            case 7:
                d = 31;
                ml = "JULIO";
                break;
            case 8:
                d = 31;
                ml = "AGOSTO";
                break;
            case 9:
                d = 30;
                ml = "SEPTIEMBRE";
                break;
```

```
            case 10:
                d = 31;
                ml = "OCTUBRE";
                break;
            case 11:
                d = 30;
                ml = "NOVIEMBRE";
                break;
            case 12:
                d = 31;
                ml = "DICIEMBRE";
                break;
          }

        //Salida
        System.out.println("");
        System.out.println("Mes: " + ml);
        System.out.println("Dias: " + d);
    }
}
```

Problema n.º 36

Enunciado: Una empresa ha establecido diferentes precios para sus productos, según la calidad.

Producto \ Calidad	1	2	3
1	5000	4500	4000
2	4500	4000	3500
3	4000	3500	3000

Cree un programa que devuelva el precio a pagar por un producto y una calidad dada.

Análisis: Para la solución de este problema, se requiere que el usuario introduzca la calidad y el producto. Luego el sistema verifica y determina el precio.

Entrada
- Calidad (c)
- Producto (p)

Salida
- Precio (precio)

Diseño:

Interfaz de usuario

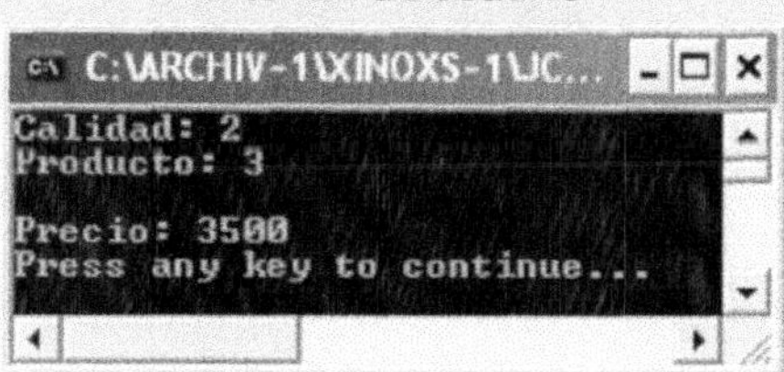

Algoritmo

Diagrama de flujo

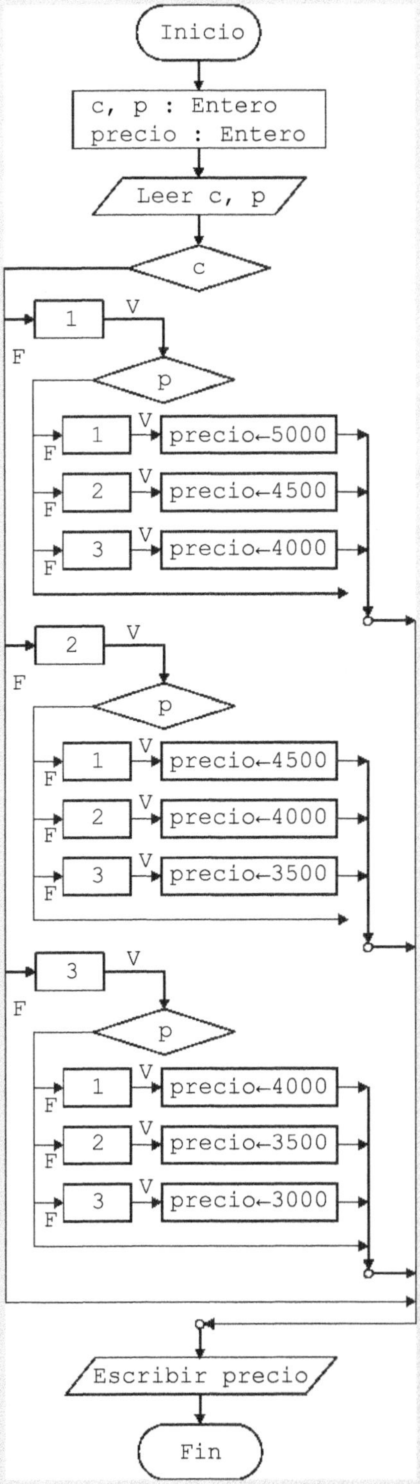

Pseudocódigo

```
Inicio

  //Variables
  c, p : Entero
  precio : Entero

  //Entrada
  Leer c, p

  //Proceso
  En Caso que c Sea
      Caso 1
            En Caso que p Sea
               Caso 1
                  precio ← 5000
               Caso 2
                  precio ← 4500
               Caso 3
                  precio ← 4000
            Fin Caso
      Caso 2
            En Caso que p Sea
               Caso 1
                  precio ← 4500
               Caso 2
                  precio ← 4000
               Caso 3
                  precio ← 3500
            Fin Caso
      Caso 3
            En Caso que p Sea
               Caso 1
                  precio ← 4000
               Caso 2
                  precio ← 3500
               Caso 3
                  precio ← 3000
            Fin Caso
  Fin Caso

  //Salida
  Escribir precio

Fin
```

Codificación:

```
import java.util.Scanner;

public class Problema36 {
    public static void main(String[] args) {
        //Variables
        int c, p, precio = 0;

        //Entrada
        Scanner teclado = new Scanner(System.in);
        System.out.print("Calidad: ");
        c = teclado.nextInt();
        System.out.print("Producto: ");
        p = teclado.nextInt();

        //Proceso
        switch(c){
           case 1:
                 switch(p){
                     case 1:
                         precio = 5000;
                         break;
                     case 2:
                         precio = 4500;
                         break;
                     case 3:
                         precio = 4000;
                         break;
                 }
                 break;
           case 2:
                 switch(p){
                     case 1:
                         precio = 4500;
                         break;
                     case 2:
                         precio = 4000;
                         break;
                     case 3:
                         precio = 3500;
                         break;
                 }
                 break;
           case 3:
                 switch(p){
                     case 1:
                         precio = 4000;
                         break;
                     case 2:
                         precio = 3500;
                         break;
                     case 3:
                         precio = 3000;
                         break;
                 }
        }

        //Salida
        System.out.println("");
        System.out.println("Precio: " + precio);
    }
}
```

Problema n.º 37

Enunciado: Diseñe un algoritmo que califique el puntaje obtenido en el lanzamiento de tres dados en base a la cantidad de seis obtenidos, de acuerdo a lo siguiente:

Tres seis: Oro

Dos seis: Plata

Un seis: Bronce

Ningún seis: Perdió

Análisis: Para la solución de este problema, se requiere que el usuario introduzca el puntaje de los dados. Luego, que el sistema verifique y determine el premio.

Entrada

- Primer dado (d1)
- Segundo dado (d2)
- Tercer dado (d3)

Salida

- Premio (p)

Diseño:

Interfaz de usuario

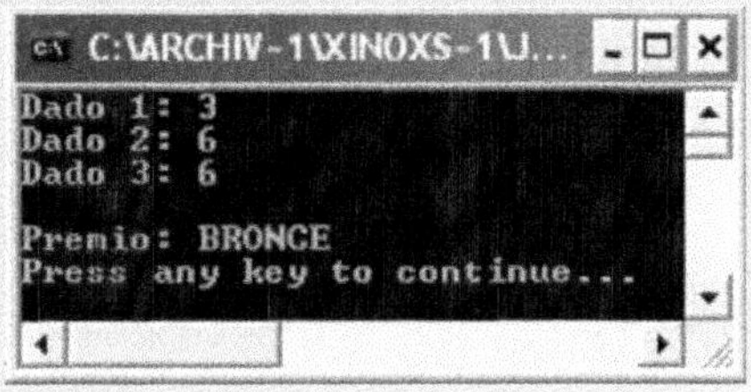

Algoritmo

Diagrama de flujo

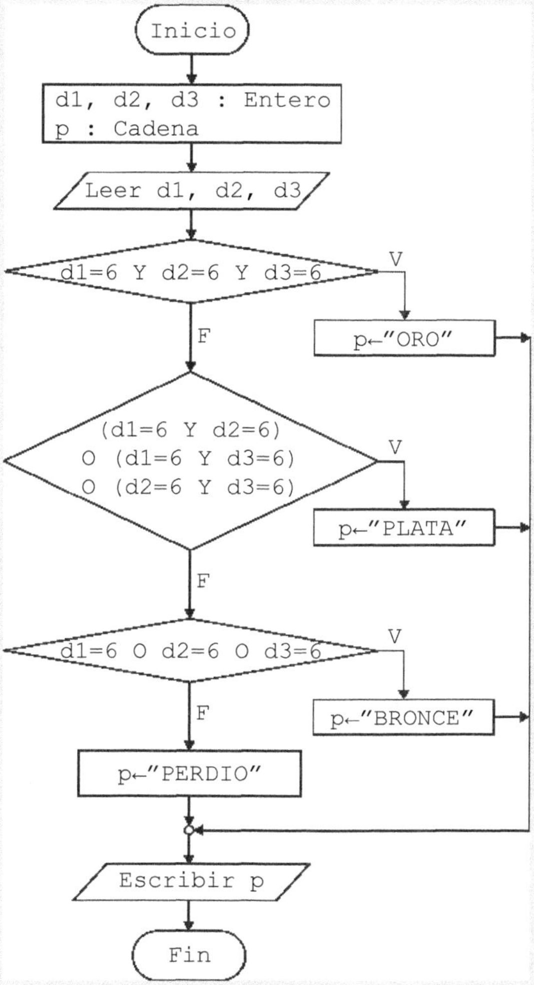

Pseudocódigo

```
Inicio

    //Variables
    d1, d2, d3 : Entero
    p : Cadena

    //Entrada
    Leer d1, d2, d3

    //Proceso
    Si d1=6 Y d2=6 Y d3=6 Entonces
        p ← "ORO"
    SiNoSi (d1=6 Y d2=6) O (d1=6 Y d3=6)
            O (d2=6 Y d3=6) Entonces
        p ← "PLATA"
    SiNoSi  d1=6 O d2=6 O d3=6 Entonces
        p ← "BRONCE"
    SiNo
        p ← "PERDIO"
    Fin Si

    //Salida
    Escribir p

Fin
```

Codificación:

```
import java.util.Scanner;

public class Problema37 {
    public static void main(String[] args) {
        //Variables
        int d1,d2,d3;
        String p = "";

        //Entrada
        Scanner teclado = new Scanner(System.in);
        System.out.print("Dado 1: ");
        d1 = teclado.nextInt();
        System.out.print("Dado 2: ");
        d2 = teclado.nextInt();
        System.out.print("Dado 3: ");
        d3 = teclado.nextInt();

        //Proceso
          if(d1 == 6 && d2 == 6 && d3 == 6)
            p = "ORO";
          else if((d1 == 6 && d2 == 6) || (d1 == 6 && d3 == 6) &&
                (d2 == 6 && d3 == 6))
            p = "PLATA";
          else if(d1 == 6 || d2 == 6 || d3 == 6)
            p = "BRONCE";
          else
            p = "PERDIO";

        //Salida
        System.out.println("");
        System.out.println("Premio: " + p);
    }
}
```

Problema n.º 38

Enunciado: Dado el día, mes y año, determine si es una fecha correcta. Considere los años bisiestos.

Análisis: Para la solución de este problema se requiere que el usuario introduzca el día, mes y año. Luego, que el sistema verifique y determine si el resultado es o no una fecha correcta.

Entrada

- Día (d)
- Mes (m)
- Año (a)

Salida

- Respuesta (r)

Diseño:

Interfaz de usuario

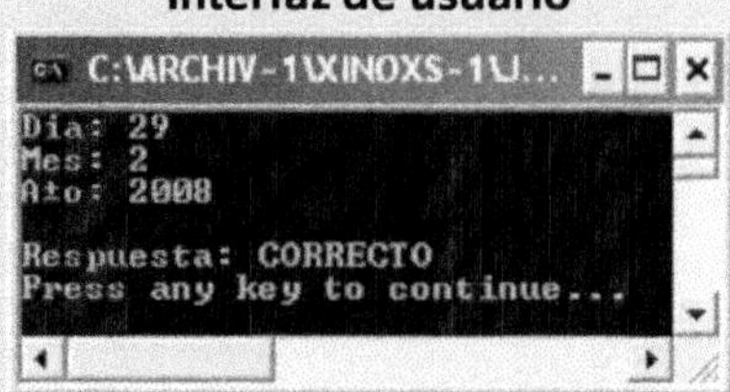

Algoritmo

Diagrama de flujo

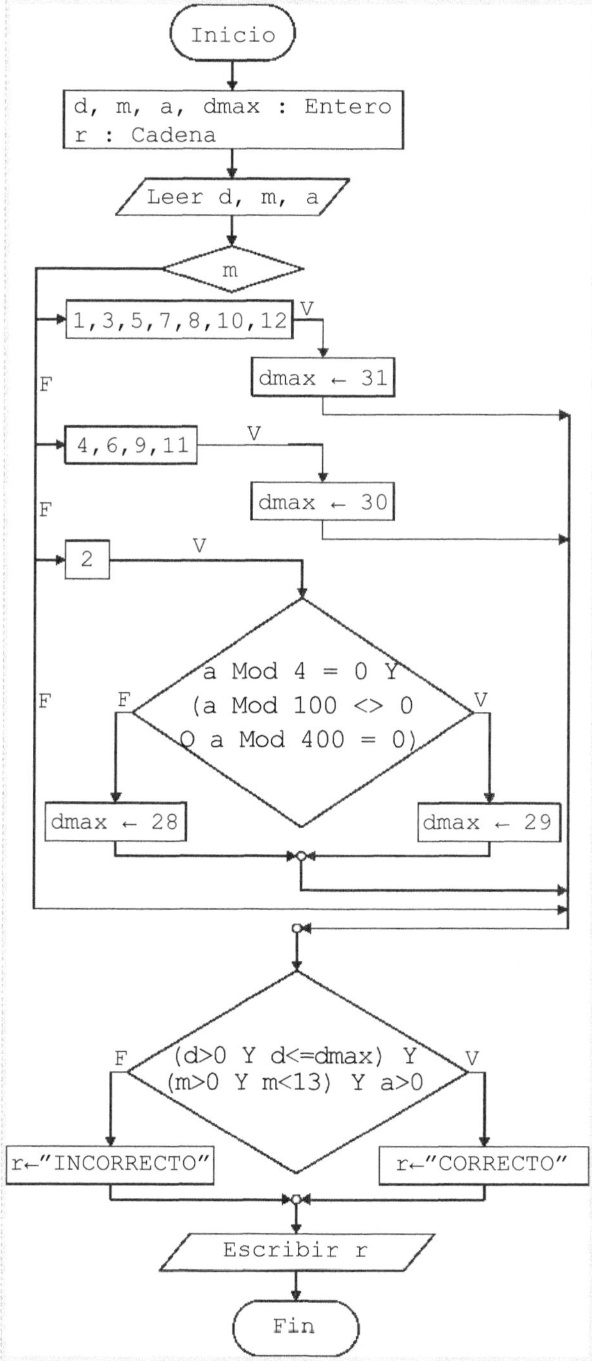

Pseudocódigo

```
Inicio

   //Variables
   d, m, a, dmax : Entero
   r : Cadena

   //Entrada
   Leer d, m, a

   //Proceso
   En Caso que m Sea
      Caso 1,3,5,7,8,10,12
         dmax ← 31
      Caso 4, 6, 9, 11
         dmax ← 30
      Caso 2
      Si a Mod 4 = 0 Y (a Mod 100 <> 0
         O a Mod 400 = 0) Entonces
               dmax ← 29
            SiNo
               dmax ← 28
            Fin Si
   Fin Caso
   Si d>0 Y d<=dmax) Y (m>0 Y m<13)
         Y a>0  Entonces
      r ← "CORRECTO"
   SiNo
      r ← "INCORRECTO"
   Fin Si

   //Salida
   Escribir r

Fin
```

Codificación:

```
import java.util.Scanner;

public class Problema38 {
    public static void main(String[] args) {
        //Variables
        int d,m,a,dmax = 0;
            String r = "";

        //Entrada
        Scanner teclado = new Scanner(System.in);
        System.out.print("Dia: ");
        d = teclado.nextInt();
        System.out.print("Mes: ");
        m = teclado.nextInt();
        System.out.print("Año: ");
        a = teclado.nextInt();

        //Proceso
          switch(m) {
            case 1:
            case 3:
            case 5:
            case 7:
            case 8:
            case 10:
            case 12:
                dmax = 31;
                break;
            case 4:
            case 6:
            case 9:
            case 11:
                dmax = 30;
                break;
            case 2:
                if(a % 4 == 0 && (!(a % 100 == 0) || a % 400 == 0))
                    dmax = 29;
                else
                    dmax = 28;
          }

          if ((d > 0 && d <= dmax) && (m > 0 && m < 13) && a > 0)
            r = "CORRECTO";
          else
            r = "INCORRECTO";

        //Salida
        System.out.println("");
        System.out.println("Respuesta: " + r);
    }
}
```

Problema n.º 39

Enunciado: Dada una fecha válida, halle la fecha del siguiente día.

Análisis: Para la solución de este problema, se requiere que el usuario introduzca el día, mes y año. Luego, que el sistema devuelva la fecha del siguiente día.

Entrada

- Día (d)
- Mes (m)
- Año (a)

Salida

- Día (d)
- Mes (m)
- Año (a)

Diseño:

Interfaz de usuario

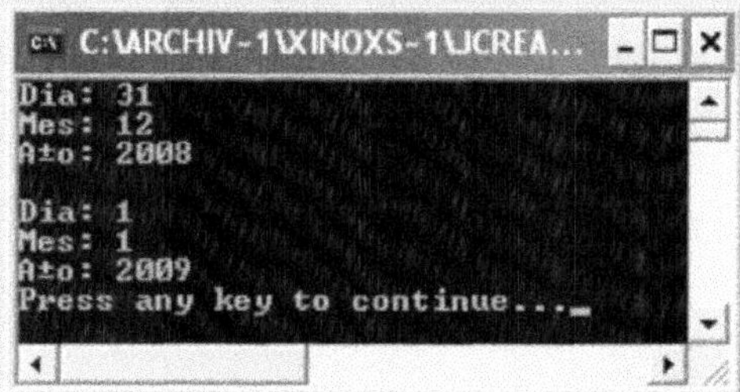

Algoritmo

Diagrama de flujo

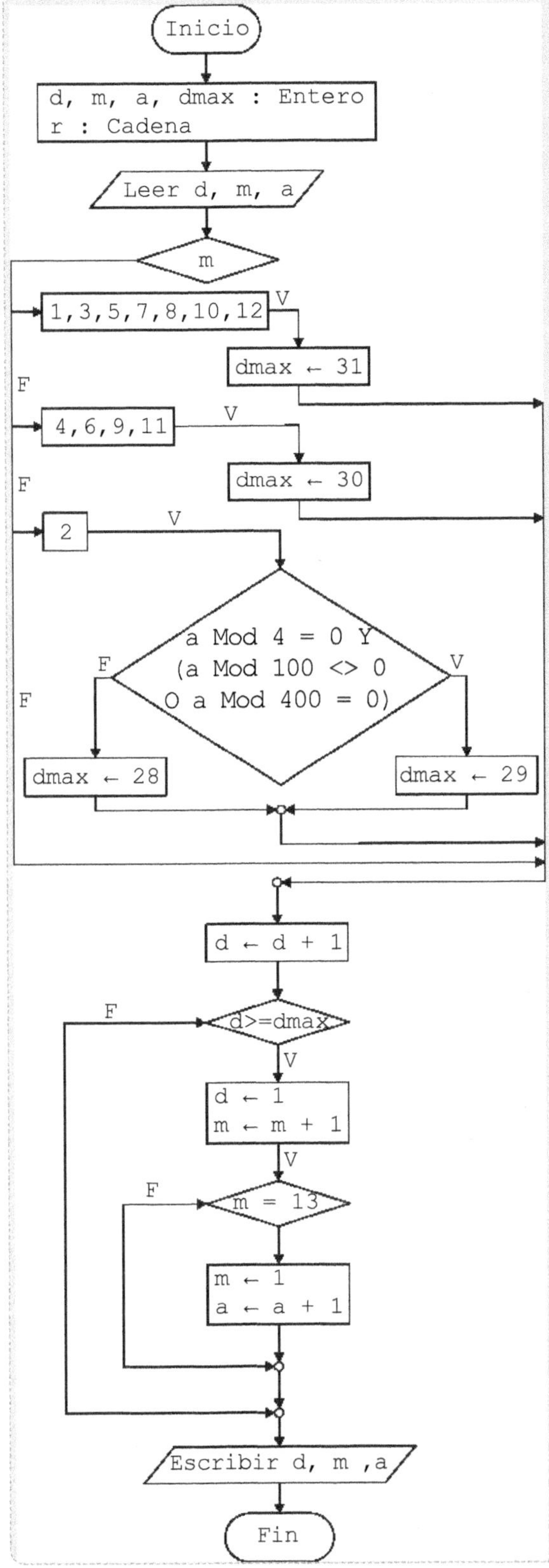

Pseudocódigo

```
Inicio

   //Variables
   d, m, a, dmax : Entero
   r : Cadena

   //Entrada
   Leer d, m, a

   //Proceso
   En Caso que m Sea
      Caso 1,3,5,7,8,10,12
            dmax ← 31
      Caso 4, 6, 9, 11
            dmax ← 30
      Caso 2
      Si a Mod 4 = 0 And (a Mod 100 <> 0
         Or a Mod 400 = 0) Entonces
                  dmax ← 29
            SiNo
                  dmax ← 28
            Fin Si
   Fin Caso
   d = d + 1
   Si d > dmax Entonces
      d ← 1
      m ← m + 1
      Si m = 13 Entonces
            m ← 1
            a ← a + 1
      Fin Si
   Fin Si

   //Salida
   Escribir d, m , a

Fin
```

Codificación:

```
import java.util.Scanner;

public class Problema39 {
    public static void main(String[] args) {
        //Variables
        int d,m,a,dmax = 0;
        //Entrada
        Scanner teclado = new Scanner(System.in);
        System.out.print("Dia: ");
        d = teclado.nextInt();
        System.out.print("Mes: ");
        m = teclado.nextInt();
        System.out.print("Año: ");
        a = teclado.nextInt();

        //Proceso
          switch(m) {
            case 1:
            case 3:
            case 5:
            case 7:
            case 8:
            case 10:
            case 12:
                dmax = 31;
                break;
            case 4:
            case 6:
            case 9:
            case 11:
                dmax = 30;
                break;
            case 2:
                if(a % 4 == 0 && (!(a % 100 == 0) || a % 400 == 0))
                    dmax = 29;
                else
                    dmax = 28;
          }

          d = d + 1;

          if(d > dmax) {
            d = 1;
            m +=1;
            if(m == 13){
                  m = 1;
                a++;
            }
          }

        //Salida
        System.out.println("");
        System.out.println("Dia: " + d);
        System.out.println("Mes: " + m);
        System.out.println("Año: " + a);
    }
}
```

Problema n.º 40

Enunciado: Convierta a números romanos, números menores a 4000.

Análisis: Para la solución de este problema se requiere que el usuario introduzca el número. Luego, que el sistema convierta y devuelva el número a romano.

Entrada
- Número decimal (n)

Salida
- Número romano (r)

Diseño:

Interfaz de usuario

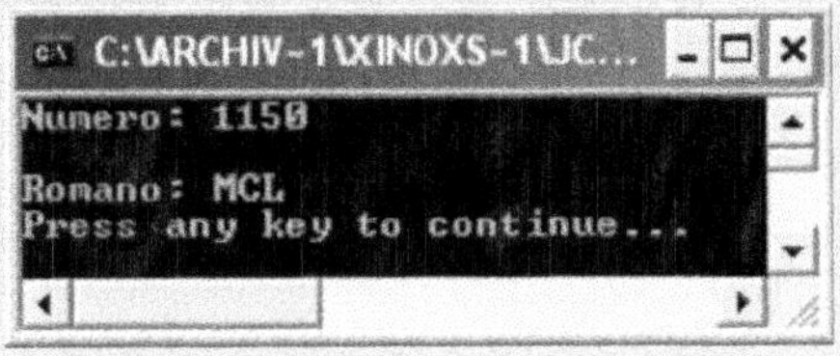

Algoritmo

Diagrama de flujo

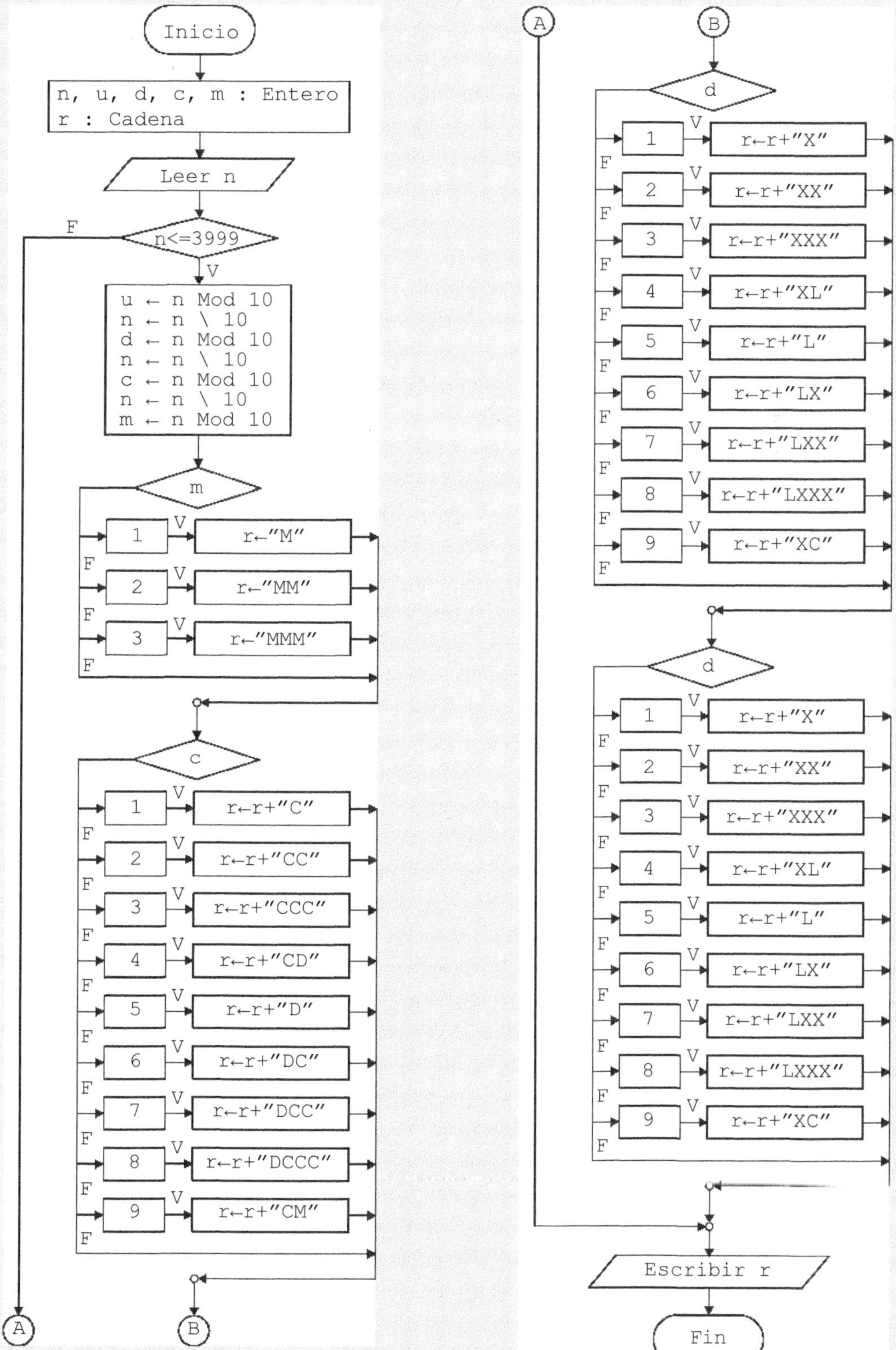

Pseudocódigo

```
Inicio

   //Variables
   n, u, d, c, m : Entero
   r : Cadena


   //Entrada
   Leer n

   //Proceso
   Si n <= 3999 Entonces
        u ← n Mod 10
        n ← n \ 10
        d ← n Mod 10
        n ← n \ 10
        c ← n Mod 10
        n ← n \ 10
        m ← n Mod 10

              En Caso que m Sea
                    Caso 1
                          r ← "M"
                    Caso 2
                          r ← "MM"
                    Caso 3
                          r ← "MMM"
              Fin Caso
              En Caso que c Sea
                    Caso 1
                          r ← r + "C"
                    Caso 2
                          r ← r + "CC"
                    Caso 3
                          r ← r + "CCC"
                    Caso 4
                          r ← r + "CD"
                    Caso 5
                          r ← r + "D"
                    Caso 6
                          r ← r + "DC"
                    Caso 7
                          r ← r + "DCC"
                    Caso 8
                          r ← r + "DCCC"
                    Caso 9
                          r ← r + "CM"
              Fin Caso
              En Caso que d Sea
```

```
                Caso 1
                      r ← r + "X"
                Caso 2
                      r ← r + "XX"
                Caso 3
                      r ← r + "XXX"
                Caso 4
                      r ← r + "XL"
                Caso 5
                      r ← r + "L"
                Caso 6
                      r ← r + "LX"
                Caso 7
                      r ← r + "LXX"
                Caso 8
                      r ← r + "LXXX"
                Caso 9
                      r ← r + "XC"
          Fin Caso
          En Caso que u Sea
                Caso 1
                      r ← r + "I"
                Caso 2
                      r ← r + "II"
                Caso 3
                      r ← r + "III"
                Caso 4
                      r ← r + "IV"
                Caso 5
                      r ← r + "V"
                Caso 6
                      r ← r + "VI"
                Caso 7
                      r ← r + "VII"
                Caso 8
                      r ← r + "VIII"
                Caso 9
                      r ← r + "IX"
          Fin Caso
    Fin Si

  //Salida
  Escribir r

Fin
```

Codificación:

```
import java.util.Scanner;

public class Problema40 {
    public static void main(String[] args) {
        //Variables
        int n,u,d,c,m;
                String r = "";

        //Entrada
        Scanner teclado = new Scanner(System.in);
        System.out.print("Numero: ");
        n = teclado.nextInt();

        //Proceso
           if (n <= 3999) {
             u = n % 10;
             n = n / 10;
             d = n % 10;
             n = n / 10;
             c = n % 10;
             n = n / 10;
             m = n % 10;

             switch (m){
                 case 1:
                     r = "M";
                     break;
                 case 2:
                     r = "MM";
                     break;
                 case 3:
                     r = "MMM";
                     break;
             }

             switch (c){
                         case 1:
                     r = r + "C";
                     break;
                 case 2:
                     r = r + "CC";
                     break;
                 case 3:
                     r = r + "CCC";
                     break;
                 case 4:
                     r = r + "CD";
                     break;
                 case 5:
```

```
                r = r + "D";
                break;
            case 6:
                r = r + "DC";
                break;
            case 7:
                r = r + "DCC";
                break;
            case 8:
                r = r + "DCCC";
                break;
            case 9:
                r = r + "CM";
                break;
        }

        switch (d){
            case 1:
                r = r + "X";
                break;
            case 2:
                r = r + "XX";
                break;
            case 3:
                r = r + "XXX";
                break;
            case 4:
                r = r + "XL";
                break;
            case 5:
                r = r + "L";
                break;
            case 6:
                r = r + "LX";
                break;
            case 7:
                r = r + "LXX";
                break;
            case 8:
                r = r + "LXXX";
                break;
            case 9:
                r = r + "XC";
                break;
        }

        switch(u){
            case 1:
                r = r + "I";
                break;
```

```
                case 2:
                    r = r + "II";
                    break;
                case 3:
                    r = r + "III";
                    break;
                case 4:
                    r = r + "IV";
                    break;
                case 5:
                    r = r + "V";
                    break;
                case 6:
                    r = r + "VI";
                    break;
                case 7:
                    r = r + "VII";
                    break;
                case 8:
                    r = r + "VIII";
                    break;
                case 9:
                    r = r + "IX";
                    break;
            }
        }

        //Salida
        System.out.println("");
        System.out.println("Romano: " + r);
    }
}
```

4.3 Problemas propuestos

Los siguientes problemas le servirán para medir su aprendizaje, es importante que los resuelva.

Propuesto n.º 21

Enunciado: Dado el número de un mes, devolver el mes en letras.

Propuesto n.º 22

Enunciado: Lea un número del 1 al 7 y devuelva el día de la semana, considere que 1 es domingo.

Propuesto n.º 23

Enunciado: Dados los siguientes operadores aritméticos (+,-, * y /), devuelva el nombre del operador.

Propuesto n.º 24

Enunciado: Dado el número de un canal de televisión, determine cual es el nombre del canal.

Propuesto n.º 25

Enunciado: En una empresa se ha determinado la siguiente política de descuento.

Tarjeta \ Sexo	Hombres	Mujeres
Obrero	15 %	10 %
Empleado	20 %	15 %

Determine mediante un programa, cuál será el monto del descuento al sueldo introducido de un trabajador.

Propuesto n.º 26

Enunciado: Una frutería ofrece las manzanas con descuento, según la siguiente tabla:

Kilos	% Descuento
0- 2	0 %
2,01- 5	10 %
5,01- 10	20 %
Mayor a 10	30 %

Determinar cuánto pagará una persona que compre manzanas en esa frutería.

Propuesto n.º 27

Enunciado: Obtenga el nombre del estado civil según la siguiente tabla.

Código	Estado civil
0	Soltero
1	Casado
2	Divorciado
3	Viudo

Propuesto n.º 28

Enunciado: Determinar el monto que recibirá un trabajador por utilidades, después de introducir el tiempo de servicio y el cargo, según la siguiente tabla.

Tiempo de servicio \ Cargo	Administrador	Contador	Empleado
Entre 0 y 2 años	2000	1500	1000
Entre 3 y 5 años	2500	2000	1500
Entre 6 y 8 años	3000	2500	2000
Mayor a 8 años	4000	3500	1500

Propuesto n.º 29

Enunciado: Según la siguiente tabla, obtener la ciudad que visitará, después de introducir su sexo y el puntaje obtenido en un examen.

Puntaje \ Sexo	Masculino	Femenino
Entre 18 y 35	Arequipa	Cuzco
Entre 36 y 75	Cuzco	Iquitos
Mayor a 75	Iquitos	Arequipa

Propuesto n.º 30

Enunciado: Dada una fecha, determine cuántos días faltan para que acabe el año.

Capítulo 5

Estructura repetitiva «Mientras»

5.1 Introducción

Muchas veces se requiere repetir una o varias instrucciones para llevar a cabo una tarea. En la programación se cuenta con estructuras que permiten realizar este proceso, llamadas también: bucles, iterativas, lazos, entre otros.

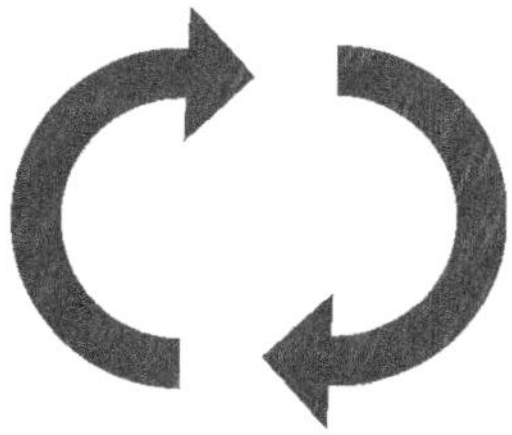

Dependiendo del lenguaje de programación, estas incorporan dos o más estructuras repetitivas, dentro de las cuales las imprescindibles son mientras (**while**) y para (**for**), con las cuales se puede resolver todo problema que involucre procesos repetitivos.

Cuando se trabaja con estas estructuras se utilizan términos como: contadores, acumuladores, forzar la salida del bucle y continuar al inicio del bucle.

5.2 Contador

Son variables enteras que se incrementan (+) o decrementan (-) con un valor constante, por ejemplo, una variable «c», cuyo valor se incrementa de 1 en 1. Se conoce como variable «contador».

Ejemplos pseudocódigo

```
c ← c + 1
i ← i + 2
j ← j - 1
```

Java

```
c = c + 1;
i += 2;
j--;
```

5.3 Acumulador

Son variables de cualquier tipo que almacenan valores variables. Por ejemplo, la variable «c», cuyo valor se incrementa por el valor que va tomando otra variable llamada «x».

Ejemplo pseudocódigo

```
c ← c + x
i ← i + c
j ← j - i
```

Java

```
c = c + x;
i += c;
j -= i;
```

5.4 Salir del bucle

Es una instrucción que permite forzar la salida de un bucle, para esto los lenguajes de programación incorporan una instrucción que permite realizar dicha operación.

Pseudocódigo

```
Salir
```

Java

```
break;
```

5.5 Continuar al inicio del bucle

Es una instrucción que permite saltar al inicio del bucle para volver a ejecutarse. Para esto, los lenguajes de programación incorporan una instrucción que permite realizar dicha operación.

Pseudocódigo

```
Continuar
```

Java

```
continue;
```

5.6 Estructura repetitiva «Mientras»

Permite repetir una o más instrucciones hasta que la condición (expresión lógica) sea verdadera. Cuando la condición es falsa sale del bucle.

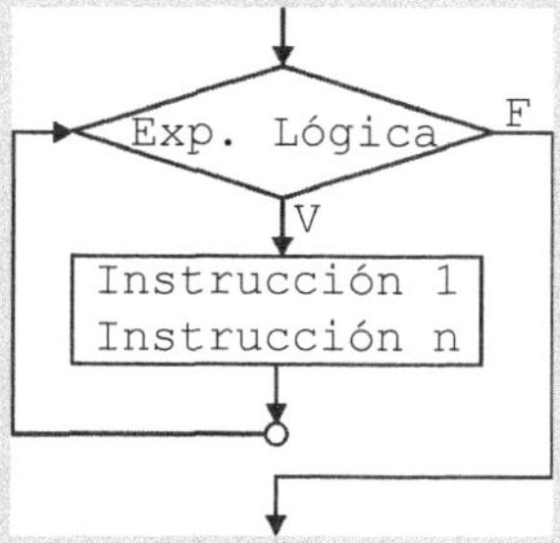


```
Mientras Exp. Lógica

   Instrucción 1
   Instrucción n

Fin Mientras
```

Sintaxis Java

```
while (<Exp. Log.>) {
     <instrucción 1>;
     <instrucción n>;
}
```

5.7 Estructura repetitiva «Mientras» anidada

Dentro de la estructura repetitiva es posible colocar una o más estructuras repetitivas, así como otras estructuras.

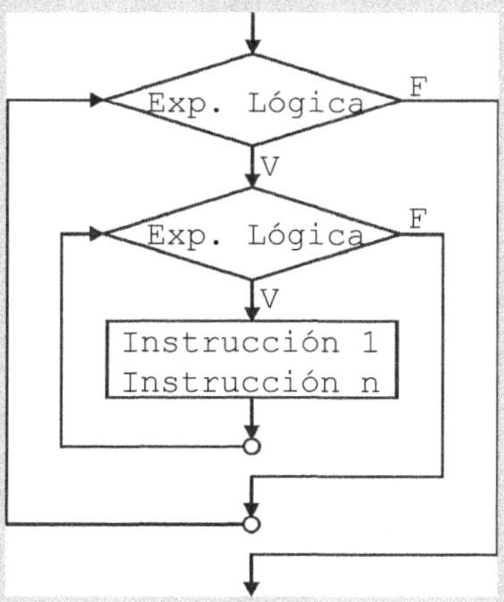


```
Mientras Exp. Lógica

   Mientras Exp. Lógica

        Instrucción 1
        Instrucción n

   Fin Mientras

Fin Mientras
```

Sintaxis Java

```
while (<Exp. Log.>) {
   while (<Exp. Log.>) {
        <instruccion1>;
        <instruccionn>;
   }
}
```

Problema n.º 41

Enunciado: Obtener la suma de los primeros N números naturales positivos.

Análisis: Para la solución de este problema se requiere que el usuario introduzca un número. Luego, que el sistema realice el proceso para devolver la suma de los N primeros números.

Entrada

- Número (n)

Salida

- Suma (s)

Diseño:

Interfaz de usuario

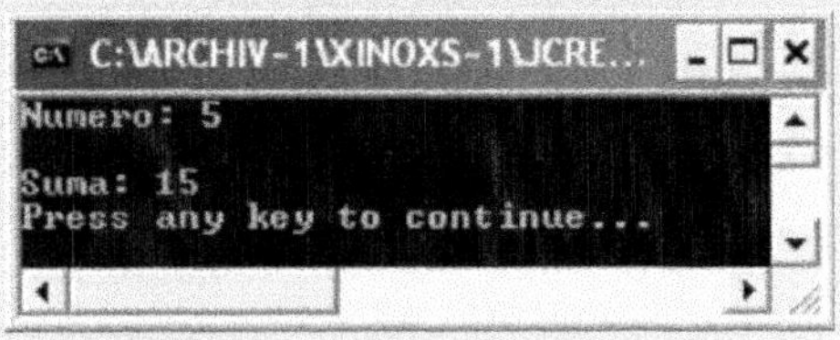

Algoritmo

Diagrama de flujo

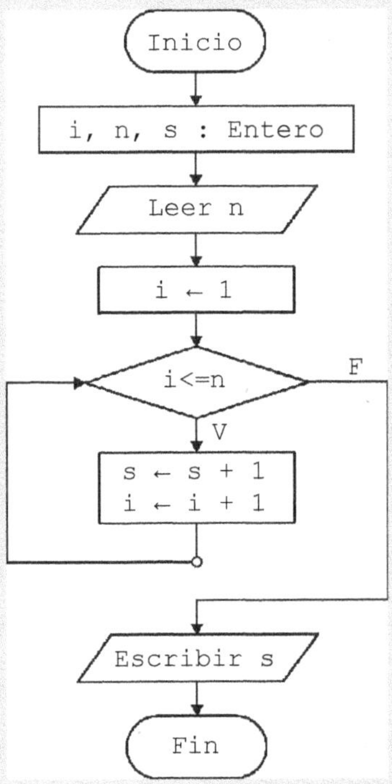

Pseudocódigo

```
Inicio

   //Variables
   i, n, s : Entero

   //Entrada
   Leer n

   //Proceso
   i ← 1
   Mientras i<=n
       s ← s + 1
       i ← i + 1
   Fin Mientras

   //Salida
   Escribir s

Fin
```

Codificación:

```
import java.util.Scanner;

public class Problema41 {
    public static void main(String[] args) {
        //Variables
        int i,n,s = 0;

        //Entrada
        Scanner teclado = new Scanner(System.in);
        System.out.print("Numero: ");
        n = teclado.nextInt();

        //Proceso
           i = 1;
           while(i <= n){
                 s = s + i;
                 i = i + 1;
           }

        //Salida
        System.out.println("");
        System.out.println("Suma: " + s);
    }
}
```

Problema n.° 42

Enunciado: Dado un rango de números enteros, obtener la cantidad de números enteros que contiene.

Análisis: Para la solución de este problema, se requiere que el usuario introduzca el número inicial y final. Luego, que el sistema procese y devuelva la cantidad de números enteros que contiene el rango.

Entrada

- Número inicial (ni)
- Número final (nf)

Salida

- Cantidad (c)

Diseño:

Interfaz de usuario

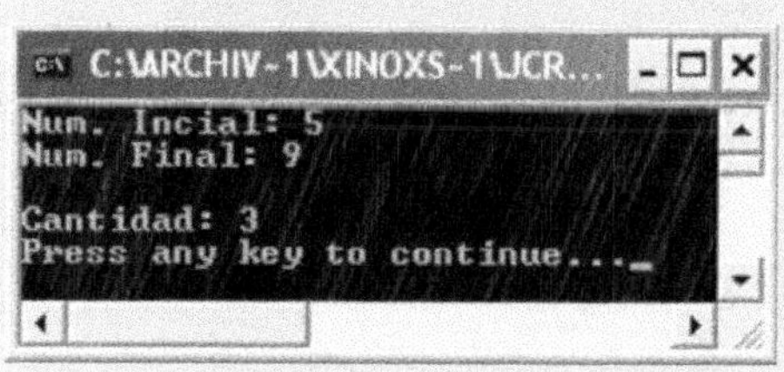

Algoritmo

Diagrama de flujo

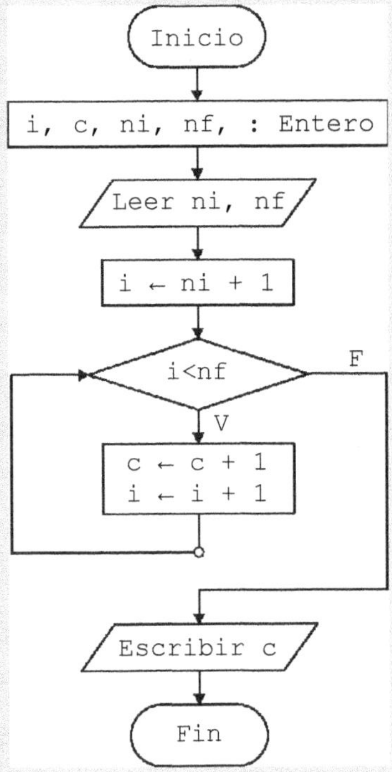

Pseudocódigo

```
Inicio

   //Variables
   i, c, ni, nf : Entero

   //Entrada
   Leer ni, nf

   //Proceso
   i ← ni + 1
   Mientras i < nf
       c ← c + 1
       i ← i + 1
   Fin Mientras

   //Salida
   Escribir c

Fin
```

Codificación:

```
import java.util.Scanner;

public class Problema42 {
    public static void main(String[] args) {
        //Variables
        int i,ni,nf,c = 0;

        //Entrada
        Scanner teclado = new Scanner(System.in);
        System.out.print("Num. Incial: ");
        ni = teclado.nextInt();
        System.out.print("Num. Final: ");
        nf = teclado.nextInt();

        //Proceso
          i = ni + 1;
          while(i < nf){
            c +=1;
            i++;
          }

        //Salida
        System.out.println("");
        System.out.println("Cantidad: " + c);
    }
}
```

Problema n.º 43

Enunciado: Dado un rango de números enteros, obtener la cantidad de números pares que contiene.

Análisis: Para la solución de este problema se requiere que el usuario introduzca el número inicial y final. Luego, que el sistema procese y devuelva la cantidad de números pares que contiene el rango.

Entrada

- Número inicial (ni)
- Número final (nf)

Salida

- Cantidad de pares (cp)

Diseño:

Interfaz de usuario

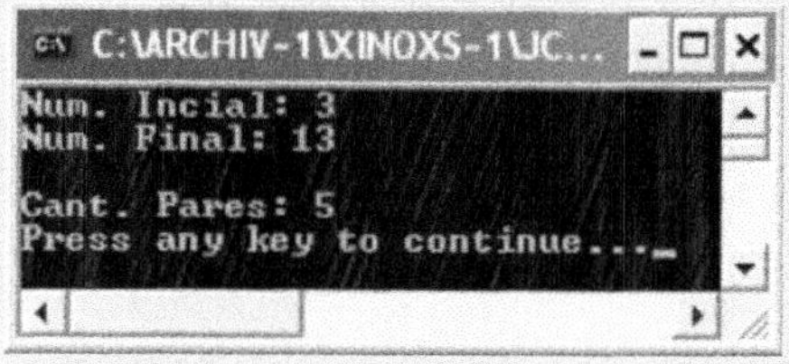

Algoritmo

Diagrama de flujo

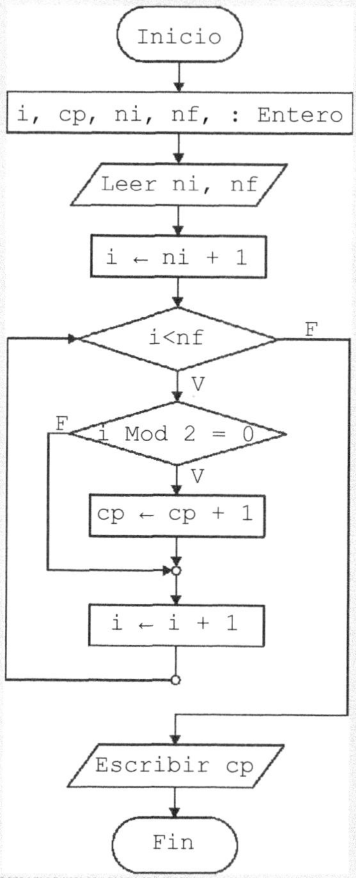

Pseudocódigo

```
Inicio
   //Variables
   i, cp, ni, nf : Entero

   //Entrada
   Leer ni, nf

   //Proceso
   i ← ni + 1
   Mientras i < nf
       Si i Mod 2 = 0 Entonces
             cp ← cp + 1
       Fin Si
       i ← i + 1
   Fin Mientras

   //Salida
   Escribir cp

Fin
```

Codificación:

```
import java.util.Scanner;

public class Problema43 {
    public static void main(String[] args) {
        //Variables
        int i,ni,nf,cp = 0;

        //Entrada
        Scanner teclado = new Scanner(System.in);
        System.out.print("Num. Incial: ");
        ni = teclado.nextInt();
        System.out.print("Num. Final: ");
        nf = teclado.nextInt();

        //Proceso
         i = ni + 1;
         while(i < nf){
                if(i % 2 == 0){
                      cp += 1;
                }
            i++;
          }

        //Salida
        System.out.println("");
        System.out.println("Cant. Pares: " + cp);
    }
}
```

Problema n.º 44

Enunciado: Obtener la cantidad de los primeros N números múltiplos de 5.

Análisis: Para la solución de este problema se requiere que el usuario introduzca un número. Luego, que el sistema devuelva la cantidad de números múltiplos de 5.

Entrada

- Número (n)

Salida

- Cantidad (c)

Diseño:

Interfaz de usuario

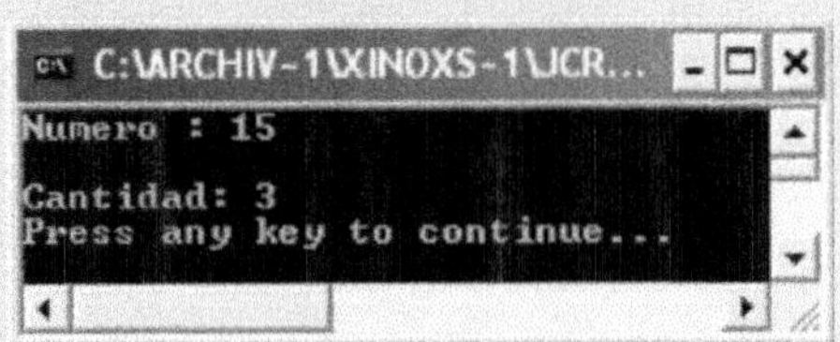

Algoritmo

Diagrama de flujo

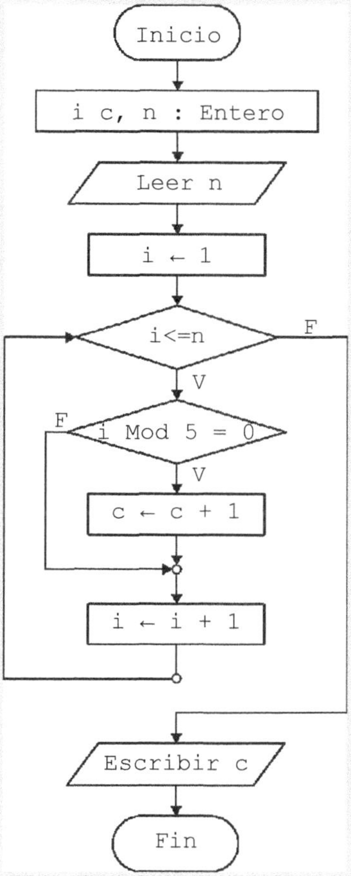

Pseudocódigo

```
Inicio

   //Variables
   i, c, n : Entero

   //Entrada
   Leer n

   //Proceso
   i ← 1
   Mientras i <= n
       Si i Mod 5 = 0 Entonces
             c ← c + 1
       Fin Si
       i ← i + 1
   Fin Mientras

   //Salida
   Escribir c

Fin
```

Codificación:

```
import java.util.Scanner;

public class Problema44 {
    public static void main(String[] args) {
        //Variables
        int i,n,c = 0;

        //Entrada
        Scanner teclado = new Scanner(System.in);
        System.out.print("Numero : ");
        n = teclado.nextInt();

        //Proceso
           i = 1;
           while(i <= n){
                 if(i % 5 == 0){
                       c += 1;
                 }
             i++;
           }

        //Salida
        System.out.println("");
        System.out.println("Cantidad: " + c);
    }
}
```

Problema n.º 45

Enunciado: Dado un número, determinar cunátos dígitos tiene.

Análisis: Para la solución de este problema se requiere que el usuario introduzca un número entero. Luego, que el sistema verifique y determine la cantidad de dígitos que contiene.

Entrada

- Número (n)

Salida

- Cantidad de dígitos (c)

Diseño:

Interfaz de usuario

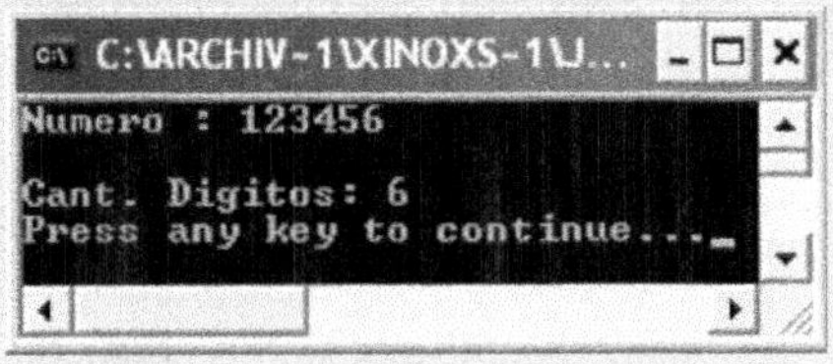

Algoritmo

Diagrama de flujo

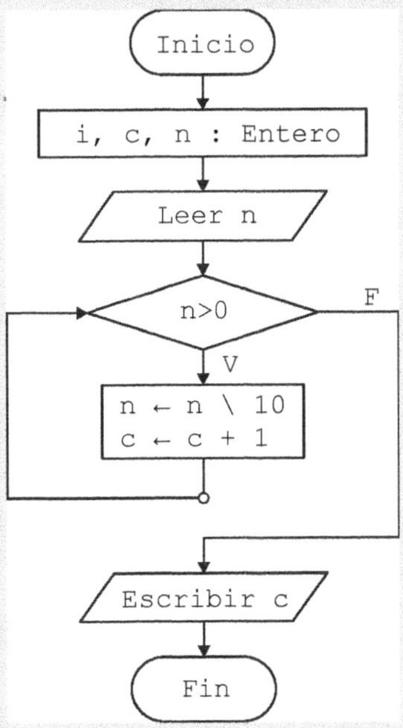

Pseudocódigo

```
Inicio

   //Variables
   i, n, c : Entero

   //Entrada
   Leer n

   //Proceso
   Mientras n>0
       n ← n \ 10
       c ← c + 1
   Fin Mientras

   //Salida
   Escribir c

Fin
```

Codificación:

```
import java.util.Scanner;

public class Problema45 {
    public static void main(String[] args) {
        //Variables
        int i,n,c = 0;

        //Entrada
        Scanner teclado = new Scanner(System.in);
        System.out.print(“Numero : “);
        n = teclado.nextInt();

        //Proceso
           while(n > 0) {
             n = n / 10;
             c += 1;
           }

        //Salida
        System.out.println(“”);
        System.out.println(“Cant. Digitos: “ + c);
    }
}
```

Problema n.º 46

Enunciado: Dado un número, determinar la cantidad de dígitos pares que contiene.

Análisis: Para la solución de este problema se requiere que el usuario introduzca un número entero. Luego, que el sistema verifique y devuelva la cantidad de dígitos enteros que contiene el número.

Entrada

- Números (n)

Salida

- Cantidad de dígitos pares (c)

Diseño:

Interfaz de usuario

Algoritmo

Diagrama de flujo

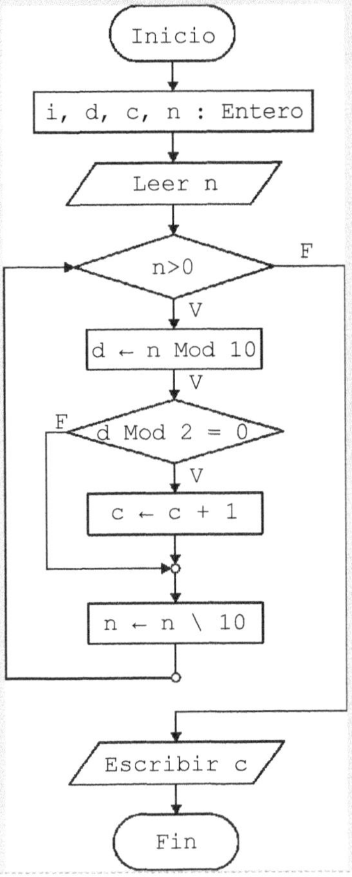

Pseudocódigo

```
Inicio

   //Variables
   i, d, c, n : Entero

   //Entrada
   Leer n

   //Proceso
   Mientras n > 0
       d ← n Mod 10
       Si d Mod 2 = 0 Entonces
             c ← c + 1
       Fin Si
       n ← n \ 10
   Fin Mientras

   //Salida
   Escribir c

Fin
```

Codificación:

```
import java.util.Scanner;

public class Problema46 {
    public static void main(String[] args) {
        //Variables
        int i,d,c = 0,n;

        //Entrada
        Scanner teclado = new Scanner(System.in);
        System.out.print("Numero : ");
        n = teclado.nextInt();

        //Proceso
          while(n > 0){
                d = n % 10;
            if(d % 2 == 0) {
                               c += 1;
            }
            n /= 10;
          }

        //Salida
        System.out.println("");
        System.out.println("Cant. Digitos pares: " + c);
    }
}
```

Problema n.º 47

Enunciado: Dado un número, devolver el dígito mayor.

Análisis: Para la solución de este problema, se requiere que el usuario introduzca un número entero. Luego, que el sistema verifique y devuelva el dígito mayor.

Entrada

- Número entero (n)

Salida

- Dígito mayor (m)

Diseño:

Interfaz de usuario

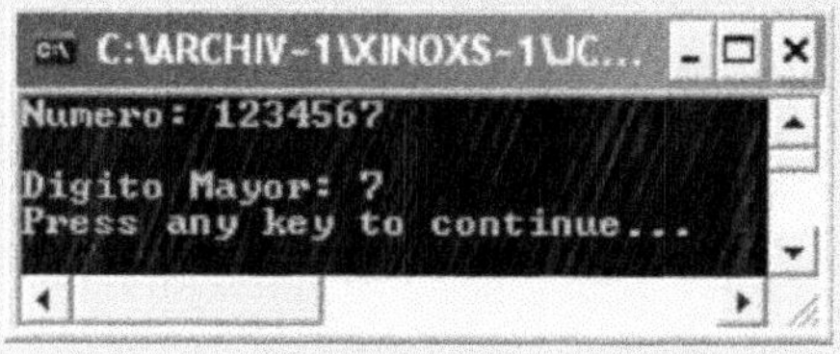

Algoritmo

Diagrama de flujo

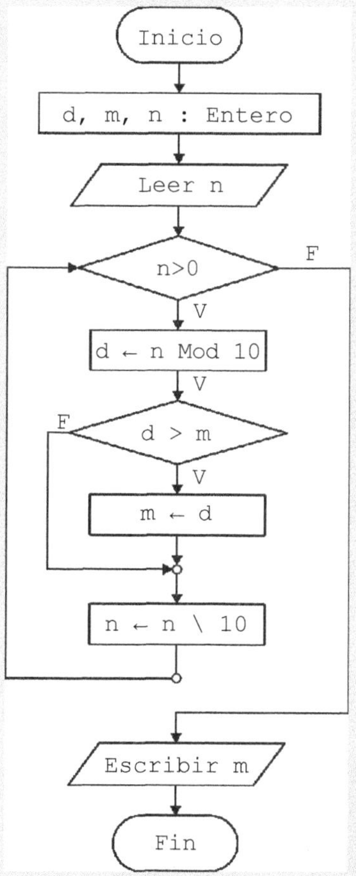

Pseudocódigo

```
Inicio

   //Variables
   d, m, n : Entero

   //Entrada
   Leer n

   //Proceso
   Mientras n > 0
      d ← n Mod 10
      Si d > m Entonces
           m ← d
      Fin Si
      n ← n \ 10
   Fin Mientras

   //Salida
   Escribir m

Fin
```

Codificación:

```
import java.util.Scanner;

public class Problema47 {
    public static void main(String[] args) {
        //Variables
        int d,m = 0,n;

        //Entrada
        Scanner teclado = new Scanner(System.in);
        System.out.print("Numero: ");
        n = teclado.nextInt();

        //Proceso
          while(n > 0){
            d = n % 10;
            if(d > m){
              m = d;
            }
            n /= 10;
          }

        //Salida
        System.out.println("");
        System.out.println("Digito Mayor: " + m);
    }
}
```

Problema n.º 48

Enunciado: Dados dos números, diga si son amigos. Recuerde que dos números son amigos si la suma de los divisores de uno de ellos es igual al otro y viceversa. Por ejemplo, 220 y 284 son amigos.

Divisores de 220 son:

$$1 + 2 + 4 + 5 + 10 + 11 + 20 + 22 + 44 + 55 + 110 = \mathbf{284}$$

Divisores de 284 son:

$$1 + 2 + 4 + 71 + 142 = \mathbf{220}$$

Análisis: Para la solución de este problema se requiere que el usuario introduzca dos números (n1 y n2). Luego, que el sistema verifique y devuelva si son o no números amigos.

Entrada

- Números (n1, n2)

Salida

- Respuesta (r)
  - SON AMIGOS
  - NO SON AMIGOS

Diseño:

Interfaz de usuario

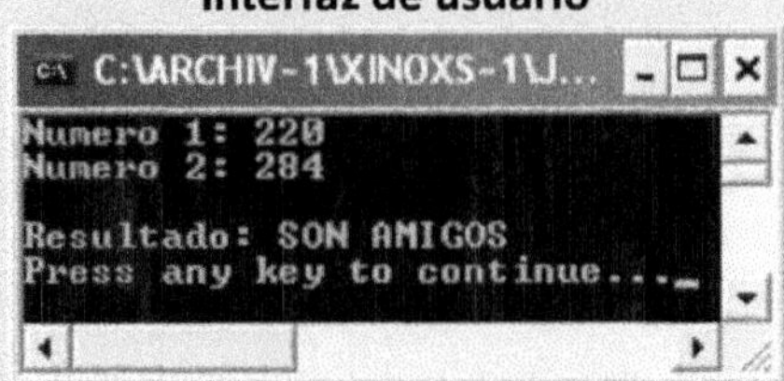

Algoritmo

Diagrama de flujo

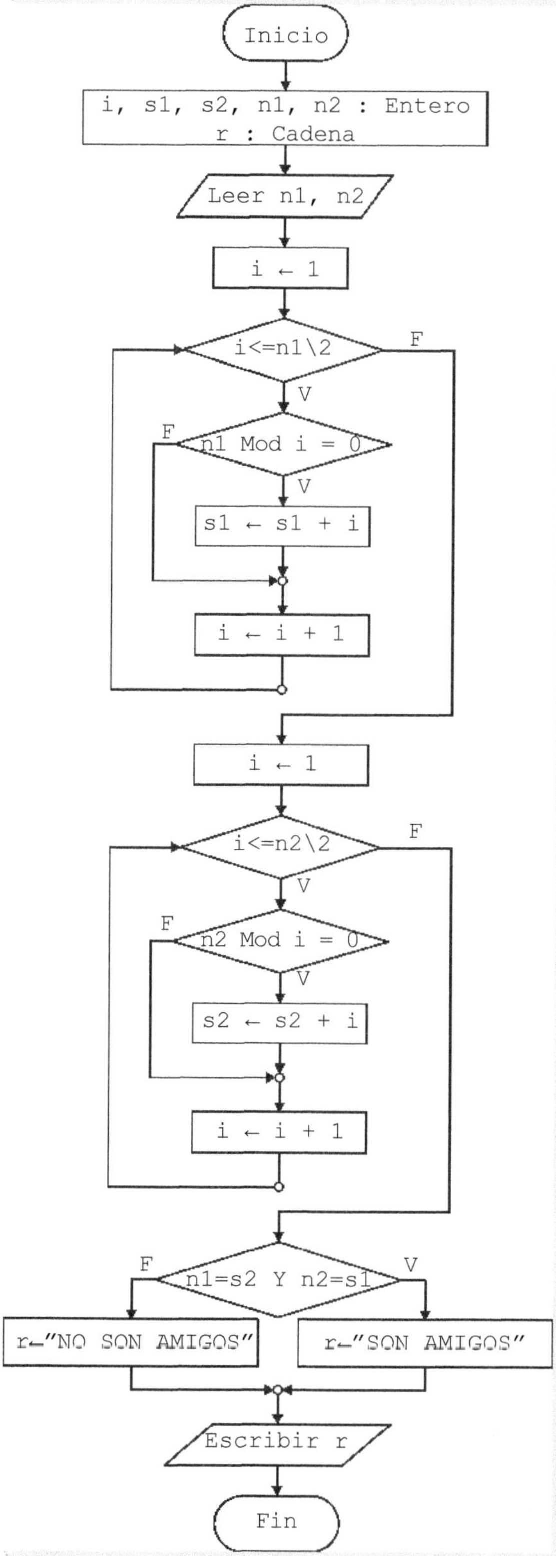

Pseudocódigo

```
Inicio

   //Variables
   i, s1, s2, n1, n2 : Entero
   r : Cadena

   //Entrada
   Leer n1, n2

   //Proceso
   i ← 1
   Mientras i <= n1\2
      Si n1 Mod i = 0 Entonces
            s1 ← s1 + i
      Fin Si
      i = i + 1
   Fin Mientras

      i ← 1
   Mientras i <= n2\2
      Si n2 Mod i = 0 Entonces
            s2 ← s2 + i
      Fin Si
      i = i + 1
   Fin Mientras
   Si n1 = s2 Y n2 = n1 Entonces
      r ← "SON AMIGOS"
   SiNo
      r ← "NO SON AMIGOS"
   Fin Si

   //Salida
   Escribir r

Fin
```

Codificación:

```
import java.util.Scanner;

public class Problema48 {
    public static void main(String[] args) {
        //Variables
        int i,n1,n2,s1 = 0, s2 = 0;
                String r = "";

        //Entrada
        Scanner teclado = new Scanner(System.in);
        System.out.print("Numero 1: ");
        n1 = teclado.nextInt();
        System.out.print("Numero 2: ");
        n2 = teclado.nextInt();

        //Proceso
          i = 1;
          while(i <= n1 / 2){
                if(n1 % i == 0){
                      s1 += i;
                }
            i++;
          }

          i = 1;
          while(i <= n2 / 2){
                if(n2 % i == 0){
                      s2 += i;
                }
            i++;
          }

          if(n1 == s2 && n2 == s1)
            r = "SON AMIGOS";
          else
            r = "NO SON AMIGOS";

        //Salida
        System.out.println("");
        System.out.println("Resultado: " + r);
    }
}
```

Problema n.º 49

Enunciado: Dado un número, devuelva el inverso del número.

Análisis: Para la solución de este problema se requiere que el usuario introduzca el número. Luego, que el sistema procese y devuelva el inverso del número.

Entrada	Salida
• Número (n)	• Número inverso (i)

Diseño:

Interfaz de usuario

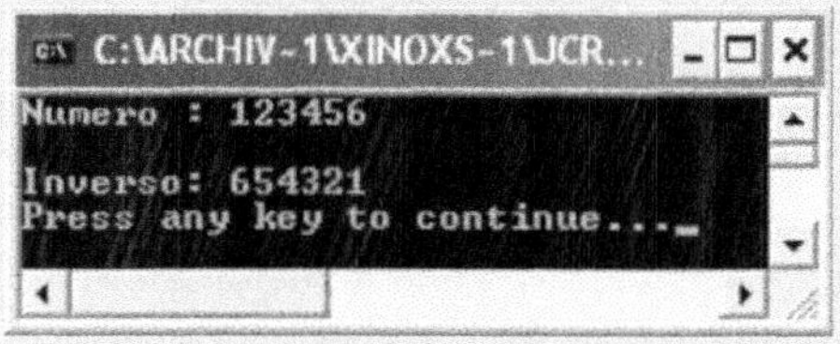

Algoritmo

Diagrama de flujo

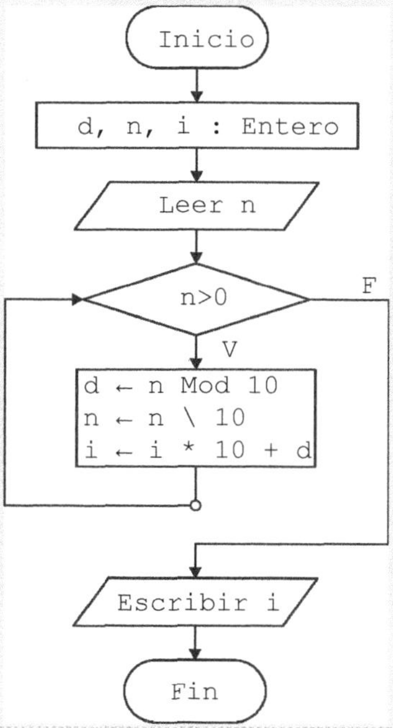

Pseudocódigo

```
Inicio

   //Variables
   d, n, i : Entero

   //Entrada
   Leer n

   //Proceso
   Mientras n > 0
       d ← n Mod 10
       n ← n \ 10
       i ← i * 10 + d
   Fin Mientras

   //Salida
   Escribir i

Fin
```

Codificación:

```
import java.util.Scanner;

public class Problema49 {
    public static void main(String[] args) {
        //Variables
        int d,n,i = 0;

        //Entrada
        Scanner teclado = new Scanner(System.in);
        System.out.print("Numero : ");
        n = teclado.nextInt();

        //Proceso
          while(n > 0) {
                d = n % 10;
            n = n / 10;
            i = i * 10 + d;
          }

        //Salida
        System.out.println("");
        System.out.println("Inverso: " + i);
    }
}
```

Problema n.° 50

Enunciado: Crear un algoritmo que indique si un número es cubo perfecto (anstrong) o no. Se dice que un número es cubo perfecto si al sumar los cubos de sus dígitos dan el mismo número. Por ejemplo, 153: cubos de sus dígitos $1^3 + 5^3 + 3^3 = 153$ el número 153 es cubo perfecto.

Análisis: Para la solución de este problema, se requiere que el usuario introduzca el número y el sistema procesa y determina si es o no un cubo perfecto.

Entrada

- Número (n)

Salida

- Respuesta (r)
  - CUBO PERFECTO
  - NO ES CUBO PERFECTO

Diseño:

Interfaz de Usuario

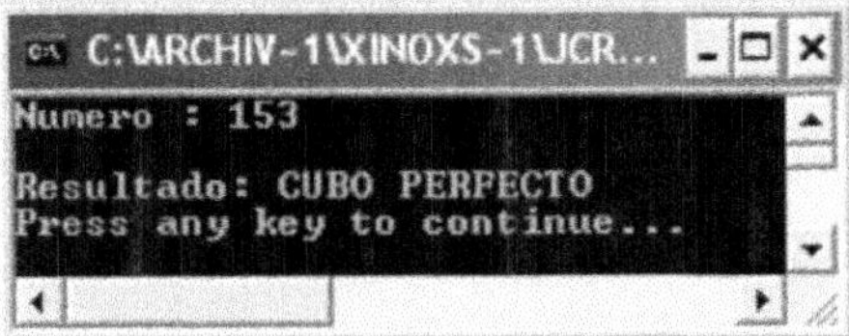

Algoritmo

Diagrama de Flujo

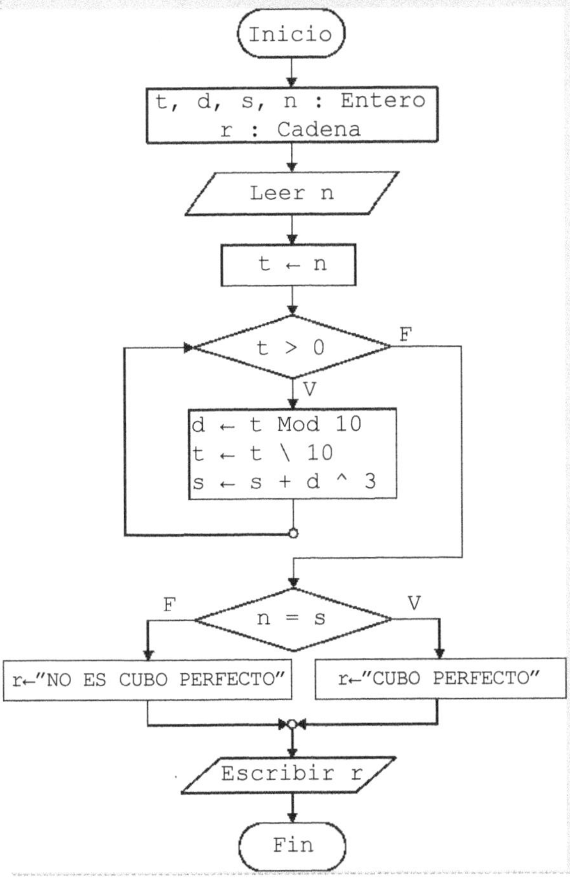

Pseudocodigo

```
Inicio

   //Variables
   t, d, s, n : Entero
   r : Cadena

   //Entrada
   Leer n

   //Proceso
   t ← n
   Mientras t > 0
        d ← t Mod 10
        t ← t \ 10
        s ← s + d ^ 3

   Fin Mientras

   Si n = s Entonces
        r ← "CUBO PERFECTO"
   SiNo
        r ← "NO ES CUBO PERFECTO"
   Fin Si

   //Salida
   Escribir r

Fin
```

Codificación:

```
import java.util.Scanner;

public class Problema50 {
    public static void main(String[] args) {
        //Variables
        int t,d,s = 0,n;
        String r = "";

        //Entrada
        Scanner teclado = new Scanner(System.in);
        System.out.print("Numero : ");
        n = teclado.nextInt();

        //Proceso
          t = n;
          while(t > 0){
                d = t % 10;
            t /= 10;
            s = (int)(s + Math.pow((double)d, 3.0));
          }

          if(n == s)
            r = "CUBO PERFECTO";
          else
            r = "NO ES CUBO PERFECTO";

        //Salida
        System.out.println("");
        System.out.println("Resultado: " + r);
    }
}
```

Problema n.º 51

Enunciado: Obtenga el cociente y el residuo de una división mediante restas sucesivas. Por ejemplo, si el dividendo es 3989 y el divisor es 1247, entonces:

3989 – 1247 = 2742	R(1)
2742 – 1247 = 1495	R(2)
1495 – 1247 = 248	R(3)

Ya no se puede seguir restando, pues 248 es menor a 1247, entonces el cociente es el número de veces restado (3) y el residuo es el último número obtenido (248).

Análisis: Para la solución de este problema se requiere que el usuario introduzca la temperatura. Luego, que el sistema verifique y determine el clima.

Entrada

- Numerador (n)
- Denominador (d)

Salida

- Cociente (c)
- Residuo (r)

Diseño:

Interfaz de usuario

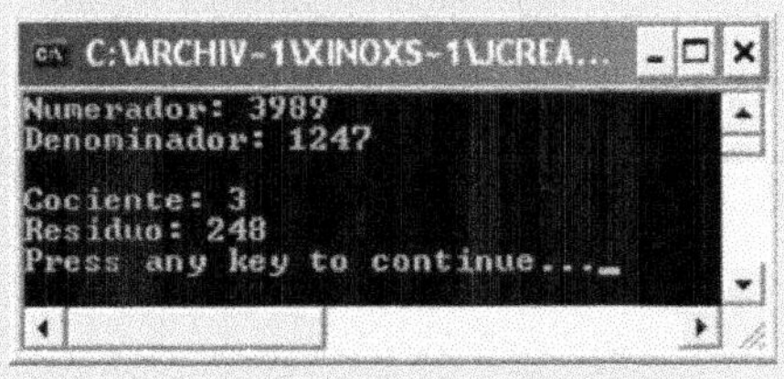

Algoritmo

Diagrama de flujo

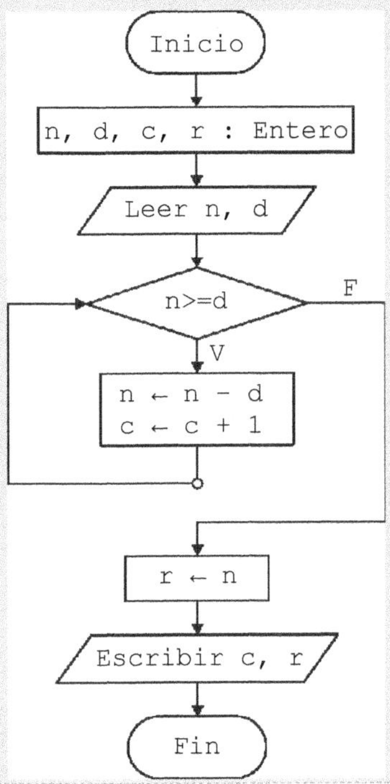

Pseudocódigo

```
Inicio

   //Variables
   n, d, c, r : Entero

   //Entrada
   Leer n, d

   //Proceso
   Mientras n >= d
       n ← n - d
       c ← c + 1
   Fin Mientras
   r ← n

   //Salida
   Escribir c, r

Fin
```

Codificación:

```
import java.util.Scanner;

public class Problema51 {
    public static void main(String[] args) {
        //Variables
        int n,d,c = 0,r;

        //Entrada
        Scanner teclado = new Scanner(System.in);
        System.out.print("Numerador: ");
        n = teclado.nextInt();
        System.out.print("Denominador: ");
        d = teclado.nextInt();

        //Proceso
        while(n >= d){
           n -= d;
                 c++;
           }
        r = n;

        //Salida
        System.out.println("");
        System.out.println("Cociente: " + c);
        System.out.println("Residuo: " + r);
    }
}
```

Problema n.º 52

Enunciado: Determine si un número es capicúa o no. Se dice que un número capicúa es aquel que al invertir sus cifras da el mismo número. Por ejemplo, 12321 invertido es 12321. Entonces es un número capicúa.

Análisis: Para la solución de este problema, se requiere que el usuario introduzca un número. Luego, que el sistema verifique y determine si es o no capicúa.

Entrada

- Número (n)

Salida

- Respuesta (r)
  - ES CAPICUA
  - NO ES CAPICUA

Diseño:

Interfaz de usuario

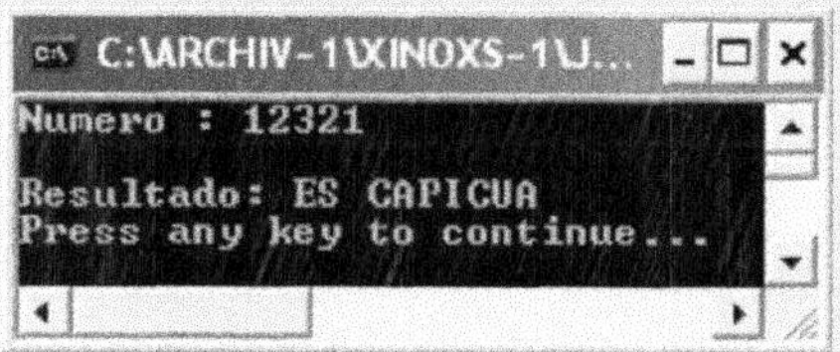

Algoritmo

Diagrama de flujo

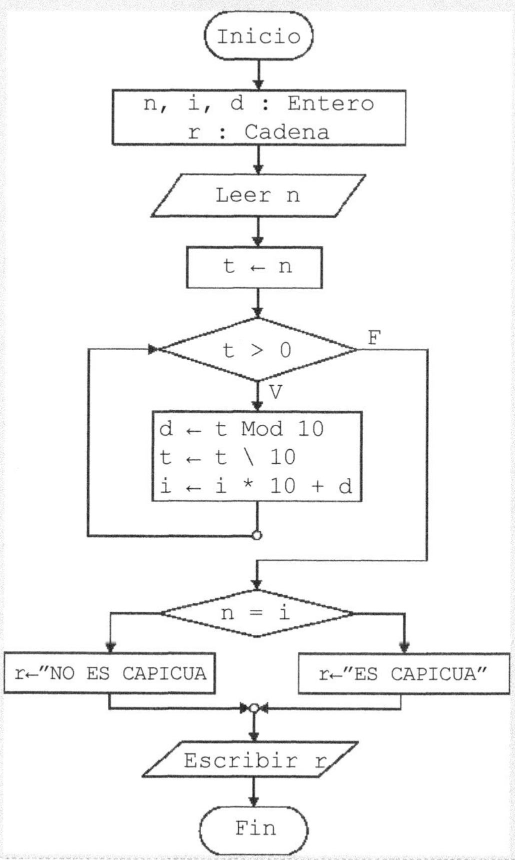

Pseudocódigo

```
Inicio

   //Variables
   n, i, d : Entero
   r : Cadena

   //Entrada
   Leer n

   //Proceso
   t ← n
   Mientras t > 0
       d ← t Mod 10
       t ← t \ 10
       i ← i * 10 + d

   Fin Mientras

   Si n = i Entonces
       r ← "ES CAPICUA"
   SiNo
       r ← "NO ES CAPICUA"
   Fin Si

   //Salida
   Escribir r

Fin
```

Codificación:

```
import java.util.Scanner;

public class Problema52 {
    public static void main(String[] args) {
        //Variables
        int n,i = 0,d,t;
                String r = "";

        //Entrada
        Scanner teclado = new Scanner(System.in);
        System.out.print("Numero : ");
        n = teclado.nextInt();

        //Proceso
          t = n;
          while(t > 0){
                d = t % 10;
            t = t / 10;
            i = i * 10 + d;
          }

          if(n == i)
            r = "ES CAPICUA";
          else
            r = "NO ES CAPICUA";

        //Salida
        System.out.println("");
        System.out.println("Resultado: " + r);
    }
}
```

Problema n.º 53

Enunciado: Dado un número, determine si es un número primo. Recuerde que un número primo es aquel que solo es divisible por 1 y por sí mismo.

Análisis: Para la solución de este problema se requiere que el usuario introduzca un número. Luego, que el sistema determine si es primo.

Entrada	Salida
• Número (n)	• Respuesta (r) – ES PRIMO – NO ES PRIMO

Diseño:

Interfaz de usuario

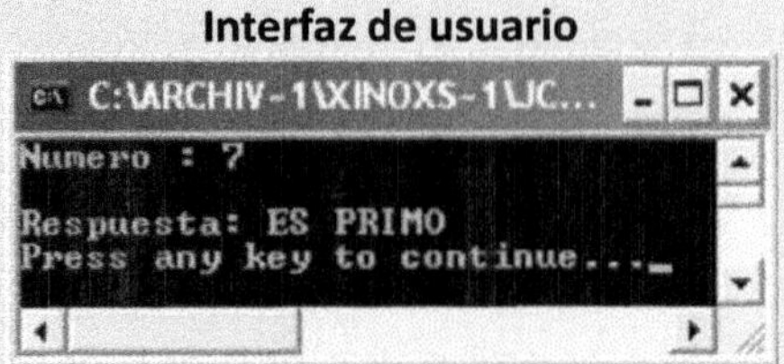

Algoritmo

Diagrama de flujo

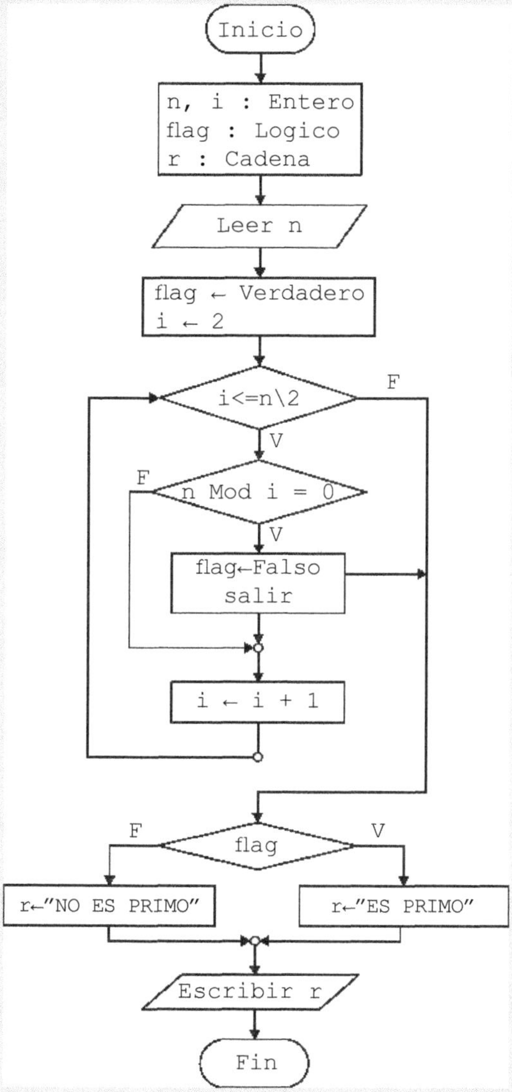

Pseudocódigo

```
Inicio

   //Variables
   n, i : Entero
   flag : Logico
   r : Cadena

   //Entrada
   Leer n
   //Proceso
   flag ← Verdadero
   i ← 2
   Mientras i <= n\2
       Si n Mod i = 0
             flag ← Falso
             Salir
       Fin Si
       i ← i + 1
   Fin Mientras

   Si flag Entonces
       r ← "ES PRIMO"
   SiNo
       r ← "NO ES PRIMO"
   Fin Si

   //Salida
   Escribir r

Fin
```

Codificación:

```
import java.util.Scanner;

public class Problema53 {
    public static void main(String[] args) {
        //Variables
        int n,i;
        boolean flag;
        String r = "";

        //Entrada
        Scanner teclado = new Scanner(System.in);
        System.out.print("Numero : ");
        n = teclado.nextInt();

        //Proceso
          flag = true;
          i = 2;
          while(i <= n / 2){
            if(n % i == 0){
                flag = false;
                break;
            }
            i++;
          }

          if(flag)
            r = "ES PRIMO";
          else
            r = "NO ES PRIMO";

        //Salida
        System.out.println("");
        System.out.println("Respuesta: " + r);
    }
}
```

Problema n.º 54

Enunciado: Dado un número y su base, determine si el número pertenece a la base introducida. Recuerde que un número pertenece a una base si sus dígitos son menores a su base.

Análisis: Para la solución de este problema se requiere que el usuario introduzca un número. Luego, que el sistema verifique y determine si pertenece a la base.

Entrada

- Número (n)
- Base (b)

Salida

- Respuesta (r)
  - BASE CORRECTA
  - BASE INCORRECTA

Diseño:

Interfaz de usuario

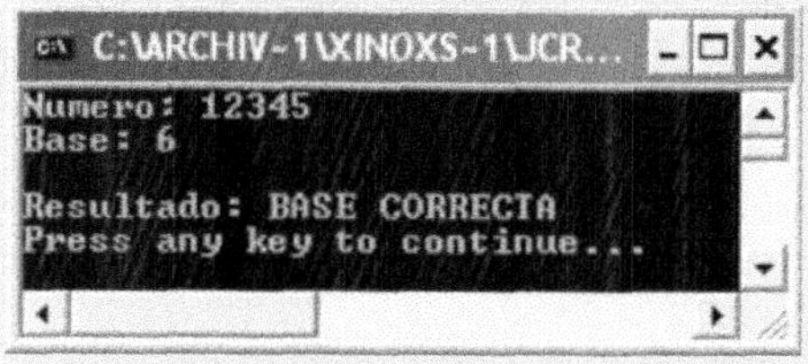

Algoritmo

Diagrama de flujo

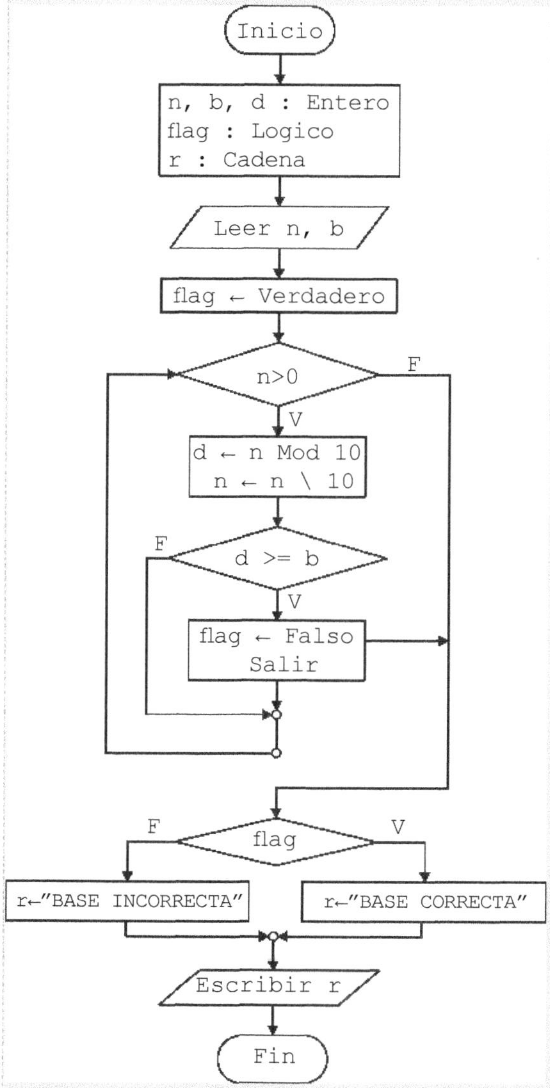

Pseudocódigo

```
Inicio

   //Variables
   n, b, d : Entero
   flag : Logico
   r : Cadena

   //Entrada
   Leer n, b

   //Proceso
   flag ← Verdadero
   Mientras n > 0
        d ← n Mod 10
        n ← n \ 10
        Si d >= b Entonces
              flag ← Falso
              Salir
        Fin Si
   Fin Mientras

   Si flag Entonces
              r ← "BASE CORRECTA"
   SiNo
              r ← "BASE INCORRECTA"
   Fin Si

   //Salida
   Escribir r

Fin
```

Codificación:

```
import java.util.Scanner;

public class Problema54 {
    public static void main(String[] args) {
        //Variables
        int n,b,d;
        boolean flag;
        String r = "";

        //Entrada
        Scanner teclado = new Scanner(System.in);
        System.out.print("Numero: ");
        n = teclado.nextInt();
        System.out.print("Base: ");
        b = teclado.nextInt();

        //Proceso
        flag = true;
        while(n > 0) {
            d = n % 10;
            n /= 10;
            if(d >= b){
                flag = false;
                break;
            }
        }

        if(flag)
            r = "BASE CORRECTA";
        else
            r = "BASE INCORRECTA";

        //Salida
        System.out.println("");
        System.out.println("Resultado: " + r);
    }
}
```

Problema n.º 55

Enunciado: Dado un número entero en base 10, convertir el número a otra base menor que 10.

Análisis: Para la solución de este problema se requiere que el usuario introduzca el número entero y la base a convertir. Luego, que el sistema devuelva el número convertido a su nueva base.

Entrada

- Número (n)
- Base (b)

Salida

- Número convertido (r)

Diseño:

Interfaz de usuario

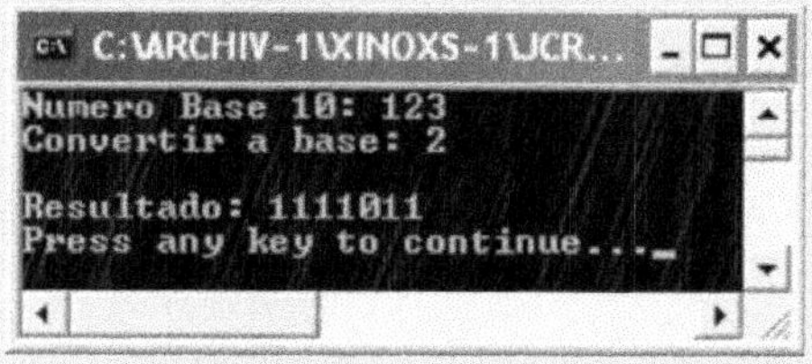

Algoritmo

Diagrama de flujo

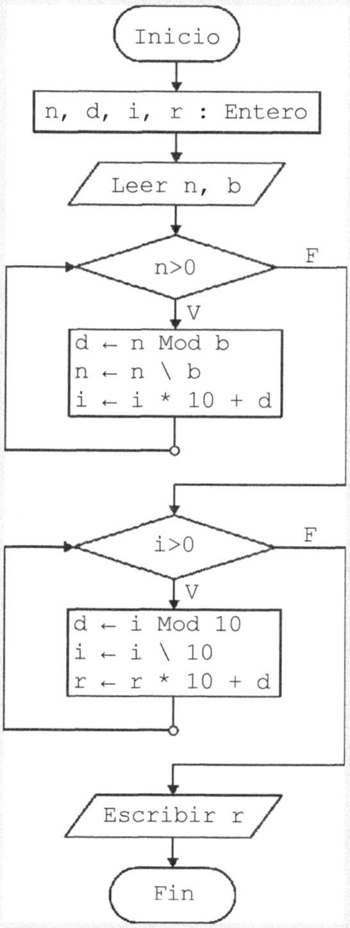

Pseudocódigo

```
Inicio

   //Variables
   n, d, i, r : Entero

   //Entrada
   Leer n, b

   //Proceso
   Mientras n > 0
      d ← n Mod b
      n = n \ 10
      i = i * 10 + d
   Fin Mientras

   Mientras i > 0
      d ← i Mod 10
      i = i \ 10
      r = r * 10 + d
   Fin Mientras

   //Salida
   Escribir r

Fin
```

Codificación:

```
import java.util.Scanner;

public class Problema55 {
    public static void main(String[] args) {
        //Variables
        int n,b,d,i=0,r=0;

        //Entrada
        Scanner teclado = new Scanner(System.in);
        System.out.print("Numero Base 10: ");
        n = teclado.nextInt();
        System.out.print("Convertir a base: ");
        b = teclado.nextInt();

        //Proceso
        while(n > 0) {
           d = n % b;
           n /= b;
           i = i * 10 + d;
        }

        while(i > 0){
           d = i % 10;
           i /= 10;
           r = r * 10 + d;
        }

        //Salida
        System.out.println("");
        System.out.println("Resultado: " + r);
    }
}
```

5.8 Problemas propuestos

Los siguientes problemas le servirán para medir su aprendizaje. Es importante que los resuelva.

Propuesto n.º 31

Enunciado: Obtener el factorial de un número. Recuerde que el factorial de un número es el producto de 1 x 2 x 3 x ... x N.

Propuesto n.º 32

Enunciado: Dado un rango de números enteros, obtener la cantidad de números pares e impares que contiene el rango, sin considerar los múltiplos de 5.

Propuesto n.º 33

Enunciado: Calcular la suma y el producto de los N primeros números naturales múltiplos de 3.

Propuesto n.º 34

Enunciado: Dado un número, determinar cuantos dígitos 0 contiene.

Propuesto n.º 35

Enunciado: Se requiere saber si existe un determinado dígito en un número dado.

Propuesto n.º 36

Enunciado: Dado un número, determinar cuál es el porcentaje de números pares, impares y neutros (0).

Propuesto n.º 37

Enunciado: Dado un rango de números, determine cuántos números primos contiene.

Propuesto n.º 38

Enunciado: Dado un rango de números, determine cuántos números capicúa hay.

Propuesto n.º 39

Enunciado: Dados dos números, obtener el MCD (máximo común divisor). Utilice el método Euclides (divisiones sucesivas).

Propuesto n.º 40

Enunciado: Dados dos números, obtener el MCD (máximo común divisor). Utilice el método de factorización simultánea.

Recuerde: El máximo común divisor es el divisor mayor común de todos ellos.

Capítulo 6

Estructura repetitiva «Para»

6.1 Introducción

Cada vez que requiere repetir un proceso una determinada cantidad de veces, deberá usar la estructura repetitiva «**Para**» (for), que permitirá realizar en forma simple este trabajo.

Esta estructura usa una variable «**contador**», donde se establece el valor inicial (**vi**), valor final (**vf**) y el valor de incremento (**inc**), que determina las veces a repetir la instrucción.

6.2 Estructura repetitiva «Para»

Permite repetir una o más instrucciones una cantidad de veces.

- **i** Es nuestra variable contador, donde establecemos el valor inicial.
- **vf** Representa el valor final de la variable contador.
- **+1** Valor de incremento.

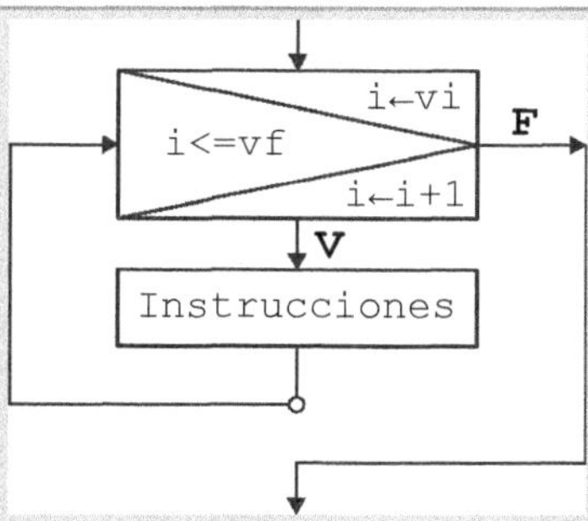


```
Para i ← vi Hasta vf Inc +1
      Instrucciones
Fin Para
```

Sintaxis Java

```
for (i=vi;i<=vf;i++) {

      <instrucciones>;

}
```

6.3 Estructura repetitiva «Para» anidada

Dentro de la estructura repetitiva es posible colocar una o más estructuras repetitivas, y también otras estructuras.

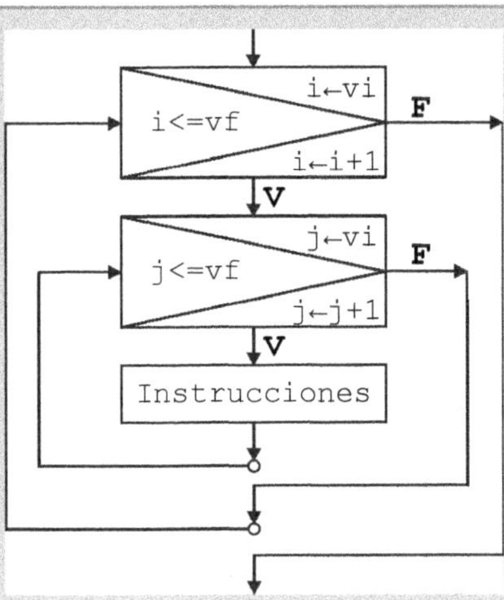


```
Para i ← vi Hasta vf Inc +1
     Para j ← vi Hasta vf Inc +1
          Instrucciones
     Fin Para
Fin Para
```

Sintaxis Java

```
for (i=vi;i<=vf;i++) {
     for (j=vi;j<=vf;j++) {

          <instrucciones>;

     }
}
```

Problema n.º 56

Enunciado: Obtener la suma de los primeros N números naturales positivos.

Análisis: Para la solución de este problema, se requiere que el usuario introduzca un número. Luego, que el sistema realice el proceso para devolver la suma de los N primeros números.

Entrada

- Número (n)

Salida

- Suma (s)

Diseño:

Interfaz de usuario

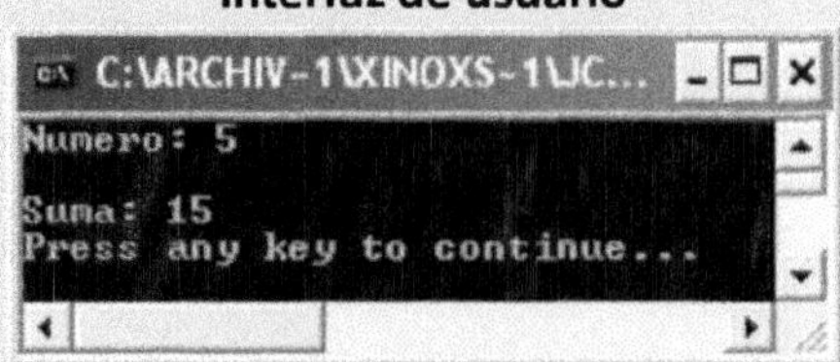

Algoritmo

Diagrama de flujo

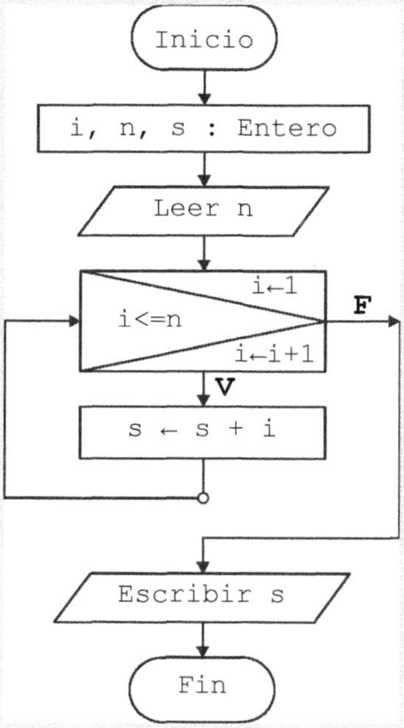

Pseudocódigo

```
Inicio

   //Variables
   i, n, s : Entero

   //Entrada
   Leer n

   //Proceso
   Para i←1 Hasta n Inc 1
      s ← s + i
   Fin Para

   //Salida
   Escribir s

Fin
```

Codificación:

```
import java.util.Scanner;

public class Problema56 {
    public static void main(String[] args) {
        //Variables
        int i,n,s = 0;

        //Entrada
        Scanner teclado = new Scanner(System.in);
        System.out.print("Numero: ");
        n = teclado.nextInt();

        //Proceso
          for (i = 1; i<=n; i++)
            s = s + i;

        //Salida
        System.out.println("");
        System.out.println("Suma: " + s);
    }
}
```

Problema n.º 57

Enunciado: Dado un rango de números enteros, obtener la cantidad de números enteros que contiene.

Análisis: Para la solución de este problema se requiere que el usuario introduzca el número inicial y final. Luego, que el sistema procese y devuelva la cantidad de números enteros que contiene el rango.

Entrada

- Número inicial (ni)
- Número final (nf)

Salida

- Cantidad (c)

Diseño:

Interfaz de usuario

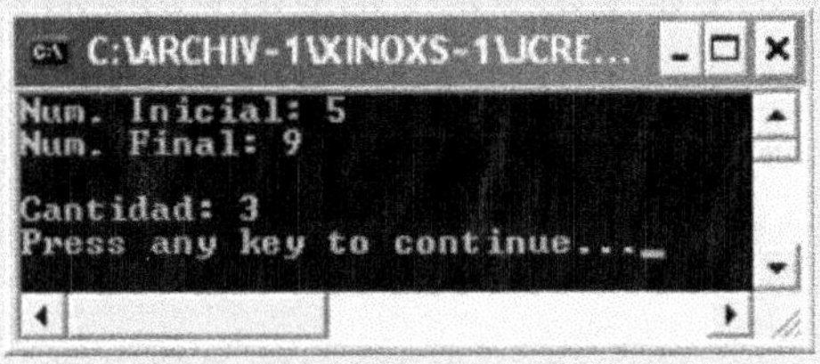

Algoritmo

Diagrama de flujo

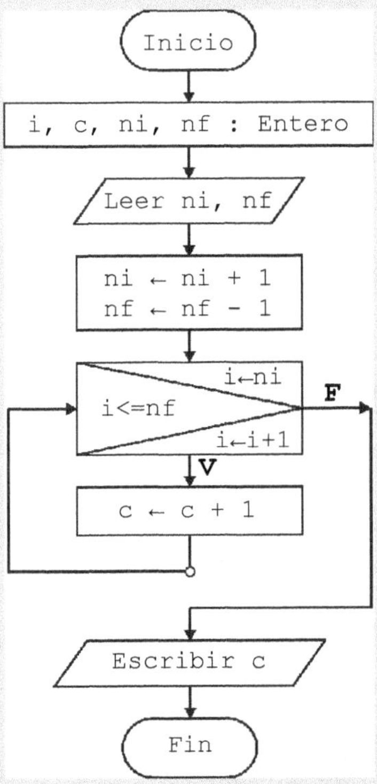

Pseudocódigo

```
Inicio

   //Variables
   i, c, ni, nf : Entero

   //Entrada
   Leer ni, nf

   //Proceso
   ni ← ni + 1
   nf ← nf - 1
   Para i←ni Hasta nf Inc 1
      c ← c + 1
   Fin Para

   //Salida
   Escribir c

Fin
```

Codificación:

```
import java.util.Scanner;

public class Problema57 {
    public static void main(String[] args) {
        //Variables
        int i,ni,nf,c = 0;

        //Entrada
        Scanner teclado = new Scanner(System.in);
        System.out.print(“Num. Inicial: ”);
        ni = teclado.nextInt();
        System.out.print(“Num. Final: ”);
        nf = teclado.nextInt();

        //Proceso
          ni = ni + 1;
          nf = nf - 1;

          for(i = ni; i<=nf; i++)
            c += 1;


        //Salida
        System.out.println(“”);
        System.out.println(“Cantidad: ” + c);
    }
}
```

Problema n.º 58

Enunciado: Dado un rango de números enteros, obtener la cantidad de números pares que contiene.

Análisis: Para la solución de este problema se requiere que el usuario introduzca el número inicial y final. Luego, que el sistema procese y devuelva la cantidad de números pares que contiene el rango.

Entrada

- Número inicial (ni)
- Número final (nf)

Salida

- Cantidad de pares (cp)

Diseño:

Interfaz de usuario

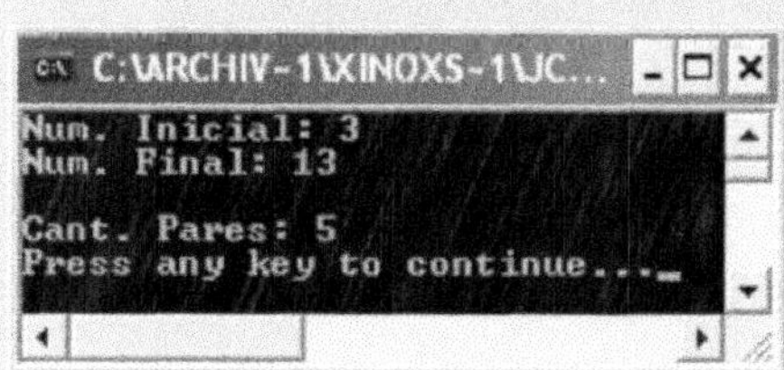

Algoritmo

Diagrama de flujo

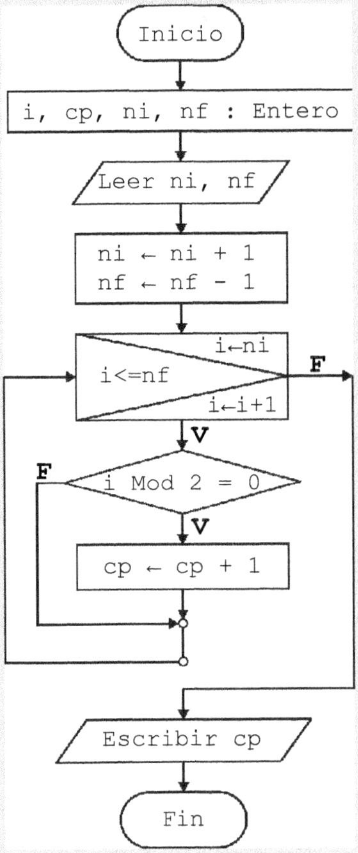

Pseudocódigo

```
Inicio

   //Variables
   i, cp, ni, nf : Entero

   //Entrada
   Leer ni, nf

   //Proceso
   ni ← ni + 1
   nf ← nf - 1
   Para i←ni Hasta nf Inc 1
       Si i Mod 2 = 0 Entonces
             cp ← cp + 1
       Fin Si
   Fin Para

   //Salida
   Escribir cp

Fin
```

Codificación:

```
import java.util.Scanner;

public class Problema58 {
    public static void main(String[] args) {
        //Variables
        int i,ni,nf,cp = 0;

        //Entrada
        Scanner teclado = new Scanner(System.in);
        System.out.print("Num. Inicial: ");
        ni = teclado.nextInt();
        System.out.print("Num. Final: ");
        nf = teclado.nextInt();

        //Proceso
          ni = ni + 1;
          nf = nf - 1;
          for(i = ni; i <= nf; i++){
                if(i % 2 == 0)
                cp += 1;
          }

        //Salida
        System.out.println("");
        System.out.println("Cant. Pares: " + cp);
    }
}
```

Problema n.º 59

Enunciado: Obtener la cantidad de los primeros N números múltiplos de 5.

Análisis: Para la solución de este problema, se requiere que el usuario introduzca un número. Luego, que el sistema devuelva la cantidad de números múltiplos de 5.

Entrada

- Número (n)

Salida

- Cantidad (c)

Diseño:

Interfaz de usuario

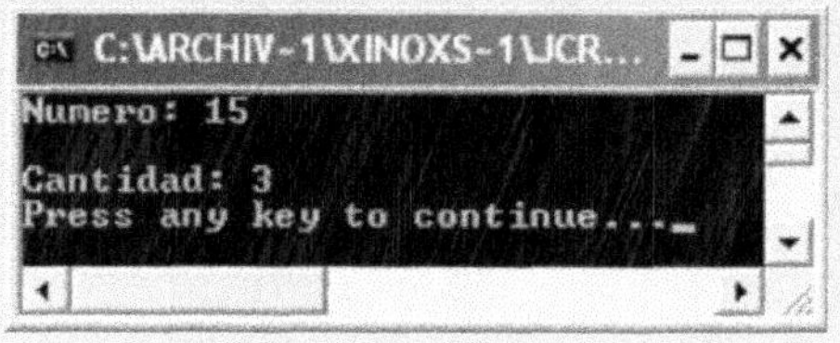

Algoritmo

Diagrama de flujo

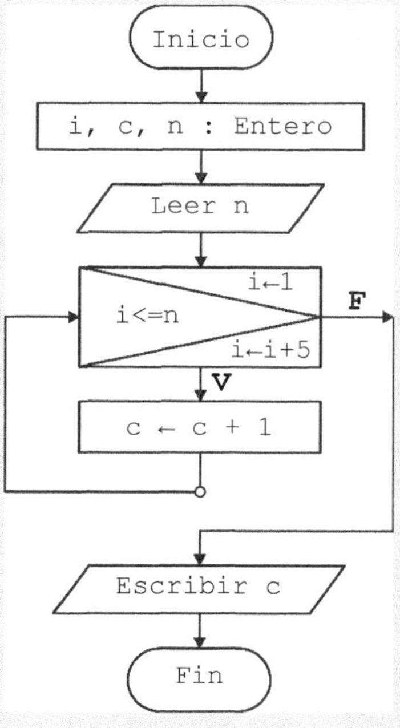

Pseudocódigo

```
Inicio

   //Variables
   i, c, n : Entero

   //Entrada
   Leer n

   //Proceso
   Para i←1 Hasta n Inc 5
      c ← c + 1
   Fin Para

   //Salida
   Escribir c

Fin
```

Codificación:

```
import java.util.Scanner;

public class Problema59 {
    public static void main(String[] args) {
        //Variables
        int i,n,c = 0;

        //Entrada
        Scanner teclado = new Scanner(System.in);
        System.out.print("Numero: ");
        n = teclado.nextInt();

        //Proceso
          for(i = 1; i<=n; i+=5)
             c += 1;

        //Salida
        System.out.println("");
        System.out.println("Cantidad: " + c);
    }
}
```

Problema n.º 60

Enunciado: Obtener la suma de pares e impares de los primeros N números enteros positivos.

Análisis: Para la solución de este problema se requiere que el usuario introduzca un número. Luego, que el sistema devuelva la suma de pares e impares.

Entrada

- Número (n)

Salida

- Suma pares (sp)
- Suma impares (si)

Diseño:

Interfaz de usuario

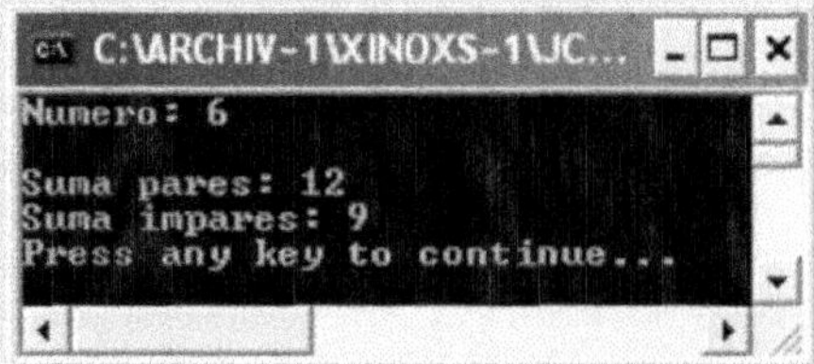

Algoritmo

Diagrama de flujo

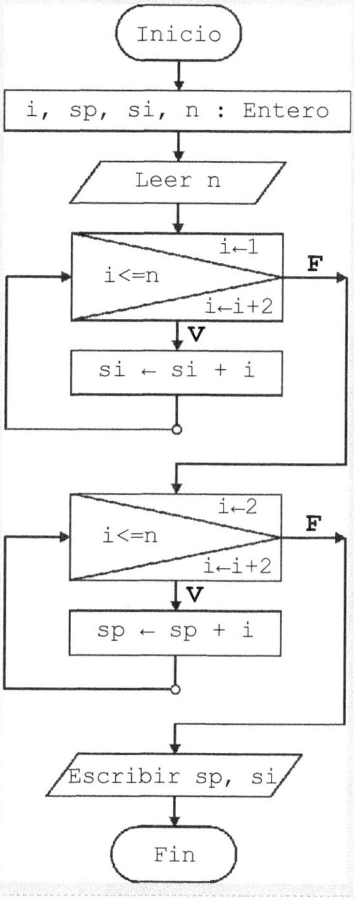

Pseudocódigo

```
Inicio

   //Variables
   i, sp, si, n : Entero

   //Entrada
   Leer n

   //Proceso
   Para i←1 Hasta n Inc 2
       si ← si + i
   Fin Para

   Para i←2 Hasta n Inc 2
       sp ← sp + i
   Fin Para

   //Salida
   Escribir sp, si

Fin
```

Codificación:

```
import java.util.Scanner;

public class Problema60 {
    public static void main(String[] args) {
        //Variables
        int i,n,sp = 0, si = 0;

        //Entrada
        Scanner teclado = new Scanner(System.in);
        System.out.print("Numero: ");
        n = teclado.nextInt();

        //Proceso
           for(i = 1; i <= n; i += 2){
                 si += i;
           }

           for(i = 2; i <= n; i += 2){
                 sp += i;
           }

        //Salida
        System.out.println("");
        System.out.println("Suma pares: " + sp);
        System.out.println("Suma impares: " + si);
    }
}
```

Problema n.º 61

Enunciado: Hallar el cuadrado de un número usando la siguiente relación $N^2 = 1 + 3 + 5 + \ldots\ldots + 2N-1$.

Análisis: Para la solución de este problema, se requiere que el usuario introduzca un número. Luego, que el sistema devuelva el cuadrado del número.

Entrada

- Número (n)

Salida

- Cuadrado (c)

Diseño:

Interfaz de usuario

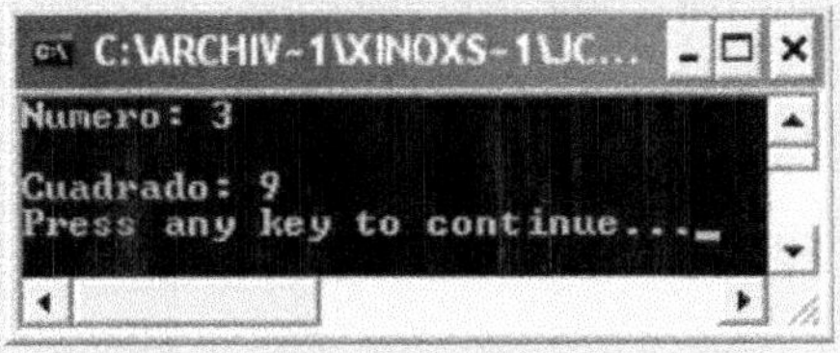

Algoritmo

Diagrama de flujo

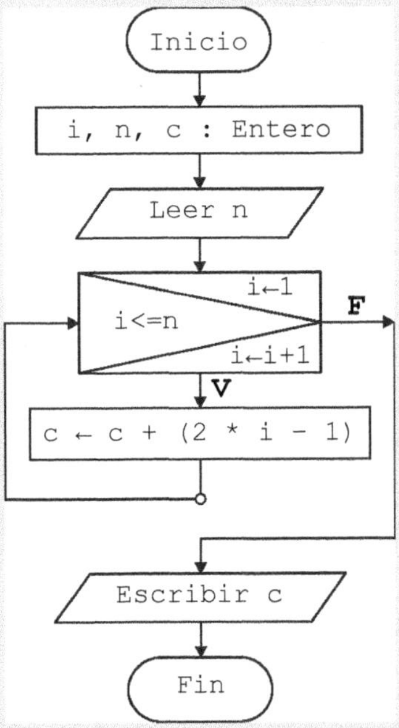

Pseudocódigo

```
Inicio

   //Variables
   i, n, c : Entero

   //Entrada
   Leer n

   //Proceso
   Para i←1 Hasta n Inc 1
      c ← c + (2 * i - 1)
   Fin Para

   //Salida
   Escribir c

Fin
```

Codificación:

```
import java.util.Scanner;

public class Problema61 {
    public static void main(String[] args) {
        //Variables
        int i,n,c=0;

        //Entrada
        Scanner teclado = new Scanner(System.in);
        System.out.print("Numero: ");
        n = teclado.nextInt();

        //Proceso
          for(i = 1; i<= n; i++)
            c = c + (2 * i - 1);

        //Salida
        System.out.println("");
        System.out.println("Cuadrado: " + c);
    }
}
```

Problema n.º 62

Enunciado: Crear el algoritmo que indique si un número es perfecto o no. Se dice que un número es perfecto si la suma de sus divisores es igual al número. Por ejemplo, 6 tiene como divisores 1, 2 y 3, entonces 1 + 2 + 3 = 6. El número 6 es perfecto. Si el número es 9 tiene como divisores 1, 3, entonces 1 + 3 = 4, por lo tanto, no es perfecto.

Análisis: Para la solución de este problema, se requiere que el usuario introduzca un número. Luego, que el sistema devuelva si el número es o no perfecto.

Entrada

- Número (n)

Salida

- Respuesta (r)

Diseño:

Interfaz de usuario

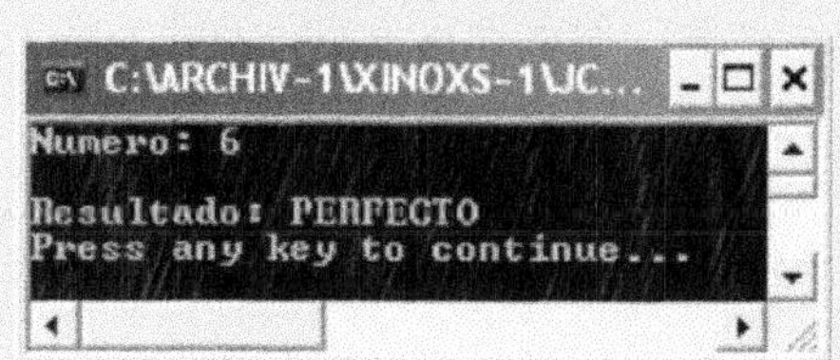

Algoritmo

Diagrama de flujo

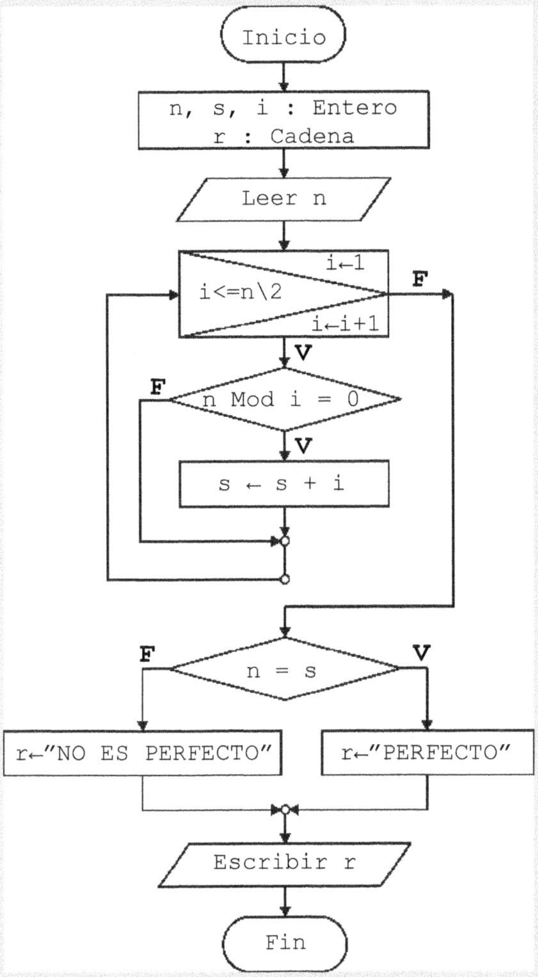

Pseudocódigo

```
Inicio

   //Variables
   n, s, i : Entero
   r : Cadena

   //Entrada
   Leer n

   //Proceso
   Para i←1 Hasta n\2 Inc 1
      Si n Mod i = 0 Entonces
            s ← s + i
      Fin Si
   Fin Para

   Si n = s Entonces
      r ← "PERFECTO"
   SiNo
      r ← "NO ES PERFECTO"
   Fin Si

   //Salida
   Escribir r

Fin
```

Codificación:

```
import java.util.Scanner;

public class Problema62 {
    public static void main(String[] args) {
        //Variables
        int n,s=0,i;
        String r = "";

        //Entrada
        Scanner teclado = new Scanner(System.in);
        System.out.print("Numero: ");
        n = teclado.nextInt();

        //Proceso
           for(i = 1; i <= n / 2; i++) {
                 if(n % i == 0)
                 s += i;
           }

           if(n == s)
             r = "PERFECTO";
           else
             r = "NO ES PERFECTO";

        //Salida
        System.out.println("");
        System.out.println("Resultado: " + r);
    }
}
```

Problema n.º 63

Enunciado: Dados dos números, diga si son amigos o no. Recuerde que dos números son amigos si la suma de los divisores de uno de ellos es igual al otro y viceversa. Por ejemplo, 220 y 284 son amigos:

Divisores de 220 son: 1 + 2 + 4 + 5 + 10 + 11 + 20 + 22 + 44 + 55 + 110 = 284

Divisores de 284 son: 1 + 2 + 4 + 71 + 142 = 220

Análisis: Para la solución de este problema, se requiere que el usuario introduzca dos números. Luego, que el sistema devuelva el resultado, si los números son amigos o no.

Entrada
- Números (n1, n2)

Salida
- Resultado (r)

Diseño:

Interfaz de usuario

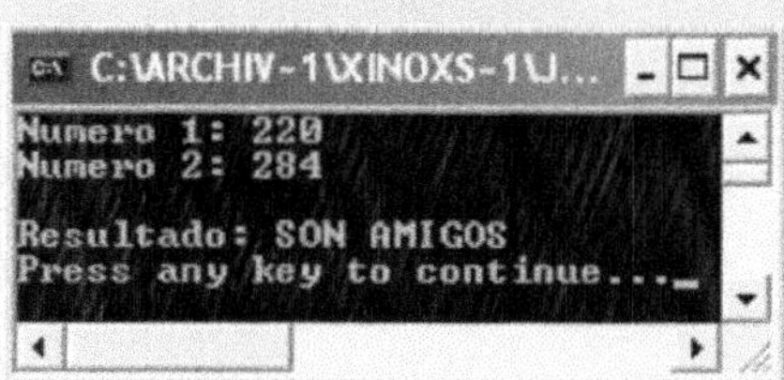

Algoritmo

Diagrama de flujo

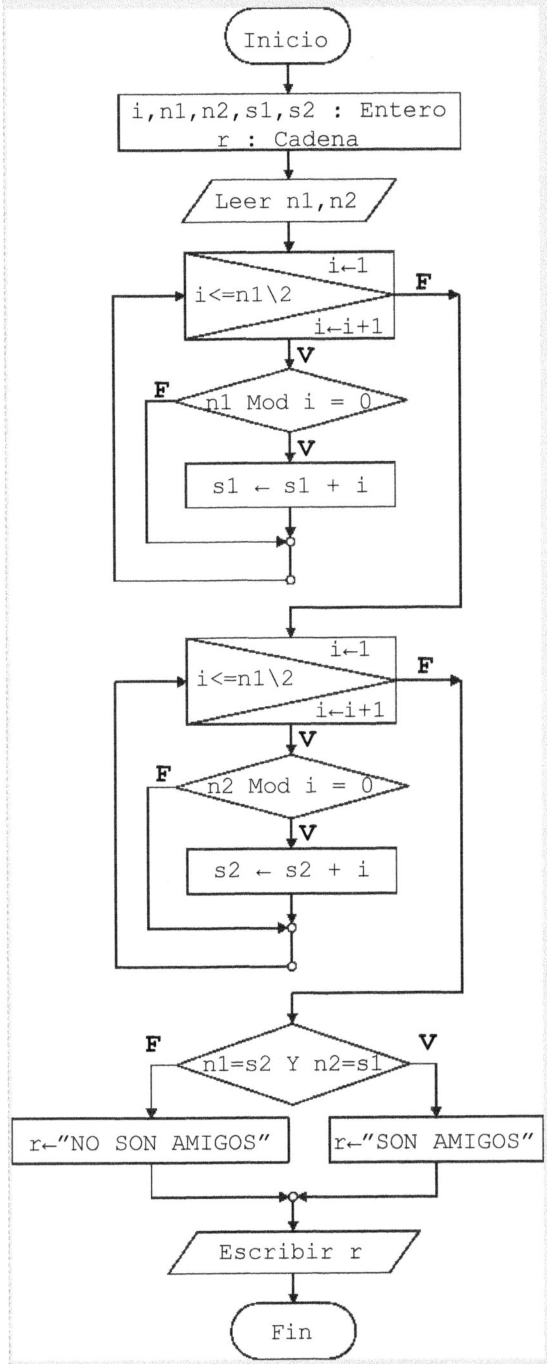

Pseudocódigo

```
Inicio

  //Variables
  i,n1,n2,s1,s2 : Entero
  r : Cadena

  //Entrada
  Leer n1,n2

  //Proceso
  Para i←1 Hasta n\2 Inc 1
      Si n1 Mod i = 0 Entonces
            s1 ← s1 + i
      Fin Si
  Fin Para

  Para i←1 Hasta n\2 Inc 1
      Si n2 Mod i = 0 Entonces
            s2 ← s2 + i
      Fin Si
  Fin Para

  Si n1=s2 Y n2=s1 Entonces
      r ← "SON AMIGOS"
  SiNo
      r ← "NO SON AMIGOS"
  Fin Si

  //Salida
  Escribir r

Fin
```

Codificación:

```
import java.util.Scanner;

public class Problema63 {
    public static void main(String[] args) {
        //Variables
        int i,n1,n2,s1=0,s2=0;
        String r = "";

        //Entrada
        Scanner teclado = new Scanner(System.in);
        System.out.print("Numero 1: ");
        n1 = teclado.nextInt();
        System.out.print("Numero 2: ");
        n2 = teclado.nextInt();

        //Proceso
          for(i = 1; i <= n1/2; i++){
            if(n1 % i == 0)
                s1 += i;
          }

          for(i = 1; i <= n2/2; i++){
                if(n2 % i == 0)
                s2 += i;
          }

          if(n1 == s2 && n2 == s1)
            r = "SON AMIGOS";
          else
            r = "NO SON AMIGOS";

        //Salida
        System.out.println("");
        System.out.println("Resultado: " + r);
    }
}
```

Problema n.º 64

Enunciado: Escriba un algoritmo que calcule la suma de la siguiente serie, hasta el número entero positivo N ingresado.

$\frac{1}{2}+\frac{2}{3}+\frac{3}{4}+\frac{4}{N}$, por ejemplo, si N es 3 entonces $\frac{1}{2}+\frac{2}{3}+\frac{7}{6}=$**1,1666667**

Análisis: Para la solución de este problema se requiere que el usuario introduzca un número. Luego, que el sistema devuelva el resultado de la suma de quebrados.

Entrada

- Número (n)

Salida

- Suma (s)

Diseño:

Interfaz de usuario

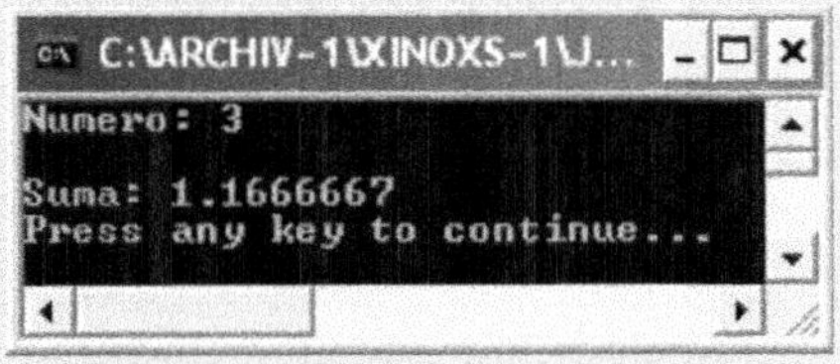

Algoritmo

Diagrama de flujo

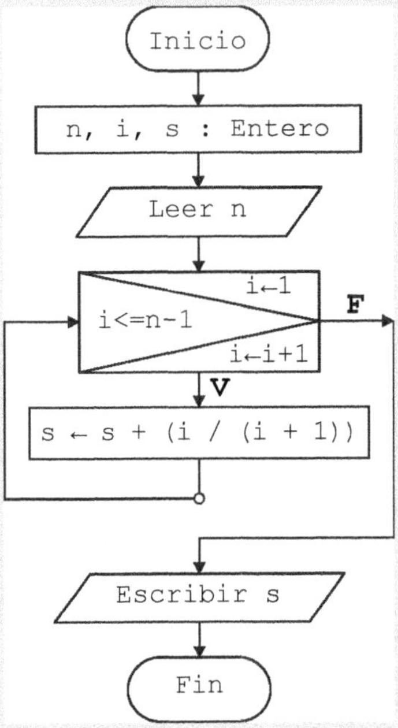

Pseudocódigo

```
Inicio

  //Variables
  i, n,s : Entero

  //Entrada
  Leer n

  //Proceso
  Para i←1 Hasta n-1 Inc 1
      s ← s + (i / (i + 1))
  Fin Para

  //Salida
  Escribir s

Fin
```

Codificación:

```
import java.util.Scanner;

public class Problema64 {
    public static void main(String[] args) {
        //Variables
        float n,i,s = 0;

        //Entrada
        Scanner teclado = new Scanner(System.in);
        System.out.print("Numero: ");
        n = teclado.nextInt();

        //Proceso
          for(i = 1; i <= n - 1; i++)
            s = s + (i / (i + 1));

        //Salida
        System.out.println("");
        System.out.println("Suma: " + s);
    }
}
```

Problema n.º 65

Enunciado: Dado un rango numérico entero (número inicial y número final), obtener la cantidad de números positivos y negativos que existen en el rango.

Análisis: Para la solución de este problema se requiere que el usuario introduzca dos números. Luego, que el sistema devuelva la cantidad de números positivos y negativos.

Entrada

- Número inicial (ni)
- Número final (nf)

Salida

- Cantidad positivos (cp)
- Cantidad negativos (cn)

Diseño:

Interfaz de usuario

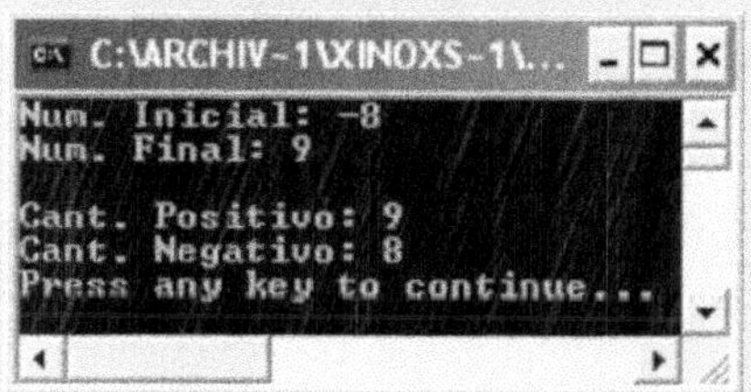

Algoritmo

Diagrama de flujo

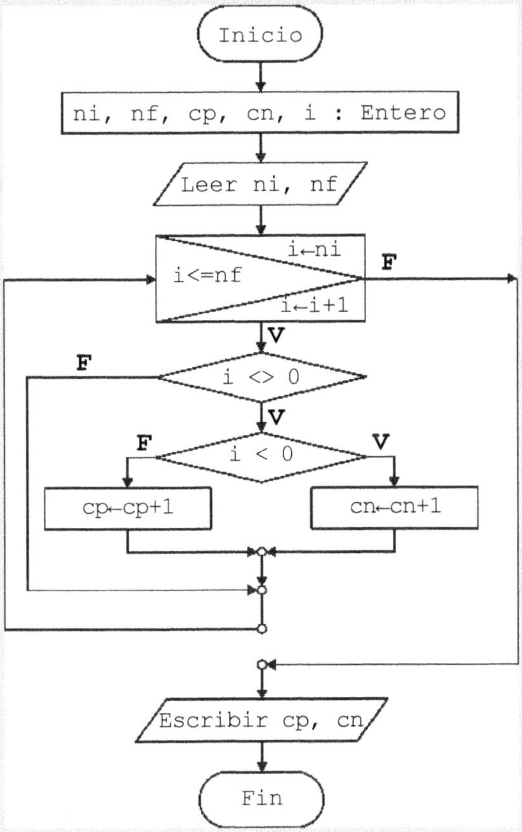

Pseudocódigo

```
Inicio

  //Variables
  ni, nf, cp, cn, i : Entero

  //Entrada
  Leer ni, nf

  //Proceso
  Para i←ni Hasta nf Inc 1
      Si i <> 0 Entonces
         Si i<0 Entonces
                    cn ← cn + 1
         SiNo
                    cp ← cp + 1
         Fin Si
      Fin Si
  Fin Para

  //Salida
  Escribir cp, cn

Fin
```

Codificación:

```
import java.util.Scanner;

public class Problema65 {
    public static void main(String[] args) {
        //Variables
        int ni,nf,cp=0,cn=0,i;

        //Entrada
        Scanner teclado = new Scanner(System.in);
        System.out.print("Num. Inicial: ");
        ni = teclado.nextInt();
        System.out.print("Num. Final: ");
        nf = teclado.nextInt();

        //Proceso
           for(i = ni; i <= nf; i++) {
                 if(i != 0) {
                       if(i < 0)
                     cn += 1;
```

```
                    else
                        cp += 1;
                }
            }

        //Salida
        System.out.println("");
        System.out.println("Cant. Positivo: " + cp);
        System.out.println("Cant. Negativo: " + cn);
    }
}
```

Problema n.° 66

Enunciado: Hallar cuántos múltiplos de M hay en un rango de números enteros.

Análisis: Para la solución de este problema se requiere que el usuario introduzca tres números (inicial, final y múltiplo). Luego, que el sistema devuelva la cantidad de múltiplos que hay en el rango.

Entrada

- Número inicial (ni)
- Número final (nf)
- Número múltiplo

Salida

- Cantidad (c)

Diseño:

Interfaz de usuario

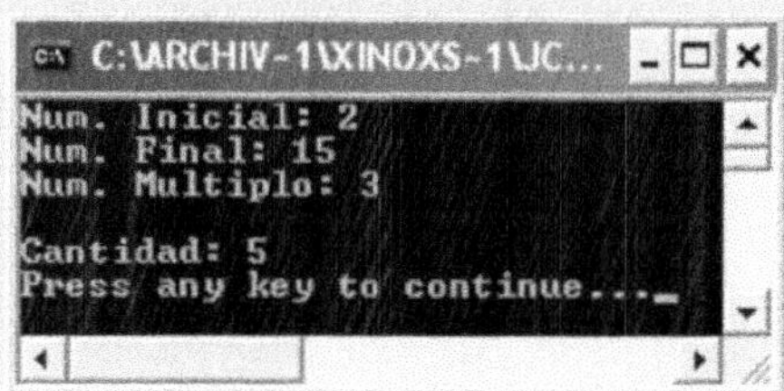

Algoritmo

Diagrama de flujo

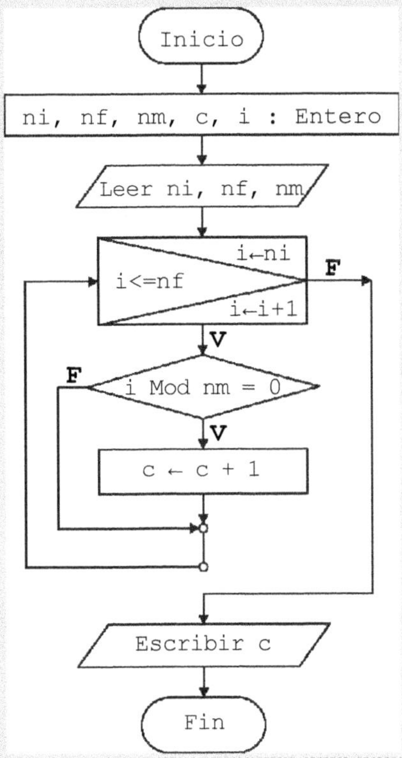

Pseudocódigo

```
Inicio

   //Variables
   ni, nf, nm, c, i : Entero

   //Entrada
   Leer ni, nf, nm

   //Proceso
   Para i←ni Hasta nf Inc 1
       Si i Mod nm = 0 Entonces
             c ← c + 1
       Fin Si
   Fin Para

   //Salida
   Escribir c

Fin
```

Codificación:

```
import java.util.Scanner;

public class Problema66 {
    public static void main(String[] args) {
        //Variables
        int ni,nf,nm,c=0,i;

        //Entrada
        Scanner teclado = new Scanner(System.in);
        System.out.print("Num. Inicial: ");
        ni = teclado.nextInt();
        System.out.print("Num. Final: ");
        nf = teclado.nextInt();
        System.out.print("Num. Multiplo: ");
        nm = teclado.nextInt();

        //Proceso
        for(i = ni; i<=nf; i++){
           if(i % nm == 0)
                 c += 1;
           }

        //Salida
        System.out.println("");
        System.out.println("Cantidad: " + c);
    }
}
```

Problema n.º 67

Enunciado: Crear un algoritmo para hallar el factorial de un número. El factorial es el producto de todos los números consecutivos, desde la unidad hasta el número. Por ejemplo, factorial de 3! (se denota !) es 1 X 2 X 3 = 6.

Análisis: Para la solución de este problema, se requiere que el usuario introduzca un número. Luego, que el sistema devuelva el factorial del número.

Entrada

- Número (n)

Salida

- Factorial (f)

Diseño:

Interfaz de usuario

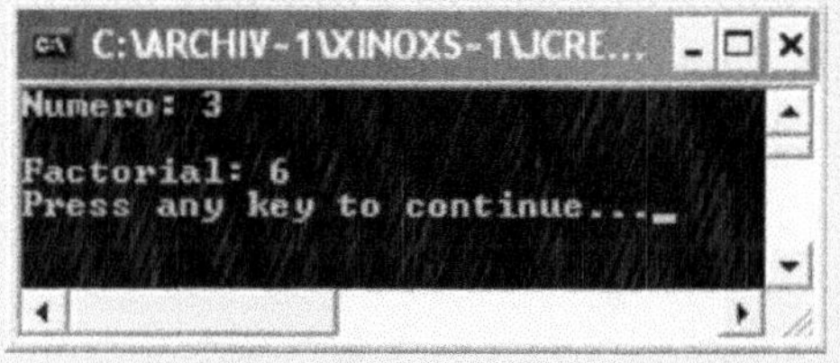

Algoritmo

Diagrama de flujo

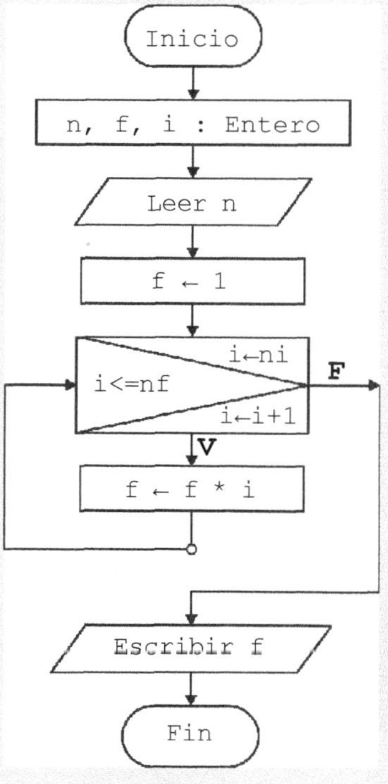

Pseudocódigo

```
Inicio

   //Variables
   n, f, i : Entero

   //Entrada
   Leer n

   //Proceso
   f ← 1
   Para i←1 Hasta n Inc 1
      f ← f * i
   Fin Para

   //Salida
   Escribir f

Fin
```

Codificación:

```
import java.util.Scanner;

public class Problema67 {
    public static void main(String[] args) {
        //Variables
        int n,f,i;

        //Entrada
        Scanner teclado = new Scanner(System.in);
        System.out.print("Numero: ");
        n = teclado.nextInt();

        //Proceso
           f = 1;
           for(i = 1; i<=n; i++)
             f *= i;

        //Salida
        System.out.println("");
        System.out.println("Factorial: " + f);
    }
}
```

Problema n.º 68

Enunciado: Determine si un número es primo. Se dice que un número es primo si es divisible entre 1 y entre sí mismo.

Análisis: Para la solución de este problema, se requiere que el usuario introduzca un número. Luego, que el sistema devuelva si el número es o no primo.

Entrada

- Número (n)

Salida

- Respuesta (r)

Diseño:

Interfaz de usuario

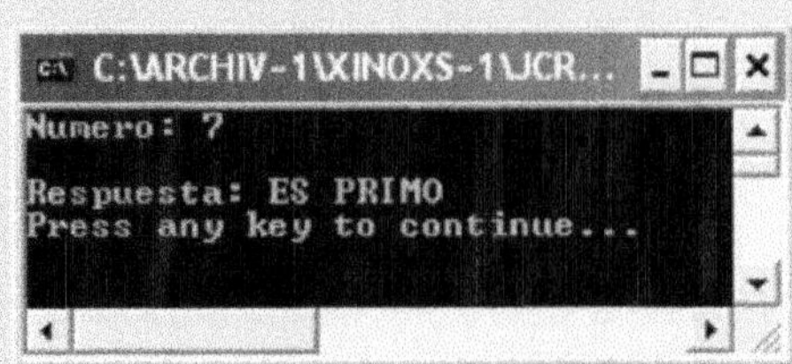

Algoritmo

Diagrama de flujo

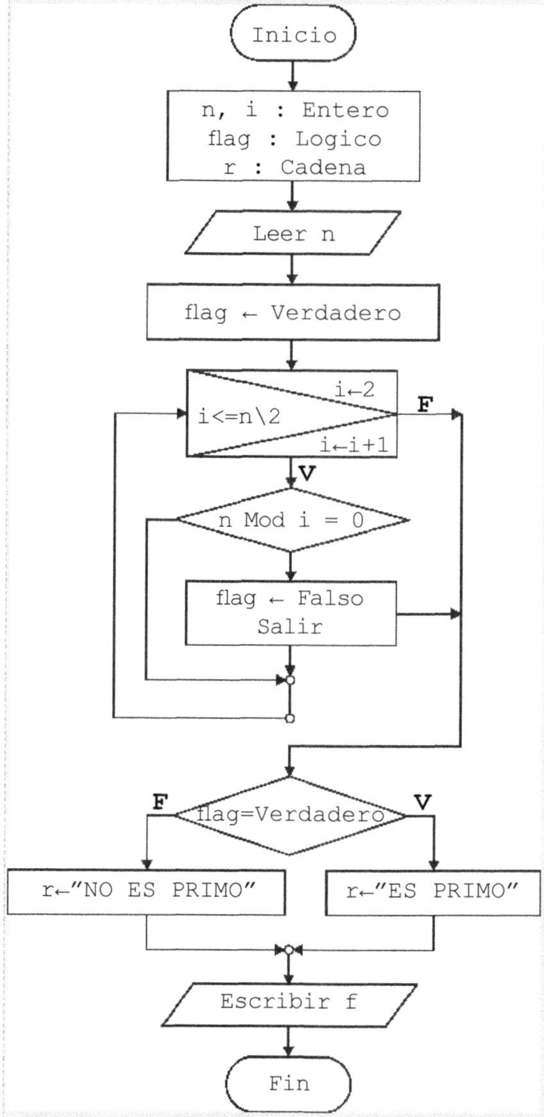

Pseudocódigo

```
Inicio

   //Variables
   n, i : Entero
   flag : Logico
   r : Cadena

   //Entrada
   Leer n

   //Proceso
   flag ← Verdadero
   Para i←1 Hasta n\2 Inc 1
       Si n Mod i = 0 Entonces
            flag ← Falso
            Salir
       Fin Si
   Fin Para

   Si flag = Verdadero Entonces
       r ← "ES PRIMO"
   SiNo
       r ← "NO ES PRIMO"
   Fin Si

   //Salida
   Escribir r

Fin
```

Codificación:

```
import java.util.Scanner;

public class Problema68 {
    public static void main(String[] args) {
        //Variables
        int n,i;
        boolean flag;
        String r = "";

        //Entrada
        Scanner teclado = new Scanner(System.in);
        System.out.print("Numero: ");
        n = teclado.nextInt();

        //Proceso
          flag = true;
          i = 2;
          for(i = 2; i<=n/2; i++){
            if(n % i == 0) {
                      flag = false;
                break;
            }
          }

          if(flag)
            r = "ES PRIMO";
          else
            r = "NO ES PRIMO";

        //Salida
        System.out.println("");
        System.out.println("Respuesta: " + r);
    }
}
```

Problema n.º 69

Enunciado: Determine cuántos números primos hay en los primeros N números enteros positivos.

Análisis: Para la solución de este problema se requiere que el usuario introduzca un número. Luego, que el sistema devuelva la cantidad de números primos. Por ejemplo, si introduce 7, hay 4 números primos 1, 3, 5 y 7.

Entrada

- Número (n)

Salida

- Cantidad (c)

Diseño:

Interfaz de usuario

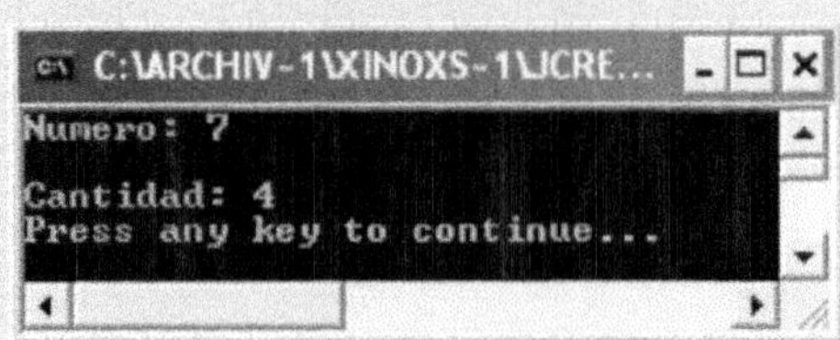

Algoritmo

Diagrama de flujo

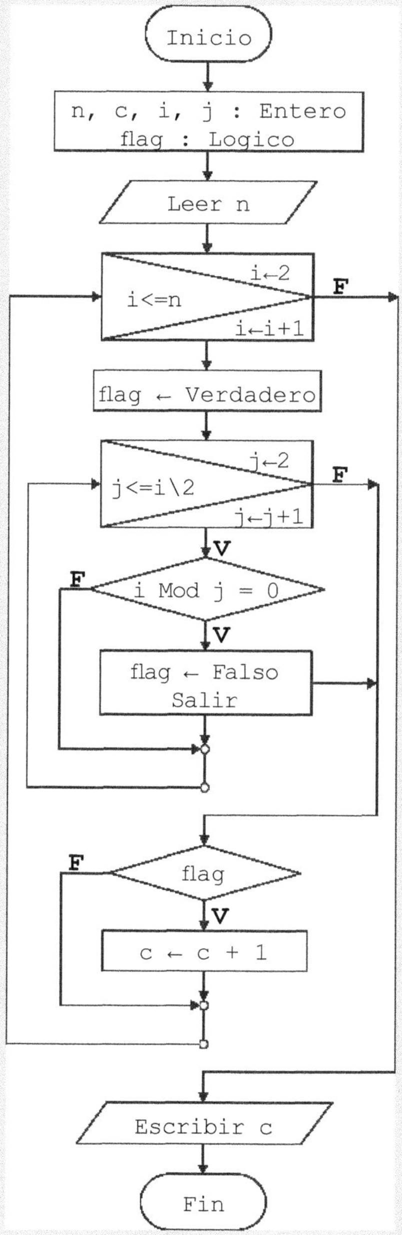

Pseudocódigo

```
Inicio

   //Variables
   n, c, i, j : Entero
   flag : Logico

   //Entrada
   Leer n

   //Proceso
   Para i←2 Hasta n Inc 1
      flag ← Verdadero
      Para j←2 Hasta i\2 Inc 1
         Si i Mod j = 0 Entonces
            flag ← Falso
            Salir
         Fin Si
      Fin Para

      Si flag Entonces
         c ← c + 1
      Fin Si
   Fin Para

   //Salida
   Escribir c

Fin
```

Codificación:

```
import java.util.Scanner;

public class Problema69 {
    public static void main(String[] args) {
        //Variables
        int n,c = 0,i,j;
                boolean flag;

        //Entrada
        Scanner teclado = new Scanner(System.in);
        System.out.print("Numero: ");
        n = teclado.nextInt();

        //Proceso
           for(i = 2; i<=n; i++){
             flag = true;
             for(j = 2; j <= i / 2; j ++){
                 if(i % j == 0) {
                     flag = false;
                     break;
                 }
             }
             if(flag) {
                        c += 1;
                 flag = true;
             }
           }

        //Salida
        System.out.println("");
        System.out.println("Cantidad: " + c);
    }
}
```

Problema n.º 70

Enunciado: Dado un número y un divisor, determine cuál es el número múltiplo antecesor al número introducido. Por ejemplo, si introduce N = 21 y D = 3, entonces R = 18 porque es el número múltiplo de 3 antecesor de 21.

Análisis: Para la solución de este problema se requiere que el usuario introduzca un número. Luego, que el sistema devuelva si el número es múltiplo antecesor.

Entrada	Salida
• Número (n)	• Respuesta (r)
• Divisor (d)	

Diseño:

Interfaz de usuario

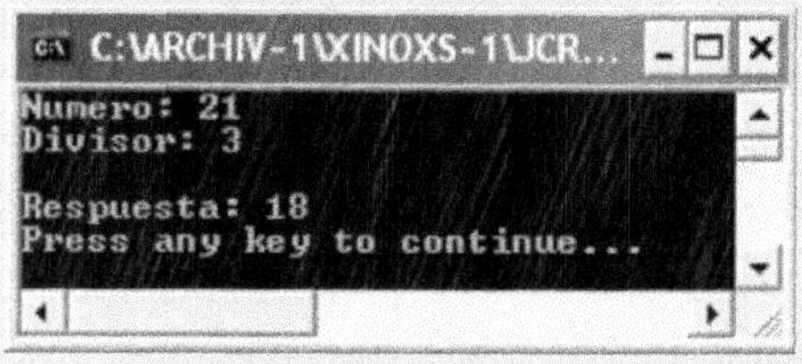

Algoritmo

Diagrama de flujo

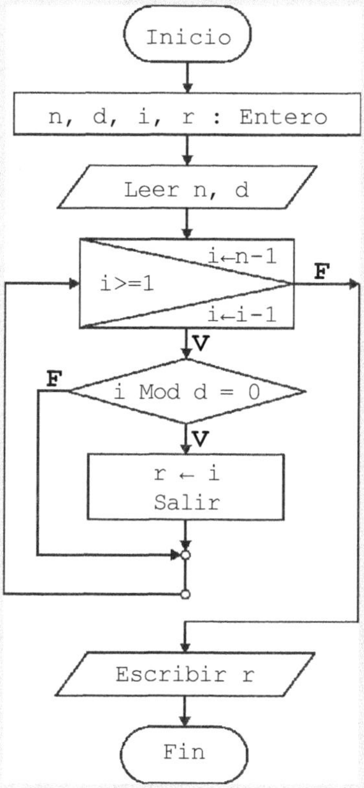

Pseudocódigo

```
Inicio

   //Variables
   n, d, i, r : Entero

   //Entrada
   Leer n, d

   //Proceso
   Para i←n-1 Hasta 1 Inc -1
      Si i Mod d = 0 Entonces
           r ← i
           Salir
      Fin Si
   Fin Para

   //Salida
   Escribir r

Fin
```

Codificación:

```
import java.util.Scanner;

public class Problema70 {
    public static void main(String[] args) {
        //Variables
        int n,d,i,r = 0;

        //Entrada
        Scanner teclado = new Scanner(System.in);
        System.out.print("Numero: ");
        n = teclado.nextInt();
        System.out.print("Divisor: ");
        d = teclado.nextInt();

        //Proceso
          for(i = n - 1; i >= 1; i-=1) {
               if(i % d == 0){
                           r = i;
               break;
            }
          }

        //Salida
        System.out.println("");
        System.out.println("Respuesta: " + r);
    }
}
```

6.4 Problemas propuestos

Los siguientes problemas le servirán para medir su aprendizaje. Es importante que los resuelva.

Propuesto n.º 41

Enunciado: Calcular la suma de los cuadrados y cubos de los N primeros números naturales.

Propuesto n.º 42

Enunciado: Obtener la suma y la cantidad de los números divisibles por 3 y 5 a la vez, de los N primeros números naturales.

Propuesto n.º 43

Enunciado: Dado un rango numérico entero positivo a y b, obtener la suma y la cantidad de los números pares, impares y múltiplos de 3.

Propuesto n.º 44

Enunciado: Calcular la suma y la cantidad de números de la serie de fibonacci, menores a N. La serie de fibonacci es una secuencia de números, cuya característica es que cada número de la serie debe ser igual a la suma de los dos números anteriores. La serie empieza con 0 y 1, entonces si el número N introducido es 30, la serie sería menor a 30. Esto equivale a 0 1 1 2 3 5 8 13 21, y lo que se pide es la suma y la cantidad de números de la serie.

Propuesto n.º 45

Enunciado: Dado un rango de números, determine cuántos números capicúa hay.

Propuesto n.º 46

Enunciado: Dada la cantidad de cifras y un divisor, determine cuántos números múltiplos existen del divisor con dichas cifras.

Propuesto n.º 47

Enunciado: Calcule la suma de la siguiente serie.

$$s = \frac{1}{0!} + \frac{x}{1!} + \frac{x^2}{2!} + \frac{x^3}{3!} + \frac{x^4}{4!} + \ldots + \frac{x^n}{n!}$$

Propuesto n.º 48

Enunciado: Calcule de cuántas formas se pueden ordenar n objetos.

Propuesto n.º 49

Enunciado: Obtenga la cantidad de los números primos de n cifras.

Propuesto n.º 50

Enunciado: Obtenga la cantidad de los números capicúas de n cifras.

Capítulo 7

Estructuras de datos. Arreglos (vectores y matrices)

7.1 Introducción

En muchas situaciones se necesita procesar una colección de datos que están relacionados entre sí, por ejemplo, la lista de notas de los alumnos, los participantes de una carrera deportiva, etc. Procesar ese conjunto de datos de forma independiente con variables simples (primitivas) es tremendamente difícil, por eso los lenguajes de programación incorporan un mecanismo que facilita la manipulación y organización para una colección de datos llamada «estructura de datos».

Para explicar todo lo relacionado con la estructura de datos se necesita escribir todo un libro que detalle los temas involucrados. Para este capítulo solo se está considerando una parte básica e importante en la estructura de datos, llamada ***array*** (arreglos).

Vector

0	1	2	3	4
15	12	18	14	12

Matriz

	0	1	2	3
0	25	10	15	32
1	52	10	4	18
2	18	22	3	9

Las estructuras de datos están subdivididas por estáticas (espacio fijo establecido en memoria) y dinámicas (sin restricciones y limitaciones en el espacio usado en memoria).

Estructuras de datos estáticas

- *Arrays* (vectores y matrices)
- Cadenas
- Registros
- Ficheros

Estructuras de datos dinámicas

- Listas (pilas y colas)
- Listas enlazadas
- Árboles
- Grafos

La diferencia entre cada estructura es la forma en cómo se almacena y manipula el conjunto de datos, permitiendo así su eficiencia en el resultado de una operación sobre dichos datos.

7.2 *Arrays* (arreglos)

Es un conjunto finito (tamaño fijo) y ordenado (usa un índice) de datos homogéneos (datos del mismo tipo). Los arreglos pueden ser de una dimensión (vector), dos dimensiones (matriz) y n dimensiones (multidimensional).

En todos los lenguajes de programación, los ***arrays*** usan un índice numérico para cada elemento que contiene. Por lo general inician con el índice 0, llamado «Limite Inferior» (LI); y el último elemento tendrá el índice llamado «Limite Superior» (LS), que en sí es la cantidad de elementos del ***array*** menos 1.

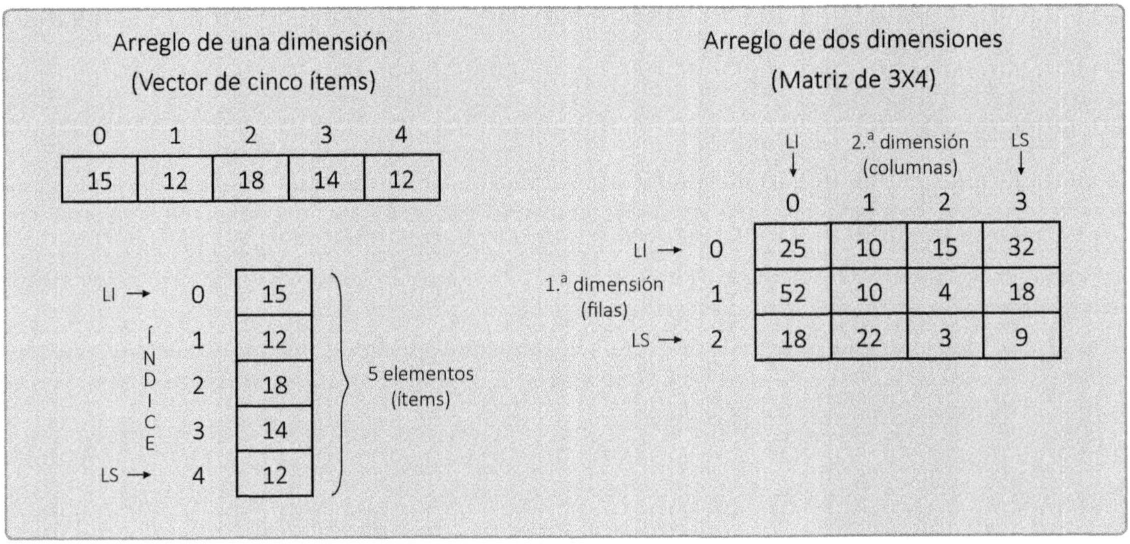

7.3 Operaciones con *arrays*

Las operaciones son el procesamiento y el tratamiento individual de los elementos del *array*, los cuales son los siguientes:

- Asignación
- Lectura / escritura
- Recorrido
- Actualización (insertar, borrar, modificar)
- Ordenación
- Búsqueda

7.4 Creación de *arrays*

Para la creación de un *array* se requiere conocer el nombre, las dimensiones, el tamaño de elementos y el tipo de dato.

Pseudocódigo

```
//Array de una dimensión (Vector)
// 5 elementos LI = 0 y LS = 4
N[5] : Entero

//Array de dos dimensiones (Matriz)
// 3X4 elementos
// 1era Dim. LI = 0 y LS = 2
// 2da Dim. LI = 0 y LS = 3
N[3][4] : Entero
```

Visual Java

```
//Array de una dimensión (Vector)
// 5 elementos LI = 0 y LS = 4
int N[] = new int[5];

//Array de dos dimensiones (Matriz)
// 3X4 elementos
// 1era Dim. LI = 0 y LS = 2
// 2da Dim. LI = 0 y LS = 3
int N[][] = new int[3][4];
```

7.5 Recorrido por los elementos del *array*

Para realizar un recorrido por cada elemento del *array* utilizaremos la estructura repetitiva **«Para»** (For). En el siguiente diagrama se tiene el **vector** N de 5 elementos, y se asigna el valor 10 a cada elemento.

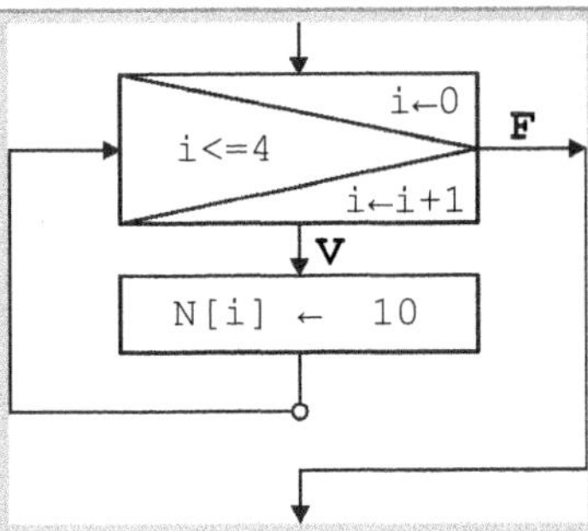


```
Para i← 0 Hasta 4 Inc +1

        N[i] ← 10

Fin Para
```

Sintaxis Java

```
for (i=0;i<=4;i++) {

        N[i] = 10;

}
```

En el siguiente diagrama se tiene la **matriz** N de 3x4 elementos y se asigna el valor 10 a cada elemento.

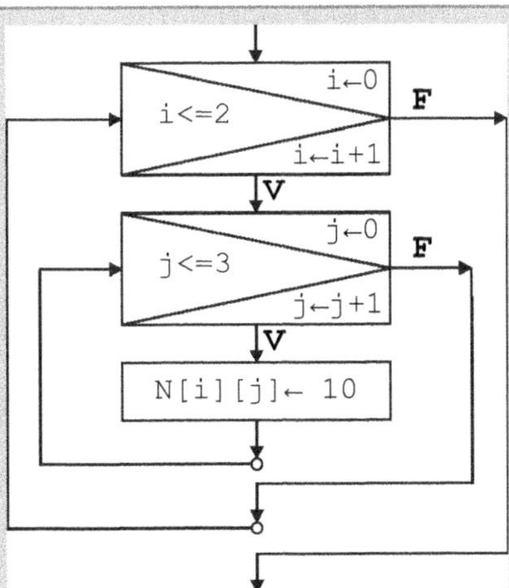


```
Para i← 0 Hasta 2 Inc +1
        Para j← 0 Hasta 3 Inc +1

                N[i][j] ← 10

        Fin Para
Fin Para
```

Sintaxis Java

```
for (i=0;i<=2;i++) {
        for (j=0;j<=3;j++) {

                N[i][j] = 10;

        }
}
```

Problema n.º 71

Enunciado: Dados cinco números, obtener la suma.

Análisis: Para la solución de este problema se requiere que el usuario introduzca cinco números. Luego, el sistema procesa para devolver la suma.

Entrada

- Cinco números n[5]

Salida

- Suma (s)

Diseño:

Interfaz de usuario

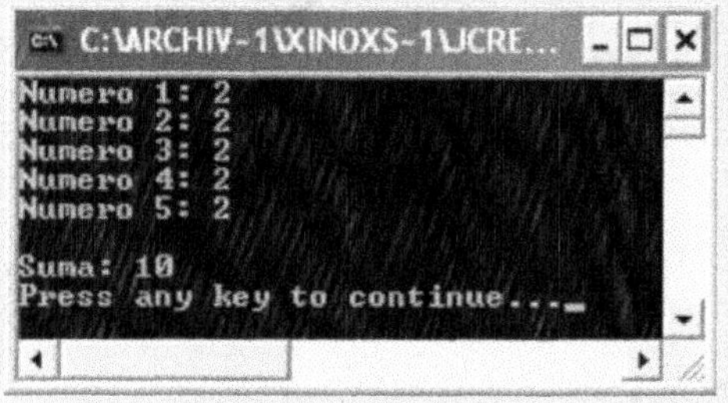

Algoritmo

Diagrama de flujo

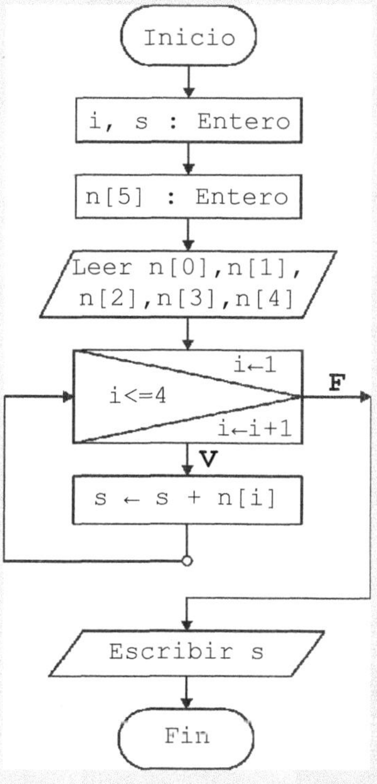

Pseudocódigo

```
Inicio

   //Variables
   i, s : Entero

   //Arreglos (Vector)
   n[5] : Entero

   //Entrada
   Leer n[0],n[1],n[2],n[3],n[4]

   //Proceso
   Para i←0 Hasta 4 Inc 1
      s ← s + n[i]
   Fin Para

   //Salida
   Escribir s

Fin
```

Codificación:

```
import java.util.Scanner;

public class Problema71 {
    public static void main(String[] args) {
        //Variables
        int s = 0,i;

        //Arreglos
                int n[] = new int[5];

        //Entrada
        Scanner teclado = new Scanner(System.in);
        System.out.print("Numero 1: ");
        n[0] = teclado.nextInt();
        System.out.print("Numero 2: ");
        n[1] = teclado.nextInt();
                System.out.print("Numero 3: ");
        n[2] = teclado.nextInt();
        System.out.print("Numero 4: ");
        n[3] = teclado.nextInt();
        System.out.print("Numero 5: ");
        n[4] = teclado.nextInt();

        //Proceso
           for(i = 0; i <= 4; i++)
             s += n[i];


        //Salida
        System.out.println("");
        System.out.println("Suma: " + s);
    }
}
```

Problema n.º 72

Enunciado: Dados cinco números, obtener el número mayor.

Análisis: Para la solución de este problema se requiere que el usuario introduzca cinco números. Luego, que el sistema realice el proceso para devolver el mayor.

Entrada

- Cinco números n[5]

Salida

- Mayor (m)

Diseño:

Interfaz de usuario

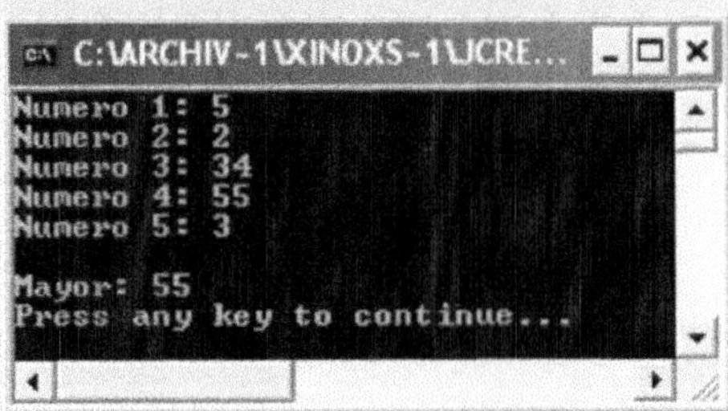

Algoritmo

Diagrama de flujo

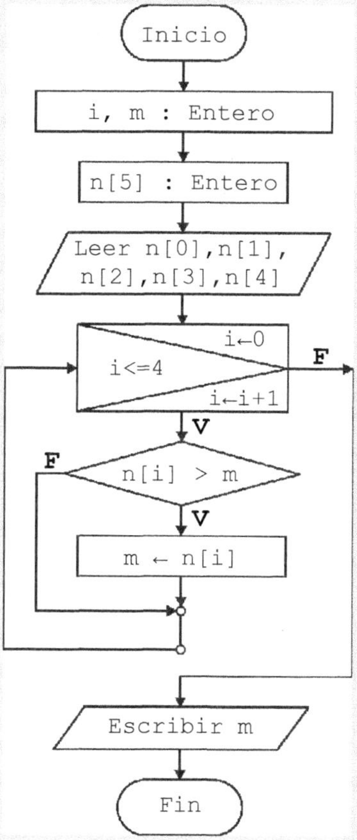

Pseudocódigo

```
Inicio

   //Variables
   i, m : Entero

   //Arreglos (Vector)
   n[5] : Entero

   //Entrada
   Leer n[0],n[1],n[2],n[3],n[4]

   //Proceso
   Para i←0 Hasta 4 Inc 1
      Si n[i] > m Entonces
         m ← n[i]
      Fin Si
   Fin Para

   //Salida
   Escribir m

Fin
```

Codificación:

```
import java.util.Scanner;

public class Problema72 {
    public static void main(String[] args) {
        //Variables
        int m = 0,i;
        //Arreglos
        int n[] = new int[5];
        //Entrada
        Scanner teclado = new Scanner(System.in);
        System.out.print("Numero 1: ");
        n[0] = teclado.nextInt();
        System.out.print("Numero 2: ");
        n[1] = teclado.nextInt();
        System.out.print("Numero 3: ");
        n[2] = teclado.nextInt();
        System.out.print("Numero 4: ");
        n[3] = teclado.nextInt();
        System.out.print("Numero 5: ");
        n[4] = teclado.nextInt();
        //Proceso
            for(i = 0; i <= 4; i++){
               if(n[i] > m)
              m = n[i];
            }
        //Salida
        System.out.println("");
        System.out.println("Mayor: " + m);
    }
}
```

Problema n.º 73

Enunciado: Dados cinco números y un divisor, determinar cuantos números múltiplos hay del divisor en los cinco números introducidos.

Análisis: Para la solución de este problema se requiere que el usuario introduzca cinco números. Luego, que el sistema procese y devuelva la cantidad de números múltiplos que hay.

Entrada

- Cinco números (n[5])
- Divisor (d)

Salida

- Cantidad (c)

Diseño:

Interfaz de usuario

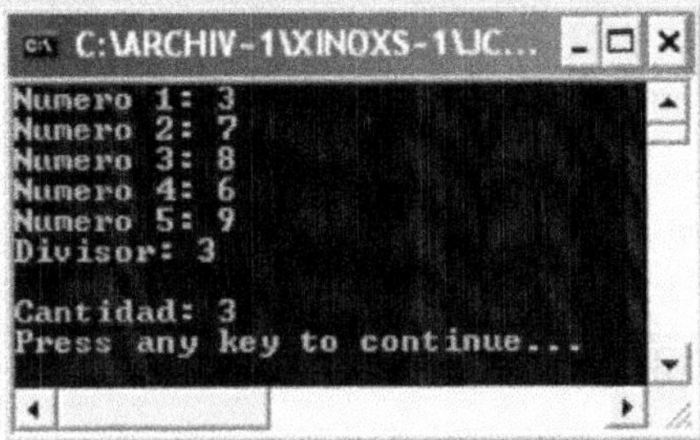

Algoritmo

Diagrama de flujo

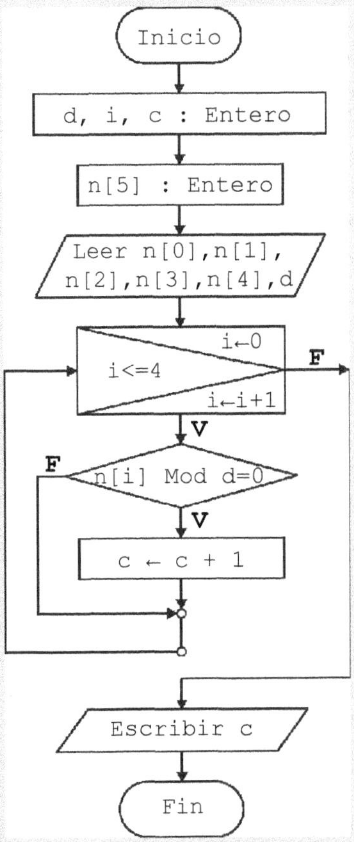

Pseudocódigo

```
Inicio

  //Variables
  d, i, c : Entero

  //Arreglos (Vector)
  n[5] : Entero

  //Entrada
  Leer n[0],n[1],n[2],n[3],n[4],d

  //Proceso
  Para i←0 Hasta 4 Inc 1
     Si n[i] Mod d = 0 Entonces
          c ← c + 1
     Fin Si
  Fin Para

  //Salida
  Escribir c

Fin
```

Codificación:

```
import java.util.Scanner;

public class Problema73 {
    public static void main(String[] args) {
        //Variables
        int d,i,c=0;

                 //Arreglos
                 int n[] = new int[5];

        //Entrada
          Scanner teclado = new Scanner(System.in);
        System.out.print("Numero 1: ");
        n[0] = teclado.nextInt();
        System.out.print("Numero 2: ");
        n[1] = teclado.nextInt();
                 System.out.print("Numero 3: ");
        n[2] = teclado.nextInt();
        System.out.print("Numero 4: ");
        n[3] = teclado.nextInt();
        System.out.print("Numero 5: ");
        n[4] = teclado.nextInt();
        System.out.print("Divisor: ");
        d = teclado.nextInt();

        //Proceso
          for(i = 0; i <= n.length - 1; i++){
                if(n[i] % d == 0)
                c += 1;
          }

        //Salida
        System.out.println("");
        System.out.println("Cantidad: " + c);
    }
}
```

Problema n.° 74

Enunciado: Dados cinco números, obtener la cantidad de números primos introducidos.

Análisis: Para la solución de este problema se requiere que el usuario introduzca cinco números. Luego, el sistema procesa y devuelve la cantidad números primos.

Entrada

- Cinco números (n[5])

Salida

- Cantidad (c)

Diseño:

Interfaz de usuario

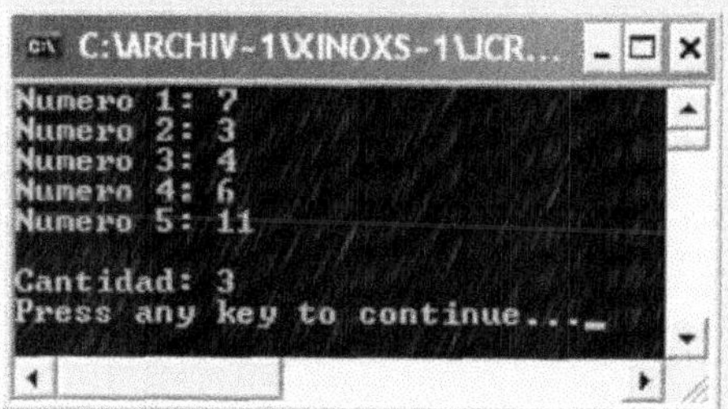

Algoritmo

Diagrama de flujo

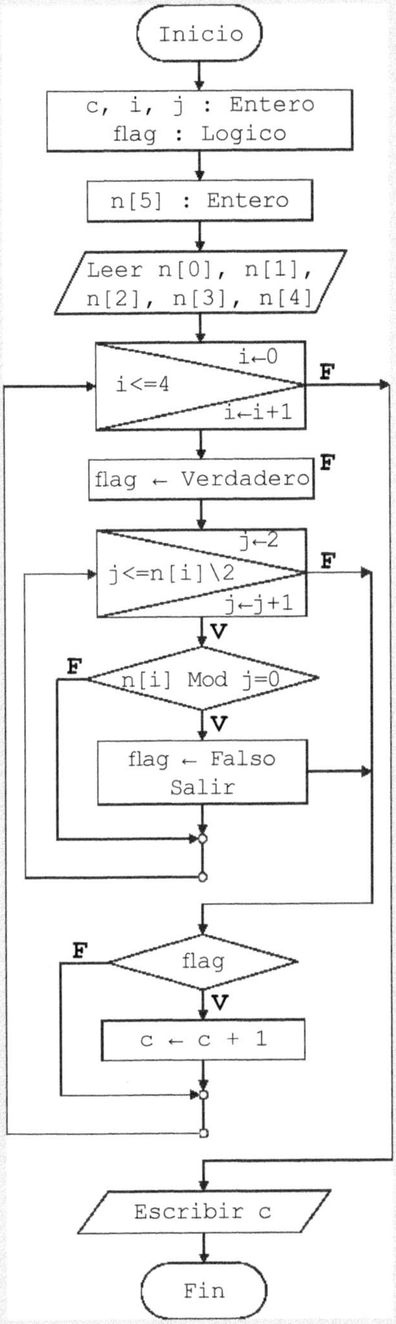

Pseudocódigo

```
Inicio
  //Variables
  c, i, j : Entero
  flan : Logico

  //Arreglos (Vector)
  n[5] : Entero

  //Entrada
  Leer n[0],n[1],n[2],n[3],n[4]

  //Proceso
  Para i←0 Hasta 4 Inc 1
     flag ← Verdadero
      Para j←2 Hasta n[i]\2 Inc 1
        Si n[i] Mod j=0 Entonces
          flag ← Falso
          Salir
        Fin Si
      Fin Para
     Si flag Entonces
        c ← c + 1
     Fin Si
  Fin Para

  //Salida
  Escribir c

Fin
```

Codificación:

```
import java.util.Scanner;

public class Problema74 {
    public static void main(String[] args) {
        //Variables
        int c=0,i,j;
        boolean flag;

        //Arreglos
        int n[] = new int[5];

        //Entrada
        Scanner teclado = new Scanner(System.in);
        System.out.print("Numero 1: ");
        n[0] = teclado.nextInt();
        System.out.print("Numero 2: ");
        n[1] = teclado.nextInt();
        System.out.print("Numero 3: ");
        n[2] = teclado.nextInt();
        System.out.print("Numero 4: ");
        n[3] = teclado.nextInt();
        System.out.print("Numero 5: ");
        n[4] = teclado.nextInt();

        //Proceso
          for(i = 0; i<= 4; i++){
            flag = true;
            for(j = 2; j<=n[i]/2; j++){
                if(n[i] % j == 0){
                    flag = false;
                    break;
                }
            }
            if(flag)
                c += 1;
          }

        //Salida
        System.out.println("");
        System.out.println("Cantidad: " + c);
    }
}
```

Problema n.º 75

Enunciado: Busque un número de siete números introducidos y determine la posición y si existe o no el número buscado. Use el método de búsqueda secuencial.

Análisis: Para la solución de este problema se requiere que el usuario introduzca siete números. Luego, que el sistema devuelva la respuesta, si existe o no el número y la posición del número encontrado.

Entrada

- Siete números (n[7])
- Numero a buscar (nb)

Salida

- Respuesta (r)
- Posición (p)

Diseño:

Interfaz de usuario

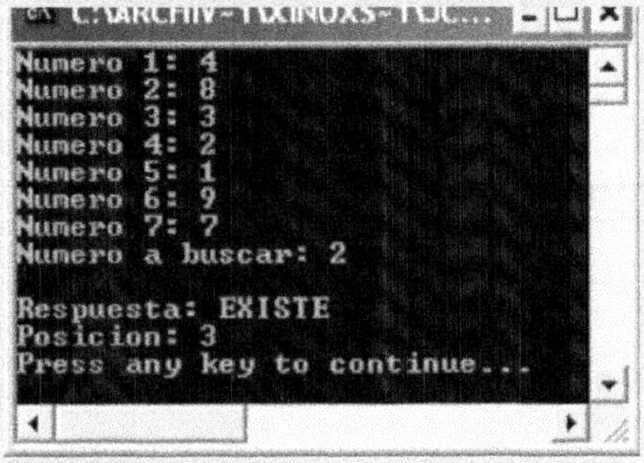

Algoritmo

Diagrama de flujo

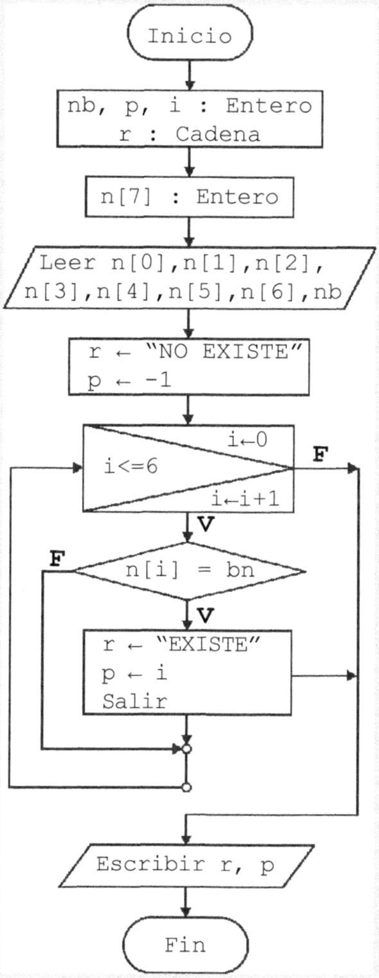

Pseudocódigo

```
Inicio

  //Variables
  nb, p, i : Entero
  r : Cadena

  //Arreglos (Vector)
  n[7] : Entero

  //Entrada
  Leer n[0],n[1],n[2],n[3],n[4],
       n[5],n[6],nb

  //Proceso
  r ← "NO EXISTE"
  p ← -1
  Para i←0 Hasta 6 Inc 1
     Si n[i] = nb Entonces
           r ← "EXISTE"
           p ← i
           Salir
     Fin Si
  Fin Para

  //Salida
  Escribir r, p

Fin
```

Codificación:

```
import java.util.Scanner;

public class Problema75 {
    public static void main(String[] args) {
        //Variables
        int nb,p,i;
        String r = "";

        //Arreglos
        int n[] = new int[7];

        //Entrada
        Scanner teclado = new Scanner(System.in);
        System.out.print("Numero 1: ");
        n[0] = teclado.nextInt();
        System.out.print("Numero 2: ");
        n[1] = teclado.nextInt();
                System.out.print("Numero 3: ");
        n[2] = teclado.nextInt();
        System.out.print("Numero 4: ");
        n[3] = teclado.nextInt();
        System.out.print("Numero 5: ");
        n[4] = teclado.nextInt();
        System.out.print("Numero 6: ");
        n[5] = teclado.nextInt();
        System.out.print("Numero 7: ");
        n[6] = teclado.nextInt();
        System.out.print("Numero a buscar: ");
        nb = teclado.nextInt();

        //Proceso
          r = "NO EXISTE";
          p = -1;
          for(i = 0 ; i <= n.length -1; i++) {
            if(n[i] == nb){
                r = "EXISTE";
                p = i;
                break;
            }
          }

        //Salida
        System.out.println("");
        System.out.println("Respuesta: " + r);
        System.out.println("Posicion: " + p);
    }
}
```

Problema n.º 76

Enunciado: Lea cuatro números y almacénelos en un vector de llamado A, y otros cuatro números en un vector llamado B, y determine cuántos números de A se encuentran en B.

Análisis: Para la solución de este problema se requiere que el usuario introduzca ocho números. Luego, que el sistema devuelva la cantidad.

Entrada

- Cuatro números (a[4])
- Cuatro números (b[4])

Salida

- Cantidad (c)

Diseño:

Interfaz de usuario

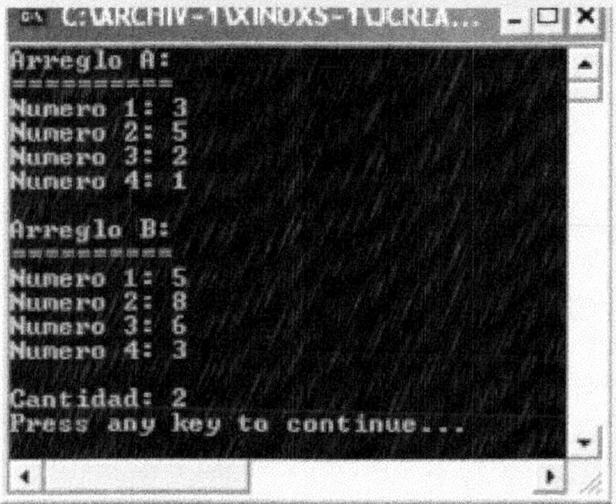

Algoritmo

Diagrama de flujo

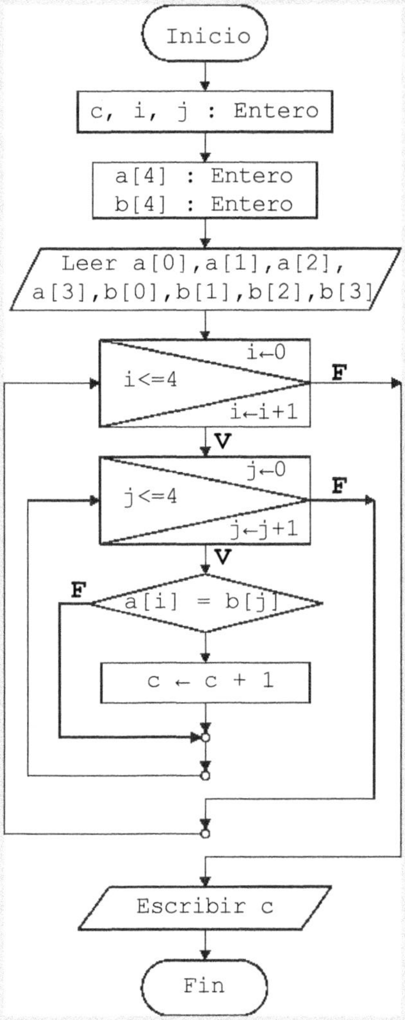

Pseudocódigo

```
Inicio

   //Variables
   c, i, j : Entero

   //Arreglos (Vector)
   a[4], b[4] : Entero

   //Entrada
   Leer a[0],a[1],a[2],a[3],
        b[0],b[1],b[2],b[3]

   //Proceso
   Para i←0 Hasta 4 Inc 1
       Para j←0 Hasta 4 Inc 1
      Si a[i]=b[j] Entonces
             c ← c + 1
          Fin Si
       Fin Para
   Fin Para

   //Salida
   Escribir c

Fin
```

Codificación:

```
import java.util.Scanner;

public class Problema76 {
    public static void main(String[] args) {
        //Variables
        int c=0,i,j;

        //Arreglos
        int a[] = new int[4];
        int b[] = new int[4];

        //Entrada
        Scanner teclado = new Scanner(System.in);
        System.out.println("Arreglo A: ");
        System.out.println("==========");
        System.out.print("Numero 1: ");
        a[0] = teclado.nextInt();
        System.out.print("Numero 2: ");
        a[1] = teclado.nextInt();
        System.out.print("Numero 3: ");
        a[2] = teclado.nextInt();
        System.out.print("Numero 4: ");
        a[3] = teclado.nextInt();

        System.out.println("");
        System.out.println("Arreglo B: ");
        System.out.println("==========");
        System.out.print("Numero 1: ");
        b[0] = teclado.nextInt();
        System.out.print("Numero 2: ");
        b[1] = teclado.nextInt();
        System.out.print("Numero 3: ");
        b[2] = teclado.nextInt();
        System.out.print("Numero 4: ");
        b[3] = teclado.nextInt();

        //Proceso
           for(i = 0;i <=a.length -1; i++){
             for(j = 0; j <= b.length-1; j++) {
               if(a[i] == b[j])
                     c += 1;
             }
           }

        //Salida
        System.out.println("");
        System.out.println("Cantidad: " + c);
    }
}
```

Problema n.º 77

Enunciado: Ordene cuatro números usando el método de ordenación por intercambio (burbuja).

Análisis: Para la solución de este problema se requiere que el usuario introduzca cuatro números. Luego, que el sistema devuelva los números ordenados.

Entrada

- Cuatro números (n[4])

Salida

- Cuatro números ordenados (n[4])

Diseño:

Interfaz de usuario

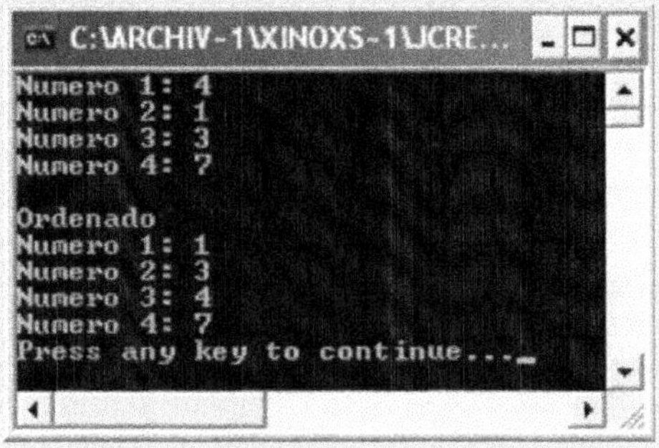

Algoritmo

Diagrama de flujo

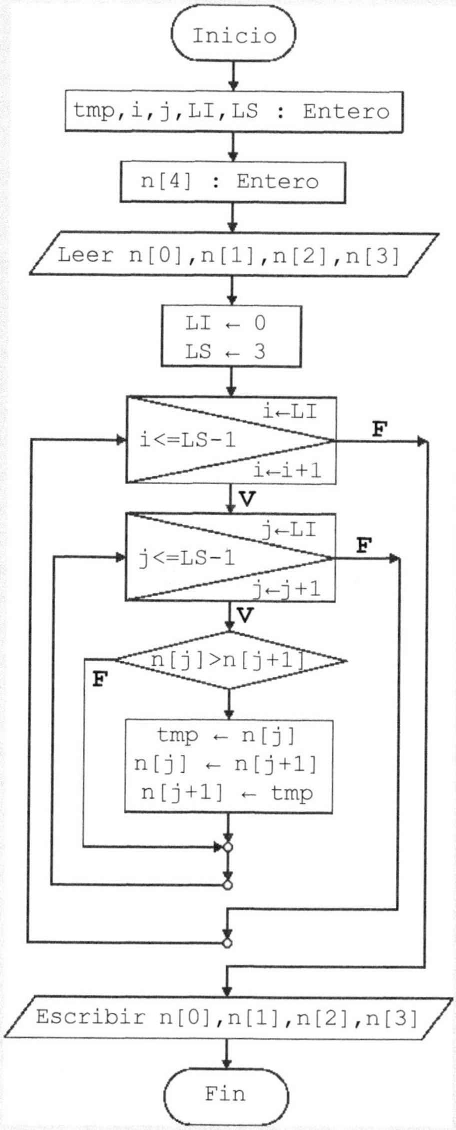

Pseudocódigo

```
Inicio

   //Variables
   tmp,i,j,LI,LS : Entero

   //Arreglos (Vector)
   n[4] : Entero

   //Entrada
   Leer n[0],n[1],n[2],n[3]

   //Proceso
   LI ← 0
   LS ← 3
   Para i←LI Hasta LS-1 Inc 1
      Para j←LI Hasta LS-1 Inc 1
         Si n[j]>n[j+1] Entonces
            tmp ← n[j]
            n[j] ← n[j+1]
            n[j+1] ← tmp
         Fin Si
      Fin Para
   Fin Para

   //Salida
   Escribir n[0],n[1],n[2],n[3]

Fin
```

Codificación:

```
import java.util.Scanner;

public class Problema77 {
    public static void main(String[] args) {
        //Variables
        int tmp,i,j, LI, LS;

        //Arreglos
        int n[] = new int[4];

        //Entrada
        Scanner teclado = new Scanner(System.in);
        System.out.print("Numero 1: ");
        n[0] = teclado.nextInt();
        System.out.print("Numero 2: ");
        n[1] = teclado.nextInt();
                System.out.print("Numero 3: ");
        n[2] = teclado.nextInt();
        System.out.print("Numero 4: ");
        n[3] = teclado.nextInt();

        //Proceso
          LI = 0;
          LS = n.length-1;

          for(i = LI; i <= LS - 1; i++){
            for(j = LI; j <= LS - 1; j++){
                if(n[j] > n[j + 1]){
                    tmp = n[j];
                    n[j] = n[j + 1];
                    n[j + 1] = tmp;
                }
            }
          }

          //Salida
        System.out.println("");
        System.out.println("Ordenado");
        System.out.println("Numero 1: " + n[0]);
        System.out.println("Numero 2: " + n[1]);
        System.out.println("Numero 3: " + n[2]);
        System.out.println("Numero 4: " + n[3]);
    }
}
```

Problema n.º 78

Enunciado: Introduzca seis números en un arreglo de dos dimensiones (matriz) de 3x2 y obtenga la suma de los números introducidos.

Análisis: Para la solución de este problema se requiere que el usuario introduzca seis números. Luego, que el sistema devuelva la suma de los números.

Entrada

- Seis números (n[3][2]).

Salida

- Suma (s)

Diseño:

Interfaz de usuario

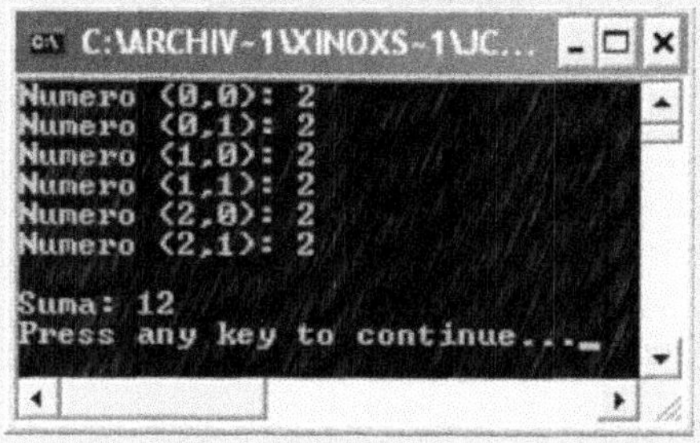

Algoritmo

Diagrama de flujo

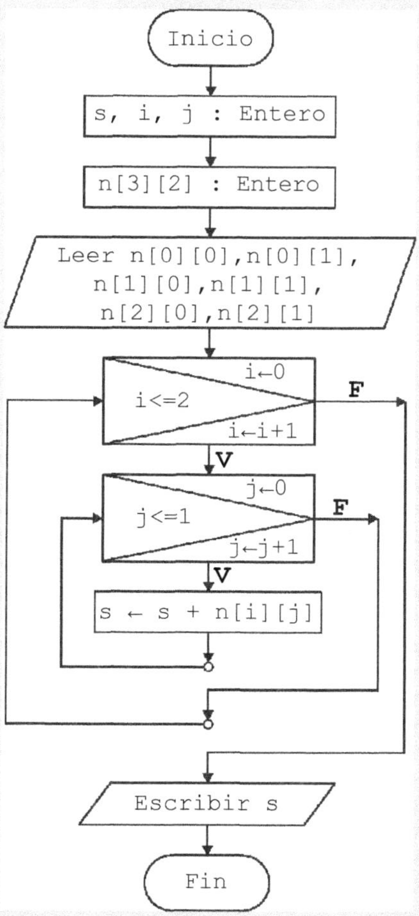

Pseudocódigo

```
Inicio

   //Variables
   s,i,j : Entero

   //Arreglos (Matriz)
   n[3][2] : Entero

   //Entrada
   Leer n[0][0],n[0][1],
        n[1][0],n[0][1],
        n[2][0],n[0][1],

   //Proceso
   Para i←0 Hasta 2 Inc 1
      Para j←0 Hasta 1 Inc 1
         s ← s + n[i][j]
      Fin Para
   Fin Para

   //Salida
   Escribir s

Fin
```

Codificación:

```
import java.util.Scanner;

public class Problema78 {
    public static void main(String[] args) {
        //Variables
        int s = 0,i,j;

        //Arreglos
        int n[][] = new int[3][2];

        //Entrada
        Scanner teclado = new Scanner(System.in);
        System.out.print("Numero (0,0): ");
        n[0][0] = teclado.nextInt();
        System.out.print("Numero (0,1): ");
        n[0][1] = teclado.nextInt();
        System.out.print("Numero (1,0): ");
        n[1][0] = teclado.nextInt();
        System.out.print("Numero (1,1): ");
        n[1][1] = teclado.nextInt();
                System.out.print("Numero (2,0): ");
        n[2][0] = teclado.nextInt();
        System.out.print("Numero (2,1): ");
        n[2][1] = teclado.nextInt();

        //Proceso
          for(i = 0; i <= 2; i++)
            for(j = 0; j <= 1; j++)
                s += n[i][j];

        //Salida
        System.out.println("");
        System.out.println("Suma: " + s);
    }
}
```

Problem n.º 79

Enunciado: Introduzca doce números en un arreglo bidimensional (matriz) de 4x3, y obtenga la suma de cada columna.

Análisis: Para la solución de este problema, se requiere que el usuario introduzca doce números. Luego, que el sistema devuelva la suma de cada columna.

Entrada

- Doce números (n[4][3])

Salida

- Suma columna 1 (s0)
- Suma columna 2 (s1)
- Suma columna 3 (s2)

Diseño:

Interfaz de usuario

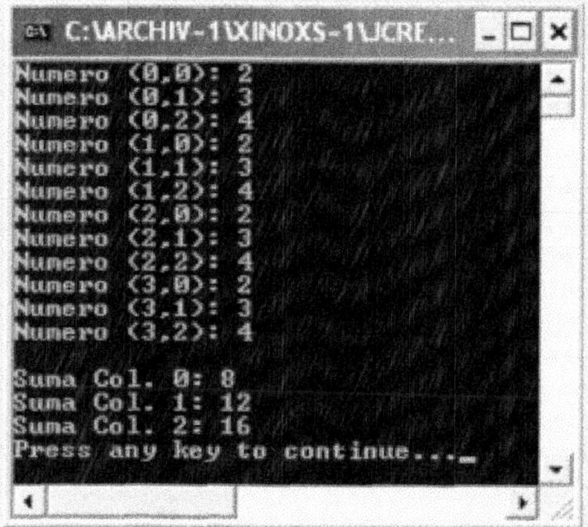

Algoritmo

Diagrama de flujo

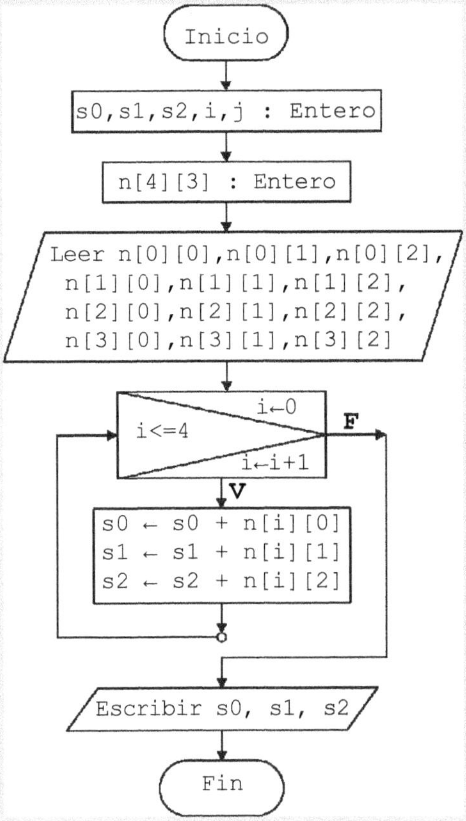

Pseudocódigo

```
Inicio

   //Variables
   s0,s1,s2,i,j : Entero

   //Arreglos (Matriz)
   n[4][3] : Entero

   //Entrada
   Leer n[0][0],n[0][1],n[0][2],
        n[1][0],n[1][1],n[1][2],
        n[2][0],n[2][1],n[2][2],
        n[3][0],n[3][1],n[3][2],

   //Proceso
   Para i←0 Hasta 4 Inc 1
        s0 ← s0 + n[i][0]
        s1 ← s1 + n[i][1]
        s2 ← s2 + n[i][2]
   Fin Para

   //Salida
   Escribir s0, s1, s2

Fin
```

Codificación:

```
import java.util.Scanner;

public class Problema79 {
    public static void main(String[] args) {
        //Variables
        int s0=0,s1=0,s2=0,i,j;

        //Arreglos
        int n[][] = new int[4][3];

        //Entrada
        Scanner teclado = new Scanner(System.in);
        System.out.print("Numero (0,0): ");
        n[0][0] = teclado.nextInt();
        System.out.print("Numero (0,1): ");
        n[0][1] = teclado.nextInt();
        System.out.print("Numero (0,2): ");
        n[0][2] = teclado.nextInt();
        System.out.print("Numero (1,0): ");
        n[1][0] = teclado.nextInt();
        System.out.print("Numero (1,1): ");
        n[1][1] = teclado.nextInt();
        System.out.print("Numero (1,2): ");
        n[1][2] = teclado.nextInt();
        System.out.print("Numero (2,0): ");
        n[2][0] = teclado.nextInt();
        System.out.print("Numero (2,1): ");
        n[2][1] = teclado.nextInt();
        System.out.print("Numero (2,2): ");
        n[2][2] = teclado.nextInt();
        System.out.print("Numero (3,0): ");
        n[3][0] = teclado.nextInt();
        System.out.print("Numero (3,1): ");
        n[3][1] = teclado.nextInt();
        System.out.print("Numero (3,2): ");
        n[3][2] = teclado.nextInt();

        //Proceso
          for(i = 0; i<=3; i++) {
                s0 += n[i][0];
            s1 += n[i][1];
            s2 += n[i][2];
          }

        //Salida
        System.out.println("");
        System.out.println("Suma Col. 0: " + s0);
        System.out.println("Suma Col. 1: " + s1);
        System.out.println("Suma Col. 2: " + s2);

    }
}
```

Problema n.º 80

Enunciado: Almacene en una matriz de 3x2, seis números y obtenga la cantidad de pares e impares.

Análisis: Para la solución de este problema se requiere que el usuario introduzca seis números. Luego, que el sistema devuelva la cantidad de pares e impares.

Entrada

- Seis números (n[3][2])

Salida

- Cantidad de pares (cp)
- Cantidad de impares (ci)

Diseño:

Interfaz de usuario

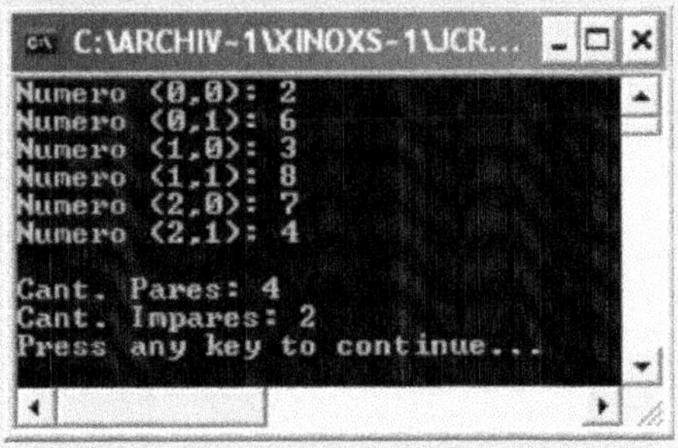

Algoritmo

Diagrama de flujo

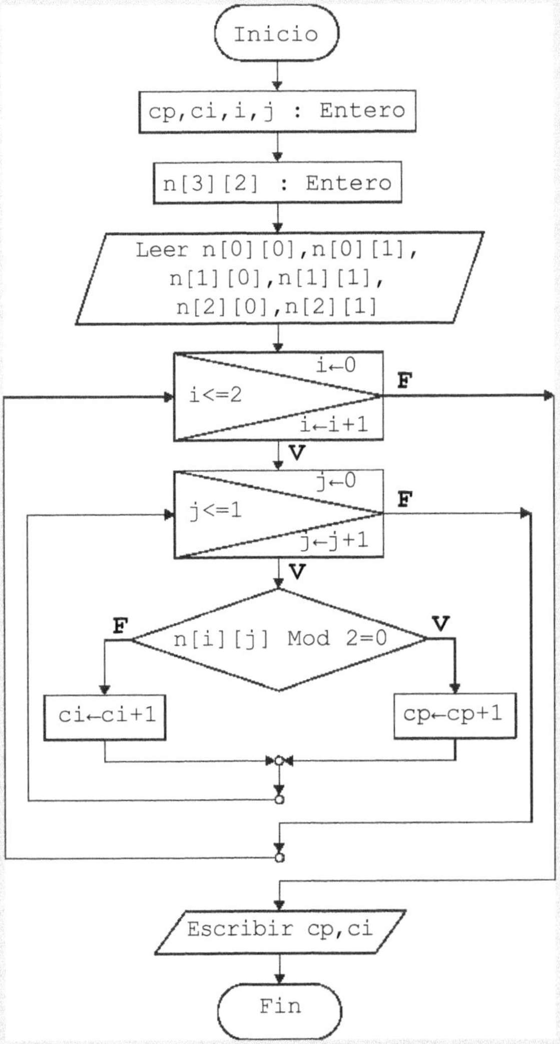

Pseudocódigo

```
Inicio

   //Variables
   cp,ci,i,j : Entero

   //Arreglos (Matriz)
   n[3][2] : Entero

   //Entrada
   Leer n[0][0],n[0][1],
        n[1][0],n[1][1],
        n[2][0],n[2][1]

   //Proceso
   Para i←0 Hasta 2 Inc 1
        Para j←0 Hasta 1 Inc 1
       Si n[i][j] Mod 2=0 Entonces
        cp ← cp + 1
      SiNo
        ci ← ci + 1
      Fin Si
        Fin Para
   Fin Para

   //Salida
   Escribir cp, ci

Fin
```

Codificación:

```
import java.util.Scanner;

public class Problema80 {
    public static void main(String[] args) {
        //Variables
        int cp=0,ci=0,i,j;

        //Arreglos
        int n[][] = new int[3][2];

        //Entrada
        Scanner teclado = new Scanner(System.in);
        System.out.print("Numero (0,0): ");
        n[0][0] = teclado.nextInt();
        System.out.print("Numero (0,1): ");
        n[0][1] = teclado.nextInt();
        System.out.print("Numero (1,0): ");
        n[1][0] = teclado.nextInt();
        System.out.print("Numero (1,1): ");
        n[1][1] = teclado.nextInt();
        System.out.print("Numero (2,0): ");
        n[2][0] = teclado.nextInt();
        System.out.print("Numero (2,1): ");
        n[2][1] = teclado.nextInt();

        //Proceso
        for(i = 0;i<=2;i++){
           for(j = 0;j<=1; j++){
               if(n[i][j] % 2 == 0)
                    cp += 1;
               else
                    ci += 1;
             }
           }

        //Salida
        System.out.println("");
        System.out.println("Cant. Pares: " + cp);
        System.out.println("Cant. Impares: " + ci);
    }
}
```

Problema n.º 81

Enunciado: Busque un número dentro de una matriz de 4x3, determine la posición y si existe o no el número buscado. Use el método de búsqueda secuencial.

Análisis: Para la solución de este problema se requiere que el usuario introduzca dos números. Luego, que el sistema devuelva la cantidad de números positivos y negativos.

Entrada

- Matriz (n[4][3])
- Número a buscar (nb)

Salida

- Respuesta (r)
- Posición 1era dim. (p1)
- Posición 2da dim. (p2)

Diseño:

Interfaz de Usuario

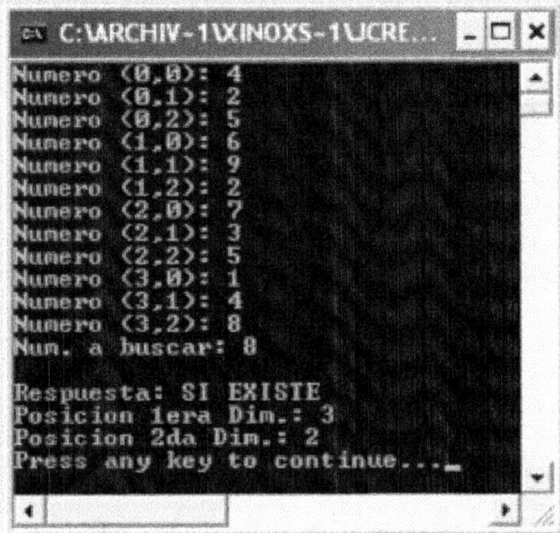

Algoritmo

Diagrama de flujo

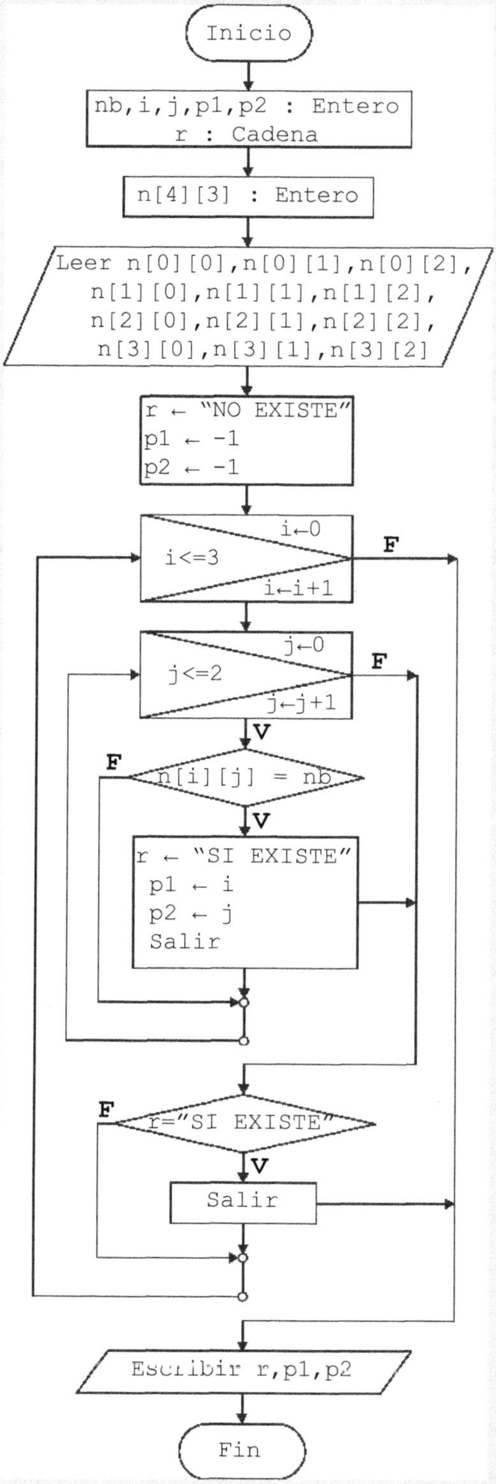

Pseudocódigo

```
Inicio

  //Variables
  nb, i, j, p1, p2 : Entero
  r : Cadena

  //Arreglos (Matriz)
  n[4][3] : Entero

  //Entrada
  Leer n[0][0],n[0][1],n[0][2],
      n[1][0],n[1][1],n[1][2],
      n[2][0],n[2][1],n[2][2],
      n[3][0],n[3][1],n[3][2]

  //Proceso
  r ← "NO EXISTE"
  p1 ← -1
  p2 ← -1
  Para i←0 Hasta 3 Inc 1
     Para j←0 Hasta 2 Inc 1
       Si n[i][j]=nb Entonces
          r ← "SI EXISTE"
          p1 ← i
          p2 ← j
          Salir
       Fin Si
     Fin Para
     Si r="SI EXISTE" Entonces
       Salir
     Fin Si
  Fin Para

  //Salida
  Escribir r, p1, p2

Fin
```

Codificación:

```
import java.util.Scanner;

public class Problema81 {
    public static void main(String[] args) {
        //Variables
        int nb,i,j,p1,p2;
        String r = "";

        //Arreglos
        int n[][] = new int[4][3];

        //Entrada
        Scanner teclado = new Scanner(System.in);
        System.out.print("Numero (0,0): ");
        n[0][0] = teclado.nextInt();
        System.out.print("Numero (0,1): ");
        n[0][1] = teclado.nextInt();
        System.out.print("Numero (0,2): ");
        n[0][2] = teclado.nextInt();
        System.out.print("Numero (1,0): ");
        n[1][0] = teclado.nextInt();
        System.out.print("Numero (1,1): ");
        n[1][1] = teclado.nextInt();
        System.out.print("Numero (1,2): ");
        n[1][2] = teclado.nextInt();
        System.out.print("Numero (2,0): ");
        n[2][0] = teclado.nextInt();
        System.out.print("Numero (2,1): ");
        n[2][1] = teclado.nextInt();
        System.out.print("Numero (2,2): ");
        n[2][2] = teclado.nextInt();
        System.out.print("Numero (3,0): ");
        n[3][0] = teclado.nextInt();
        System.out.print("Numero (3,1): ");
        n[3][1] = teclado.nextInt();
        System.out.print("Numero (3,2): ");
        n[3][2] = teclado.nextInt();
        System.out.print("Num. a buscar: ");
        nb = teclado.nextInt();

        //Proceso
           r = "NO EXISTE";
           p1 = -1;
           p2 = -1;

             for(i = 0; i<=3;i++){
                 for(j = 0;j<=2;j++){
                       if(n[i][j] == nb){
                                   r = "SI EXISTE";
```

```
                        p1 = i;
                        p2 = j;
                        break;
                    }
                }
                if(r == “SI EXISTE”)
                    break;

            }

            //Salida
            System.out.println(“”);
            System.out.println(“Respuesta: ” + r);
            System.out.println(“Posicion 1era Dim.: ” + p1);
            System.out.println(“Posicion 2da Dim.: ” + p2);
        }
    }
```

Problema n.º 82

Enunciado: Dada la matriz A de 2x2 y la matriz B de 2x2, obtenga la suma de dichas matrices.

Análisis: Para la solución de este problema se requiere que el usuario introduzca ocho números. Luego, que el sistema devuelva la suma de matrices.

Entrada

- Cuatro números matriz A (a[2][2])
- Cuatro números matriz B (b[2][2])

Salida

- Cuatro números matriz C (c[2][2])

Diseño:

Interfaz de usuario

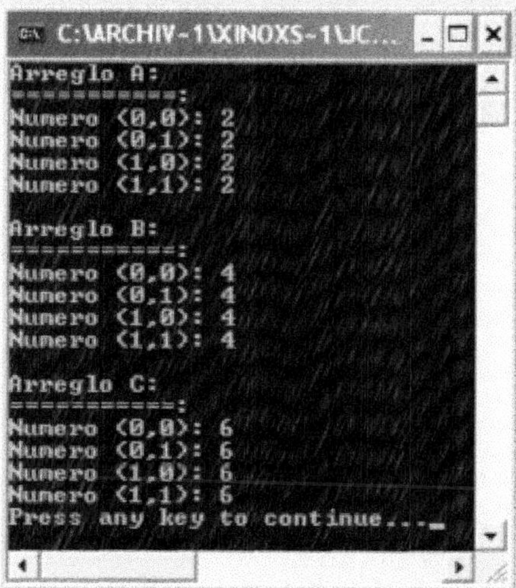

Algoritmo

Diagrama de flujo

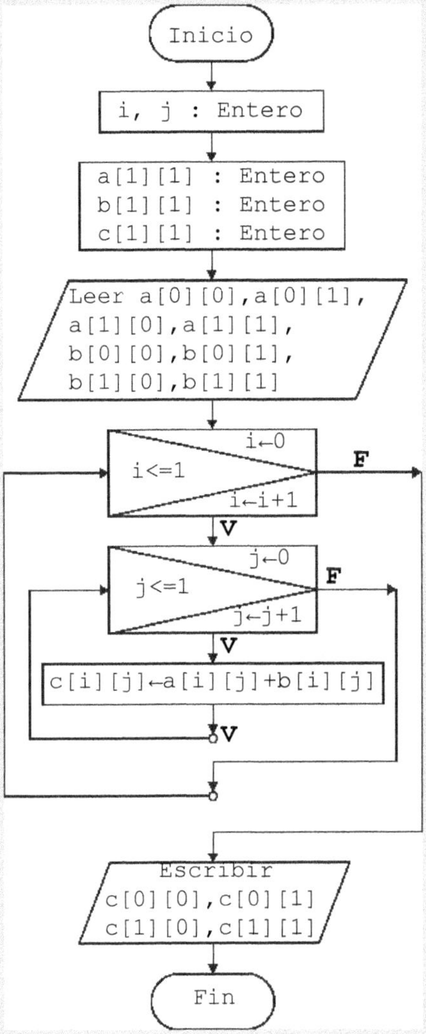

Pseudocódigo

```
Inicio

   //Variables
   i, j : Entero

   //Arreglos (Matriz)
   a[1][1] : Entero
   b[1][1] : Entero
   c[1][1] : Entero

   //Entrada
   Leer a[0][0],a[0][1],
        a[1][0],a[1][1],
        b[0][0],b[0][1],
        b[1][0],b[1][1]

   //Proceso
   Para i←0 Hasta 1 Inc 1
      Para j←0 Hasta 1 Inc 1
     c[i][j]←a[i][j]+b[i][j]
      Fin Para
   Fin Para

   //Salida
   Escribir c[0][0],c[0][1],
            c[1][0],c[1][1]

Fin
```

Codificación:

```
import java.util.Scanner;

public class Problema82 {
    public static void main(String[] args) {
        //Variables
        int i,j;

        //Arreglos
        int a[][] = new int[2][2];
        int b[][] = new int[2][2];
        int c[][] = new int[2][2];

        //Entrada
```

```
        Scanner teclado = new Scanner(System.in);
        System.out.println("Arreglo A: ");
        System.out.println("===========: ");
        System.out.print("Numero (0,0): ");
        a[0][0] = teclado.nextInt();
        System.out.print("Numero (0,1): ");
        a[0][1] = teclado.nextInt();
        System.out.print("Numero (1,0): ");
        a[1][0] = teclado.nextInt();
        System.out.print("Numero (1,1): ");
        a[1][1] = teclado.nextInt();

        System.out.println("");
        System.out.println("Arreglo B: ");
        System.out.println("===========: ");
        System.out.print("Numero (0,0): ");
        b[0][0] = teclado.nextInt();
        System.out.print("Numero (0,1): ");
        b[0][1] = teclado.nextInt();
        System.out.print("Numero (1,0): ");
        b[1][0] = teclado.nextInt();
        System.out.print("Numero (1,1): ");
        b[1][1] = teclado.nextInt();

        //Proceso
          for(i = 0; i<=1; i++){
            for(j = 0; j<=1; j++)
                c[i][j] = a[i][j] + b[i][j];
          }

        //Salida
        System.out.println("");
        System.out.println("Arreglo C: ");
        System.out.println("===========: ");
        System.out.println("Numero (0,0): " + c[0][0]);
        System.out.println("Numero (0,1): " + c[0][1]);
        System.out.println("Numero (1,0): " + c[1][0]);
        System.out.println("Numero (1,1): " + c[1][1]);
    }
}
```

Problema n.º 83

Enunciado: Introduzca seis números en una matriz de 3x2 y obtenga el numero mayor introducido.

Análisis: Para la solución de este problema se requiere que el usuario introduzca seis números. Luego, que el sistema devuelva el número mayor.

Entrada	Salida
• Seis números (n[3][2])	• Mayor (m)

Diseño:

Interfaz de usuario

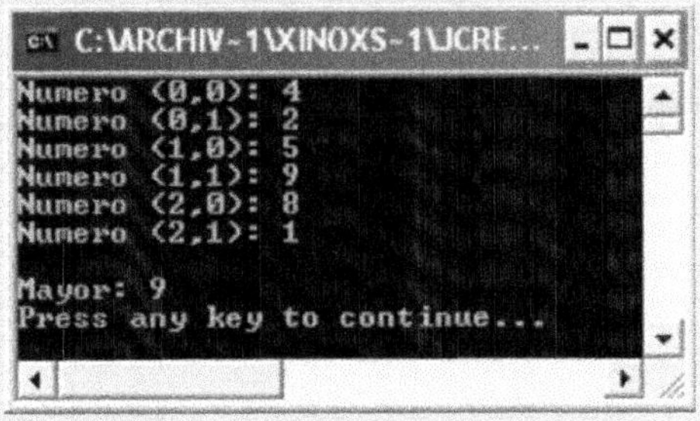

Algoritmo

Diagrama de flujo

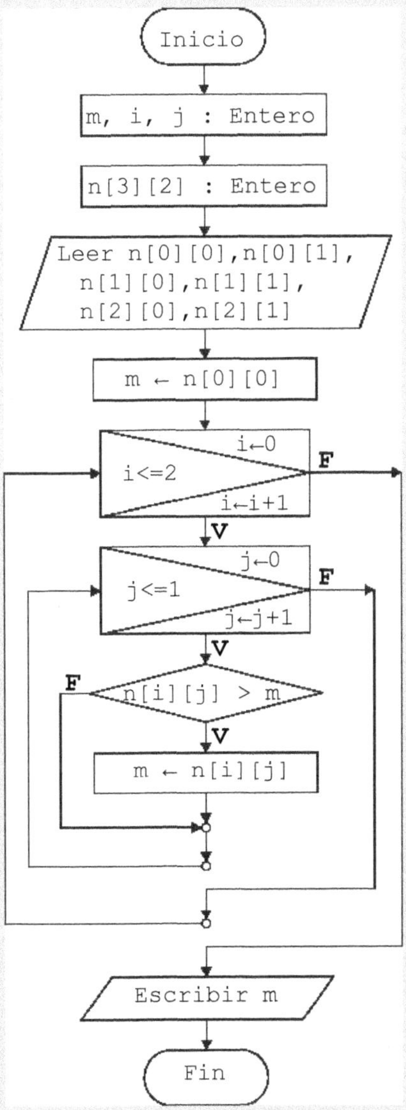

Pseudocódigo

```
Inicio

  //Variables
  m, i, j : Entero

  //Arreglos (Matriz)
  n[3][2] : Entero

  //Entrada
  Leer n[0][0],n[0][1],
       n[1][0],n[1][1],
       n[2][0],n[2][1]

  //Proceso
  m ← n[0][0]
  Para i←0 Hasta 2 Inc 1
     Para j←0 Hasta 1 Inc 1
        Si n[i][j]>m Entonces
          m ← n[i][j]
        Fin Si
     Fin Para
  Fin Para

  //Salida
  Escribir m

Fin
```

Codificación:

```
import java.util.Scanner;

public class Problema83 {
    public static void main(String[] args) {
        //Variables
        int m,i,j;

        //Arreglos
        int n[][] = new int[3][2];

        //Entrada
        Scanner teclado = new Scanner(System.in);
        System.out.print("Numero (0,0): ");
        n[0][0] = teclado.nextInt();
        System.out.print("Numero (0,1): ");
        n[0][1] = teclado.nextInt();
        System.out.print("Numero (1,0): ");
        n[1][0] = teclado.nextInt();
        System.out.print("Numero (1,1): ");
        n[1][1] = teclado.nextInt();
                System.out.print("Numero (2,0): ");
        n[2][0] = teclado.nextInt();
        System.out.print("Numero (2,1): ");
        n[2][1] = teclado.nextInt();

        //Proceso
          m = n[0][0];
          for(i = 0;i<=2;i++){
                for(j = 0; j<=1;j++){
                      if(n[i][j] > m)
                    m = n[i][j];
            }
          }

        //Salida
        System.out.println("");
        System.out.println("Mayor: " + m);
    }
}
```

Problema n.º 84

Enunciado: Introduzca seis números en una matriz de 3x2 y ordene los números de cada columna.

Análisis: Para la solución de este problema, se requiere que el usuario introduzca seis números. Luego, que el sistema devuelva las columnas ordenadas.

Entrada

- Seis números (n[3][2])

Salida

- Cada columna ordenada (n[3][2])

Diseño:

Interfaz de usuario

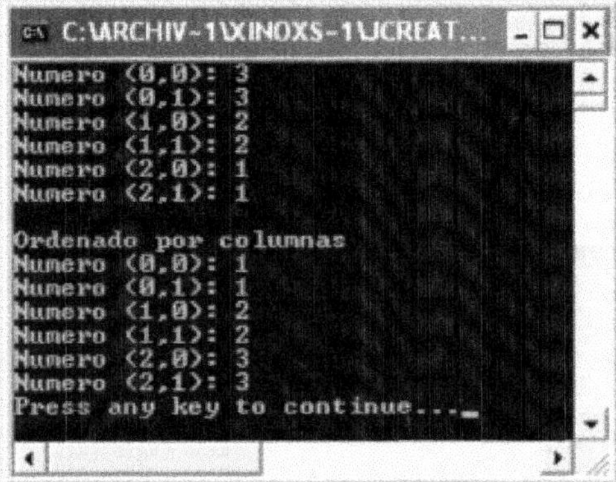

Algoritmo

Diagrama de flujo

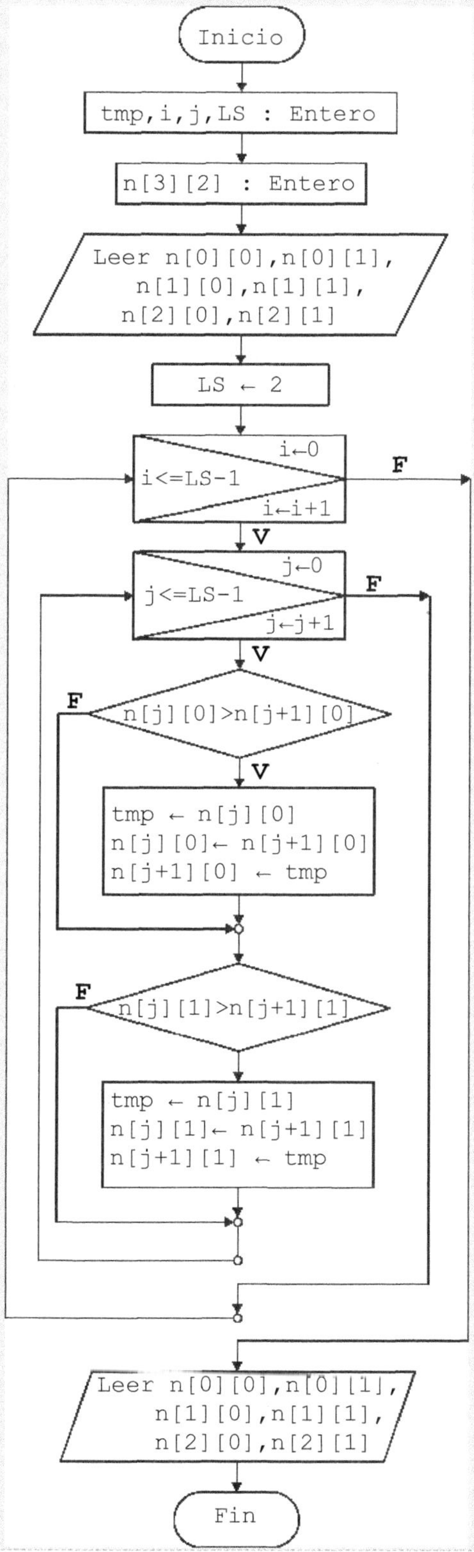

Pseudocódigo

```
Inicio

   //Variables
   tmp,i,j,LS : Entero

   //Arreglos (Matriz)
   n[3][2] : Entero

   //Entrada
   Leer n[0][0],n[0][1],
      n[1][0],n[1][1],
      n[2][0],n[2][1]

   //Proceso
   LS ← 2
   Para i←0 Hasta LS-1 Inc 1
     Para j←0 Hasta LS-1 Inc 1

   Si n[j][0]>n[j+1][0] Entonces
      tmp ← n[j][0]
      n[j][0]← n[j+1][0]
      n[j+1][0] ← tmp
   Fin Si
   Si n[j][1]>n[j+1][1] Entonces
      tmp ← n[j][1]
      n[j][1]← n[j+1][1]
      n[j+1][1] ← tmp
   Fin Si
      Fin Para
   Fin Para
   //Salida
   Escribir n[0][0],n[0][1],
      n[1][0],n[1][1],
      n[2][0],n[2][1]

Fin
```

Codificación:

```
import java.util.Scanner;

public class Problema84 {
    public static void main(String[] args) {
        //Variables
        int tmp,i,j,LS;

        //Arreglos
        int n[][] = new int[3][2];

        //Entrada
        Scanner teclado = new Scanner(System.in);
        System.out.print("Numero (0,0): ");
        n[0][0] = teclado.nextInt();
        System.out.print("Numero (0,1): ");
        n[0][1] = teclado.nextInt();
        System.out.print("Numero (1,0): ");
        n[1][0] = teclado.nextInt();
        System.out.print("Numero (1,1): ");
        n[1][1] = teclado.nextInt();
        System.out.print("Numero (2,0): ");
        n[2][0] = teclado.nextInt();
        System.out.print("Numero (2,1): ");
        n[2][1] = teclado.nextInt();

        //Proceso
           LS = 2;
           for(i = 0;i<=LS - 1; i++){
                  for(j = 0;j<=LS - 1; j++){
                     if(n[j][0] > n[j + 1][0]){
                        tmp = n[j][0];
                        n[j][0] = n[j + 1][0];
                        n[j + 1][0] = tmp;
                     }
                     if(n[j][1] > n[j + 1][1]){
                        tmp = n[j][1];
                        n[j][1] = n[j + 1][1];
                        n[j + 1][1] = tmp;
                     }
                  }
           }

        //Salida
        System.out.println("");
        System.out.println("Ordenado por columnas");
        System.out.println("Numero (0,0): " + n[0][0]);
        System.out.println("Numero (0,1): " + n[0][1]);
        System.out.println("Numero (1,0): " + n[1][0]);
        System.out.println("Numero (1,1): " + n[1][1]);
        System.out.println("Numero (2,0): " + n[2][0]);
        System.out.println("Numero (2,1): " + n[2][1]);
    }
}
```

Problema n.º 85

Enunciado: Almacene nueve números en una matriz de 3x3 y obtenga los números ordenados.

Análisis: Para la solución de este problema se requiere que el usuario introduzca nueve números. Luego, que el sistema devuelva la matriz con los números ordenados.

Entrada

- Nueve números (n[3][3])

Salida

- Nueve números ordenados (n[3][3])

Diseño:

Interfaz de usuario

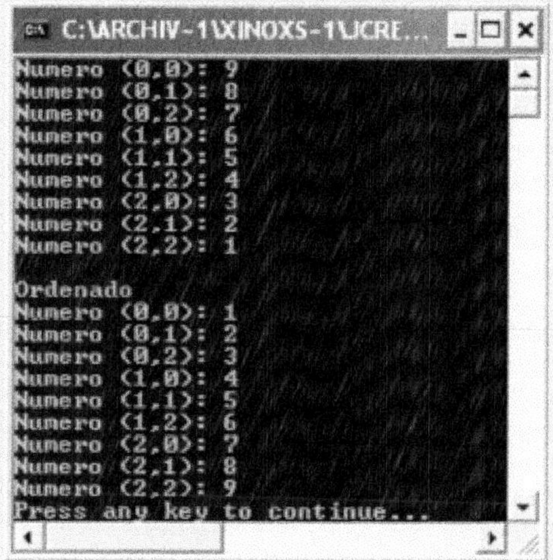

Algoritmo

Diagrama de flujo

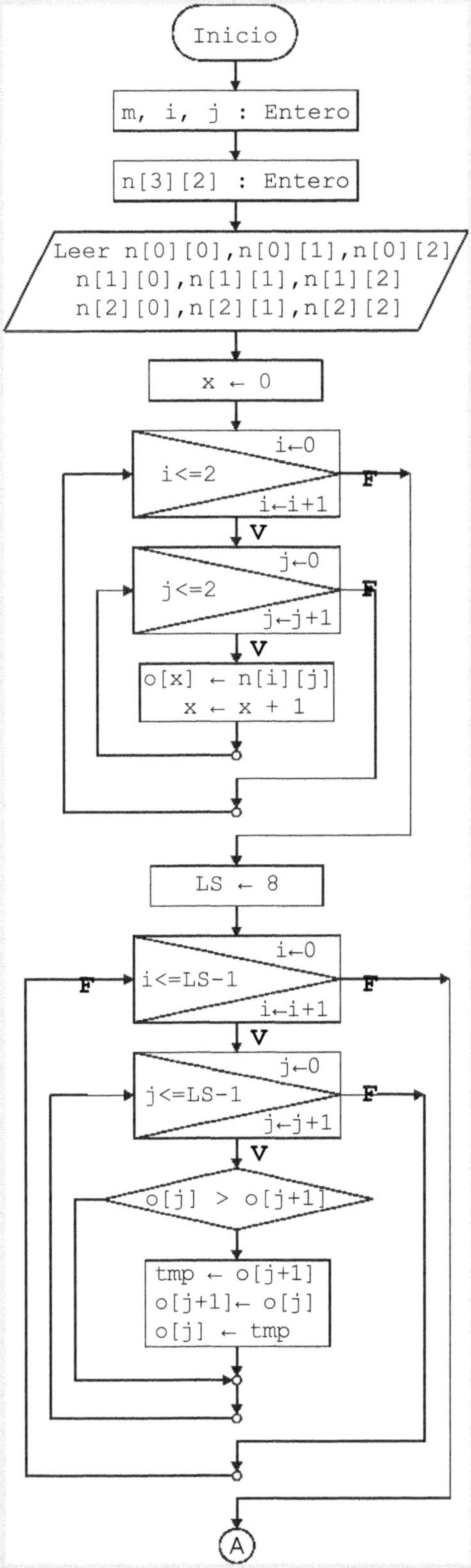

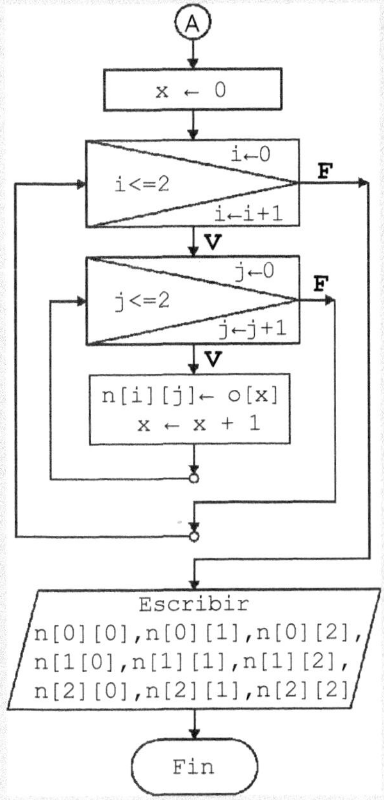

Pseudocódigo

```
Inicio

   //Variables
   tmp, i, j, x, LS : Entero
   flag : Logico

   //Arreglos (Matriz y Vector)
   n[3][3] : Entero
   O[9] : Entero

   //Entrada
   Leer n[0][0],n[0][1],n[0][2],
       n[1][0],n[1][1],n[1][2],
       n[2][0],n[2][1],n[2][2]

   //Proceso
   x ← 0
   Para i←0 Hasta 2 Inc 1
       Para j←0 Hasta 2 Inc 1
             o[x] ← n[i][j]
             x ← x + 1
       Fin Para
   Fin Para

   LS ← 8
   Para i←0 Hasta LS-1 Inc 1
      Para j←0 Hasta LS-1 Inc 1
         Si o[j] > o[j+1] Entonces
             tmp ← o(j + 1)
             o(j + 1) ← o(j)
             o(j) ← tmp
         Fin Si
       Fin Para
   Fin Para

   x ← 0
   Para i←0 Hasta 2 Inc 1
       Para j←0 Hasta 2 Inc 1
             n[i][j] ← o[x]
             x ← x + 1
       Fin Para
   Fin Para

   //Salida
   Escribir n[0][0],n[0][1],n[0][2],
       n[1][0],n[1][1],n[1][2],
       n[2][0],n[2][1],n[2][2]

Fin
```

Codificación:

```
import java.util.Scanner;

public class Problema85 {
    public static void main(String[] args) {
        //Variables
        int tmp,i,j,x, LS;

        //Arreglos
        int n[][] = new int[3][3];
        int o[] = new int[9];

        //Entrada
        Scanner teclado = new Scanner(System.in);
        System.out.print("Numero (0,0): ");
        n[0][0] = teclado.nextInt();
        System.out.print("Numero (0,1): ");
        n[0][1] = teclado.nextInt();
        System.out.print("Numero (0,2): ");
        n[0][2] = teclado.nextInt();
        System.out.print("Numero (1,0): ");
        n[1][0] = teclado.nextInt();
        System.out.print("Numero (1,1): ");
        n[1][1] = teclado.nextInt();
        System.out.print("Numero (1,2): ");
        n[1][2] = teclado.nextInt();
                System.out.print("Numero (2,0): ");
        n[2][0] = teclado.nextInt();
        System.out.print("Numero (2,1): ");
        n[2][1] = teclado.nextInt();
        System.out.print("Numero (2,2): ");
        n[2][2] = teclado.nextInt();

        //Proceso
          x = 0;
          for(i = 0; i<=2; i++) {
            for(j = 0; j<=2; j++){
                o[x] = n[i][j];
                x++;
            }
          }

          LS = o.length - 1;
          for(i = 0;i<=LS - 1;i++){
            for(j = 0; j <= LS - 1; j++) {
                if(o[j] > o[j + 1]) {
                      tmp = o[j + 1];
                      o[j + 1] = o[j];
                      o[j] = tmp;
                }
```

```
            }
        }

        x = 0;
        for(i = 0; i<=2; i++) {
          for(j = 0; j<=2; j++){
               n[i][j] = o[x];
               x++;
            }
        }

        //Salida
        System.out.println("");
        System.out.println("Ordenado");
        System.out.println("Numero (0,0): " + n[0][0]);
        System.out.println("Numero (0,1): " + n[0][1]);
        System.out.println("Numero (0,2): " + n[0][2]);
        System.out.println("Numero (1,0): " + n[1][0]);
        System.out.println("Numero (1,1): " + n[1][1]);
        System.out.println("Numero (1,2): " + n[1][2]);
        System.out.println("Numero (2,0): " + n[2][0]);
        System.out.println("Numero (2,1): " + n[2][1]);
        System.out.println("Numero (2,2): " + n[2][2]);
    }
}
```

7.6 Problemas propuestos

Los siguientes problemas le servirán para medir su aprendizaje. Es importante que los resuelva.

Propuesto n.º 51

Enunciado: Dados cuatro números, almacénelos en un vector. Luego obtenga la suma y el promedio de los valores almacenados.

Propuesto n.º 52

Enunciado: Dados cuatro números, almacene en un vector el número mayor y el menor.

Propuesto n.º 53

Enunciado: Dados seis números, almacénelos en un vector. Luego obtenga cuántos números múltiplos de n ha introducido.

Propuesto n.º 54

Enunciado: Ordene cinco números según la forma que se indique: A (ascendente) o D (descendente).

Propuesto n.º 55

Enunciado: Introduzca seis números y determine cuántos números repetidos existen.

Propuesto n.º 56

Enunciado: Introduzca seis números en una matriz de 3x2 y obtenga la suma de cada fila.

Propuesto n.º 57

Enunciado: Introduzca seis números en una matriz de 3x2 y obtenga el promedio aritmético.

Propuesto n.º 58

Enunciado: En una matriz de 2x3, introduzca 6 números y múltiplique su contenido por un valor K. Obtenga la suma de los números de la matriz.

Propuesto n.º 59

Enunciado: Cree una matriz de A de 2x2 y otra B de 2x2 y obtenga una matriz C = A * B.

Propuesto n.º 60

Enunciado: Cree una matriz de 4x3 y obtenga los números mayores de cada columna.

Capítulo 8

Cadenas de caracteres

8.1 Introducción

Inicialmente, los ordenadores fueron creados con la finalidad de resolver problemas aritméticos. Sin embargo, hoy en día el uso de datos alfanuméricos (texto) es importante y de gran utilidad para el procesamiento de operaciones con caracteres (cadenas). Una cadena de caracteres es una secuencia de cero o más símbolos, que incluye letras del alfabeto, dígitos y caracteres especiales.

8.2 Juego de caracteres

Los lenguajes de programación utilizan un conjunto de caracteres para comunicarse con los ordenadores, dentro de los cuales existen diferentes tipos de juego de caracteres, de los que destacan el ASCII, UNICODE, etc.

Standard ASCII (Caracteres alfanuméricos)

33	!	49	1	65	A	81	Q	97	a	113	q
34	“	50	2	66	B	82	R	98	b	114	r
35	#	51	3	67	C	83	S	99	c	115	s
36	$	52	4	68	D	84	T	100	d	116	t
37	%	53	5	69	E	85	U	101	e	117	u
38	&	54	6	70	F	86	V	102	f	118	v
39	‘	55	7	71	G	87	W	103	g	119	w
40	(	56	8	72	H	88	X	104	h	120	x
41	)	57	9	73	I	89	Y	105	i	121	y
42	*	58	:	74	J	90	Z	106	j	122	z
43	+	59	;	75	K	91	[	107	k	123	{
44	,	60	<	76	L	92	\	108	l	124	|
45	-	61	=	77	M	93	]	109	m	125	}
46	.	62	>	78	N	94	^	110	n	126	~
47	/	63	?	79	O	95	_	111	o	127	⌂
48	0	64	@	80	P	96	`	112	p		

Caracteres extendidos de ASCII

128	€	144	•	160		176	°	193	Á	209	Ñ	225	á	241	ñ
129	•	145	‘	161	¡	177	±	194	Â	210	Ò	226	â	242	ò
130	‚	146	’	162	¢	178	²	195	Ã	211	Ó	227	ã	243	ó
131	ƒ	147	“	163	£	179	³	196	Ä	212	Ô	228	ä	244	ô
132	„	148	”	164	¤	180	´	197	Å	213	Õ	229	å	245	õ
133	…	149	•	165	¥	181	µ	198	Æ	214	Ö	230	æ	246	ö
134	†	150	–	166	¦	182	¶	199	Ç	215	×	231	ç	247	÷
135	‡	151	—	167	§	183	·	200	È	216	Ø	232	è	248	ø
136	ˆ	152	˜	168	¨	184	¸	201	É	217	Ù	233	é	249	ù
137	‰	153	™	169	©	185	¹	202	Ê	218	Ú	234	ê	250	ú
138	Š	154	š	170	ª	186	V	203	Ë	219	Û	235	ë	251	û
139	‹	156	œ	171	«	187	»	204	Ì	220	Ü	236	ì	252	ü
140	Œ	157	•	172	¬	188	¼	205	Í	221	Ý	237	í	253	ý
141	•	158	ž	173		189	½	206	Î	222	Þ	238	î	254	þ
142	Ž	159	Ÿ	174	®	190	¾	207	Ï	223	ß	239	ï	255	ÿ
143	•	192	À	175	¯	191	¿	208	Ð	224	à	240	ð		

8.3 Carácter (*char*)

Representa un solo valor de tipo carácter. Por lo general, se representa con comillas simples.

Pseudocódigo

```
//Crear una variable caracter
c : Caracter

//Asignar un valor
c ← 'A'
```

Java

```
//Crear una variable caracter
char c;

//Asignar um valor
c = 'A';
```

8.4 Cadena de caracteres (*string*)

Representa un conjunto de caracteres y, por lo general, lo representamos entre comillas dobles.

Pseudocódigo

```
//Crear una variable cadena
c : Cadena

//Asignar un valor
c ← "ABC"
```

Java

```
//Uno o más caracteres
String c;

//Asignar um valor
c = "ABC";
```

8.5 Operaciones con cadena

Para la manipulación de las cadenas, los lenguajes de programación incorporan una variedad de funciones y/o métodos que permiten realizar operaciones con cadenas.

Las operaciones con cadenas más usadas son:

- Concatenación
- Comparación
- Cálculo de longitud
- Extracción de cadenas (subcadenas)
- Búsqueda de cadenas
- Conversiones

8.6 Concatenación

Unir varias cadenas en una sola.

Pseudocódigo

```
//Unir cadenas
c ← "ABC" + "XYZ"
```

Java

```
//Unir cadenas
c = "ABC" + "XYZ";
```

8.7 Comparación

Igualdad y desigualdad de cadenas.

Pseudocódigo

```
//Igualdad (Falso)
"AAA" = "aaa"

//Desigualdad (Verdadero)
"LUISA" > "LUIS"
```

Java

```
'Igualdad (Falso)
"AAA" == "aaa"

'Desigualdad (Verdadero)
"LUISA" > "LUIS"
```

8.8 Cálculo de longitud

Obtener la cantidad de caracteres de una cadena.

Pseudocódigo

```
//Retorna 3
l ←  Longitud("aaa")
```

Java

```
//Retorna 3
l =  "aaa".length();
```

8.9 Extracción de cadenas (subcadenas)

Extraer una parte específica de la cadena. Por lo general, cada carácter de una cadena se representa por una posición que inicia con 0. Es decir, «JUAN» consta de cutro caracteres: «J» es el primer carácter cuya posición es 0, «U» el segundo carácter y de posición 1, así sucesivamente.

En C# las posiciones de los caracteres de una cadena inician con 1.

Pseudocódigo

```
//Extraer el primer caracter A
// 1 cantidad a extraer
c ← Izquierda("ABC",1)

//También se usa
// 0 posicion
// 1 cantidad a extraer
c ← subcadena("ABC",0,1)

//Extraer el último caracter C
// 1 cantidad a extraer
c ← Derecha("ABC",1)

//También se usa
// 2 posicion
// 1 cantidad a extraer
c ← subcadena("ABC",2,1)

//Extraer el segundo caracter B
// 2 posicion
// 1 cantidad a extraer
c ← Extraer("ABC",1,1)
c ← subcadena("ABC",1,1)
```

Java

```
//Extraer el primer caracter A
c = "ABC".substring(0,1);

//Extraer el último caracter C
c = "ABC".substring(2,3);

//Extraer el segundo caracter B
c = "ABC".substring(1,2);
```

8.10 Búsqueda de cadenas

Buscar si una cadena se encuentra dentro de otra cadena más grande. Si fuera así, la función devuelve la posición de la cadena encontrada. En caso contrario, retorna-1.

En C# la función que cumple la tarea de buscar, si no encuentra la otra cadena, retorna 0 porque las cadenas inician con posición 1.

Pseudocódigo

```
//Retorna 1
p ←  Indice("ABC", "B")
```

Java

```
'Retorna 1
p = "ABC".indexOf("B");
```

8.11 Conversiones

Convertir números a cadena o cadena de números a números es una tarea frecuente en los lenguajes de programación, así como convertir a mayúscula o minúscula una cadena de caracteres u obtener el valor ASCII de un carácter, o devolver el carácter de un código ASCII.

Pseudocódigo

```
//Convertir a cadena un número, de 32 a "32"
c ←  Cadena(32)

//Convertir una cadena de números a dato numérico, de "32" a 32
n ←  Valor("32")

//Convertir a mayúscula (ABC)
c ←  Mayus("abc")
//Convertir a minúscula (abc)
c ←  Minus("ABC")

//Obtener el valor ASCII (A = 65)
c ←  Codigo("A")

//Obtener el carácter de un código ASCII (65 = A)
c ←  Caracter(65)
```

Java

```
//Convertir a cadena un número, de 32 a "32"
c = String.valueOf(32);

//Convertir una cadena de números a dato numérico, de "32" a 32
n = Integer.parseInt("32");

//Convertir a mayúscula (ABC)
c = "abc".toUpperCase();

//Convertir a minúscula (abc)
c = "ABC".toLoweCase();

//Obtener el valor ASCII (A = 65)
c = "A".codePointAt(0);

//Obtener el carácter de un código ASCII (65 = A)
c = (char)65;
```

Problema n.º 86

Enunciado: Dado un nombre, obtener la cantidad de caracteres que contiene.

Análisis: Para la solución de este problema, se requiere que el usuario introduzca una cadena de caracteres. Luego, que el sistema devuelva la cantidad de caracteres que contiene.

Entrada

- Cadena de caracteres (nom)

Salida

- Cantidad (can)

Diseño:

Interfaz de usuario

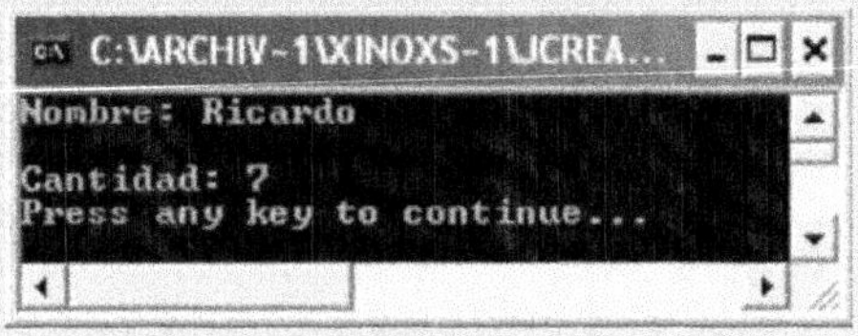

Algoritmo

Diagrama de flujo

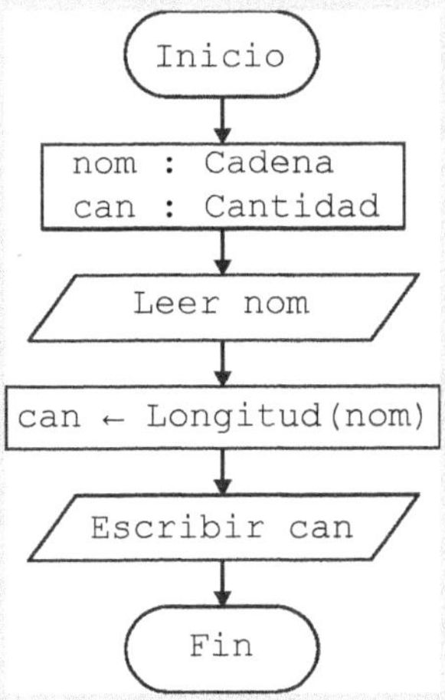

Pseudocódigo

```
Inicio

   //Variables
   nom : Cadena
   can : Entero

   //Entrada
   Leer nom

   //Proceso
   can ← Longitud(nom)

   //Salida
   Escribir can

Fin
```

Codificación:

```
import java.util.Scanner;

public class Problema86 {
    public static void main(String[] args) {
        //Variables
        String nom;
        int can;

        //Entrada
        Scanner teclado = new Scanner(System.in);
        System.out.print("Nombre: ");
        nom = teclado.nextLine();

        //Proceso
        can = nom.length();

        //Salida
        System.out.println("");
        System.out.println("Cantidad: " + can);
    }
}
```

Problema n.º 87

Enunciado: Introduzca su nombre y apellido, y obtenga su nombre y apellido en mayúscula separado por una coma XXXXX, XXXXX.

Análisis: Para la solución de este problema se requiere que el usuario introduzca su nombre y apellido. Luego, que el sistema devuelva su nombre y apellido separado por una coma y en mayúscula.

Entrada

- Nombre (nom)
- Apellido (ape)

Salida

- Nombre y Apellido (nom_ape)

Diseño:

Interfaz de usuario

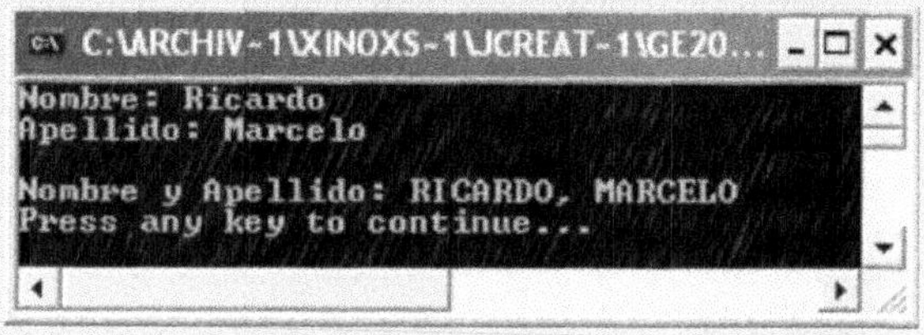

Algoritmo

Diagrama de flujo

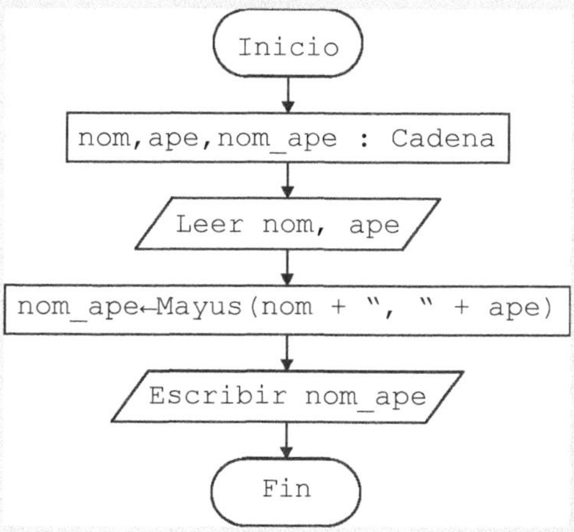

Pseudocódigo

```
Inicio

   //Variables
   nom,ape,nom_ape : Cadena

   //Entrada
   Leer nom, ape

   //Proceso
   nom_ape←Mayus(nom + ", " + ape)

   //Salida
   Escribir nom_ape

Fin
```

Codificación:

```
import java.util.Scanner;

public class Problema87 {
    public static void main(String[] args) {
        //Variables
        String nom, ape, nomape;

        //Entrada
        Scanner teclado = new Scanner(System.in);
        System.out.print("Nombre: ");
        nom = teclado.nextLine();
        System.out.print("Apellido: ");
        ape = teclado.nextLine();

        //Proceso
          nomape = (nom + ", " + ape).toUpperCase();

          //Salida
        System.out.println("");
        System.out.println("Nombre y Apellido: " + nomape);
    }
}
```

Problema n.º 88

Enunciado: Dado un carácter, devolver su código ASCII.

Análisis: Para la solución de este problema se requiere que el usuario introduzca un carácter. Luego, que el sistema devuelva el ASCII.

Entrada

- Carácter (c)

Salida

- ASCII (a)

Diseño:

Interfaz de usuario

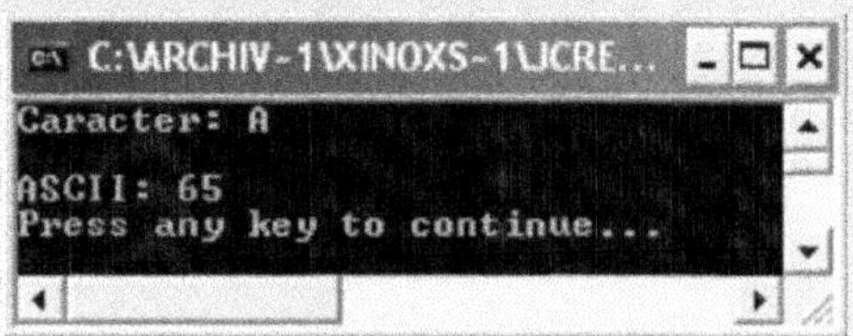

Algoritmo

Diagrama de flujo

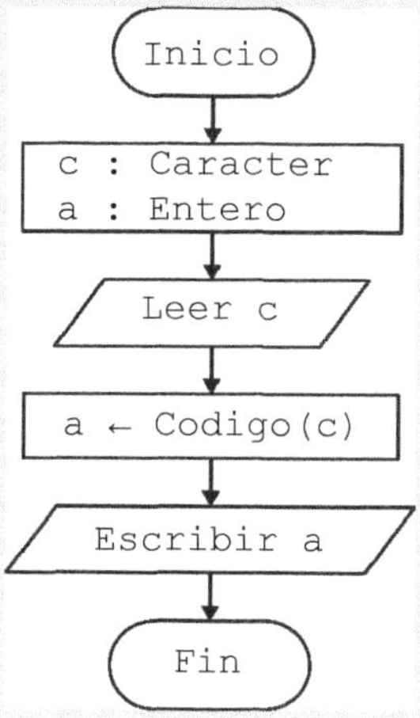

Pseudocódigo

```
Inicio

   //Variables
   c : Caracater
   a : Entero

   //Entrada
   Leer c

   //Proceso
   a ← Codigo(c)

   //Salida
   Escribir a

Fin
```

Codificación:

```
import java.util.Scanner;

public class Problema88 {
    public static void main(String[] args) {
        //Variables
        String c;
        int a;

        //Entrada
        Scanner teclado = new Scanner(System.in);
        System.out.print("Caracter: ");
        c = teclado.nextLine();

        //Proceso
          a      = c.codePointAt(0);

        //Salida
        System.out.println("");
        System.out.println("ASCII: " + a);
    }
}
```

Problema n.º 89

Enunciado: Al introducir una letra, determine si es una vocal.

Análisis: Para la solución de este problema se requiere que el usuario introduzca una letra. Luego, que el sistema devuelva si es o no una vocal.

Entrada

- Letra (l)

Salida

- Respuesta (r)

Diseño:

Interfaz de usuario

Algoritmo

Diagrama de flujo

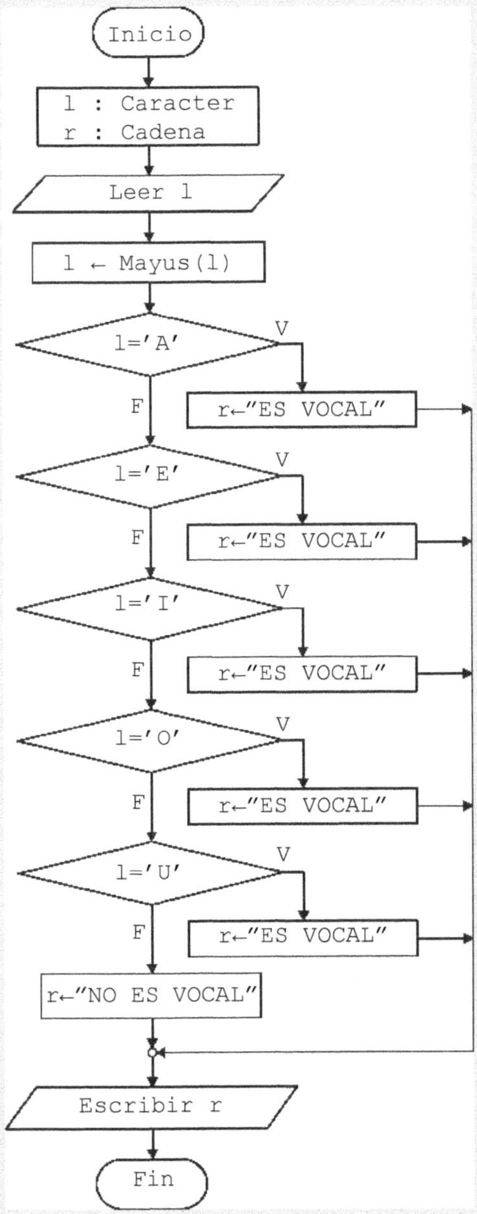

Pseudocódigo

```
Inicio

   //Variables
   l : Caracter
   r : Cadena

   //Entrada
   Leer l

   //Proceso
   l ← Mayus(l)
   Si l='A' Entonces
      R ← "ES VOCAL"
   SiNoSi l='E' Entonces
      R ← "ES VOCAL"
   SiNoSi l='I' Entonces
      R ← "ES VOCAL"
   SiNoSi l='O' Entonces
      R ← "ES VOCAL"
   SiNoSi l='U' Entonces
      R ← "ES VOCAL"
   SiNo
      R ← "NO ES VOCAL"
   Fin Si

   //Salida
   Escribir r

Fin
```

Codificación:

```
import java.util.Scanner;

public class Problema89 {
    public static void main(String[] args) {
        //Variables
        String l,r;

        //Entrada
        Scanner teclado = new Scanner(System.in);
        System.out.print(“Letra: “);
        l = teclado.nextLine();

        //Proceso
            l = l.toUpperCase();
            if(l.equals(“A”))
              r = “ES VOCAL”;
            else if(l.equals(“E”))
              r = “ES VOCAL”;
            else if(l.equals(“I”))
              r = “ES VOCAL”;
            else if(l.equals(“O”))
              r = “ES VOCAL”;
            else if(l.equals(“U”))
              r = “ES VOCAL”;
            else
              r = “NO ES VOCAL”;

        //Salida
        System.out.println(“”);
        System.out.println(“Respuesta: “ + r);
    }
}
```

Problema n.º 90

Enunciado: Dado un carácter, determine si es una letra, número o símbolo.

Análisis: Para la solución de este problema se requiere que el usuario introduzca un carácter. Luego, que el sistema devuelva si es letra, número o símbolo.

Entrada	Salida
• Carácter (c)	• Respuesta (r)

Diseño:

Interfaz de usuario

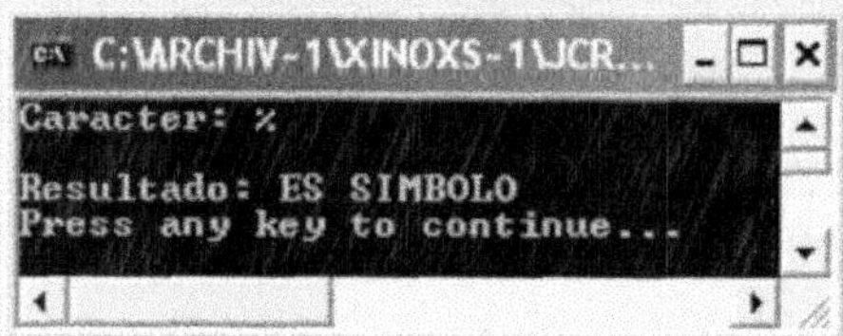

Algoritmo

Diagrama de flujo

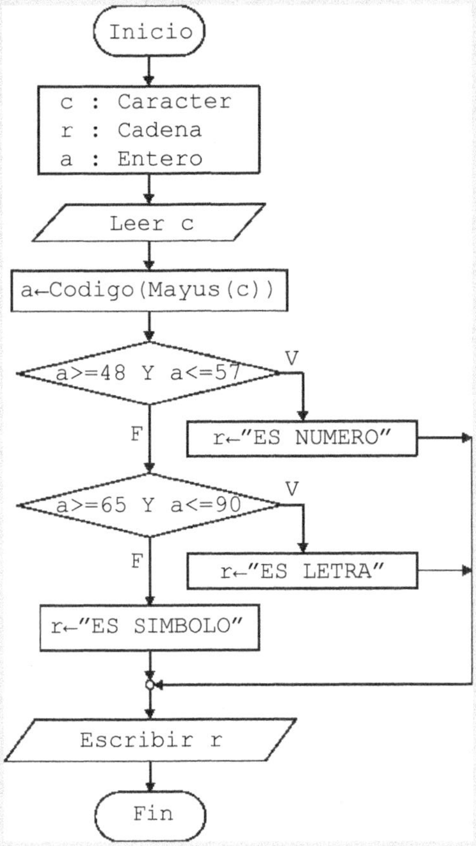

Pseudocódigo

```
Inicio

   //Variables
   c : Caracter
   r : Cadena
   a : Entero

   //Entrada
   Leer c

   //Proceso
   a ← Codigo(Mayus(c))
   Si a>=48 Y a<=57 Entonces
       r ← "ES NUMERO"
   SiNoSi a>=65 Y a<=90 Entonces
       r ← "ES LETRA"
   SiNo
       r ← "ES SIMBOLO"
   Fin Si

   //Salida
   Escribir r

Fin
```

Codificación:

```
import java.util.Scanner;

public class Problema90 {
    public static void main(String[] args) {
        //Variables
        String c,r;
        int a;

        //Entrada
        Scanner teclado = new Scanner(System.in);
        System.out.print("Caracter: ");
        c = teclado.nextLine();

        //Proceso
          a = c.toUpperCase().codePointAt(0);
          if(a >= 48 && a <= 57)
            r = "ES NUMERO";
          else if(a >= 65 && a <= 90)
            r = "ES LETRA";
           else
            r = "ES SIMBOLO";

        //Salida
        System.out.println("");
        System.out.println("Resultado: " + r);
    }
}
```

Problema n.º 91

Enunciado: Se desea obtener los N primeros caracteres de un nombre.

Análisis: Para la solución de este problema se requiere que el usuario introduzca un nombre y una cantidad. Luego, que el sistema devuelva los primeros caracteres indicados por la cantidad.

Entrada

- Nombre (n)
- Cantidad (c)

Salida

- Respuesta (r)

Diseño:

Interfaz de usuario

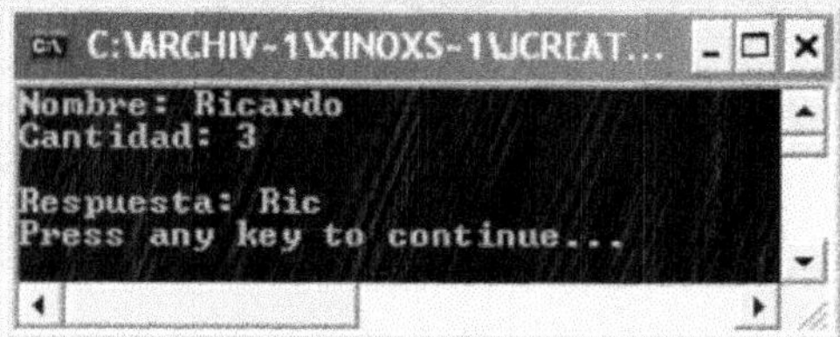

Algoritmo

Diagrama de flujo

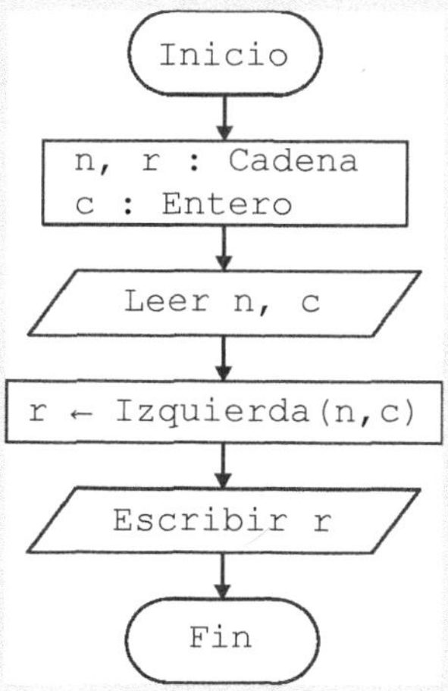

Pseudocódigo

```
Inicio

   //Variables
   n, r : Cadena
   c : Entero

   //Entrada
   Leer n, c

   //Proceso
   r ← Izquierda(n,c)

   //Salida
   Escribir r

Fin
```

Codificación:

```
import java.util.Scanner;

public class Problema91 {
    public static void main(String[] args) {
        //Variables
        String n,r;
        int c;

        //Entrada
        Scanner teclado = new Scanner(System.in);
        System.out.print("Nombre: ");
        n = teclado.nextLine();
        System.out.print("Cantidad: ");
        c = teclado.nextInt();

        //Proceso
          r = n.substring(0,c);

        //Salida
        System.out.println("");
        System.out.println("Respuesta: " + r);
    }
}
```

Problema n.º 92

Enunciado: Según las siguientes especificaciones, genere un código basado en el nombre introducido.

Especificaciones para generar el código

1.er carácter del código: Primer carácter del nombre.

2.º carácter del código: Tercer carácter del nombre.

3.er carácter del código: Último carácter del nombre.

4.º carácter del código: Cantidad de caracteres del nombre.

Análisis: Para la solución de este problema, se requiere que el usuario introduzca un nombre. Luego, que el sistema procese y obtenga el código generado.

Entrada	Salida
• Nombre (n)	• Código (c)

Diseño:

Interfaz de usuario

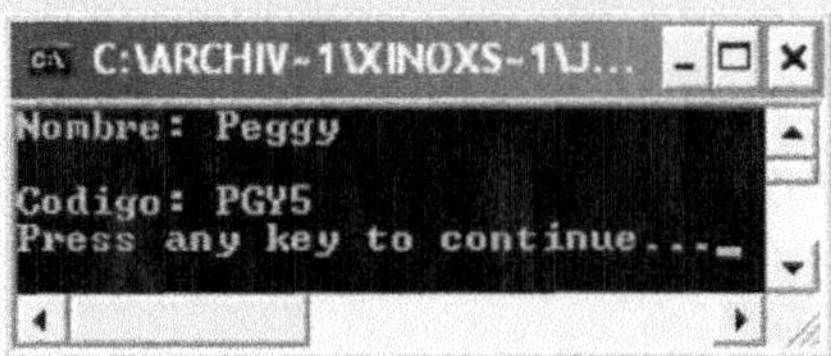

Algoritmo

Diagrama de flujo

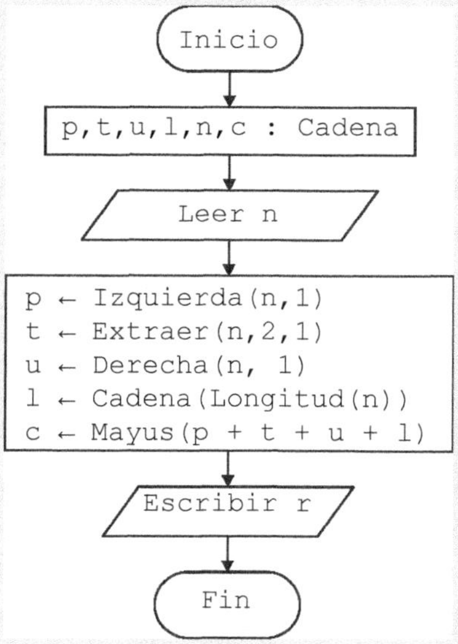

Pseudocódigo

```
Inicio

    //Variables
    p,t,u,l,n,c : Cadena

    //Entrada
    Leer n

    //Proceso
    p ← Izquierda(n,1)
    t ← Extraer(n,2,1)
    u ← Derecha(n, 1)
    l ← Cadena(Longitud(n))
    c ← Mayus(p + t + u + l)

    //Salida
    Escribir c

Fin
```

Codificación:

```
import java.util.Scanner;

public class Problema92 {
    public static void main(String[] args) {
        //Variables
        String p,t,u,l,n,c;

        //Entrada
        Scanner teclado = new Scanner(System.in);
        System.out.print("Nombre: ");
        n = teclado.nextLine();

        //Proceso
          p = n.substring(0,1);
          t = n.substring(2,3);
          u = n.substring(n.length()-1);
          l = String.valueOf(n.trim().length());
          c = (p + t + u + l).toUpperCase();

        //Salida
        System.out.println("");
        System.out.println("Codigo: " + c);
    }
}
```

Problema n.º 93

Enunciado: Determine cuántas veces se repite una letra en una frase dada.

Análisis: Para la solución de este problema se requiere que el usuario introduzca una frase y una letra. Luego, que el sistema devuelva la cantidad de veces que se repite la letra en la frase.

Entrada

- Frase (f)
- Letra (l)

Salida

- Cantidad (c)

Diseño:

Interfaz de usuario

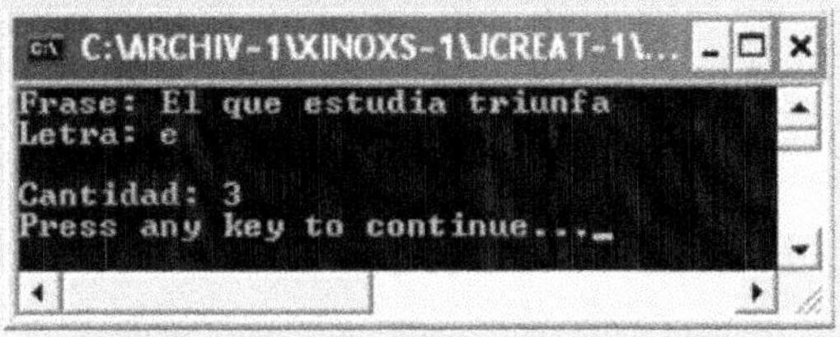

Algoritmo

Diagrama de flujo

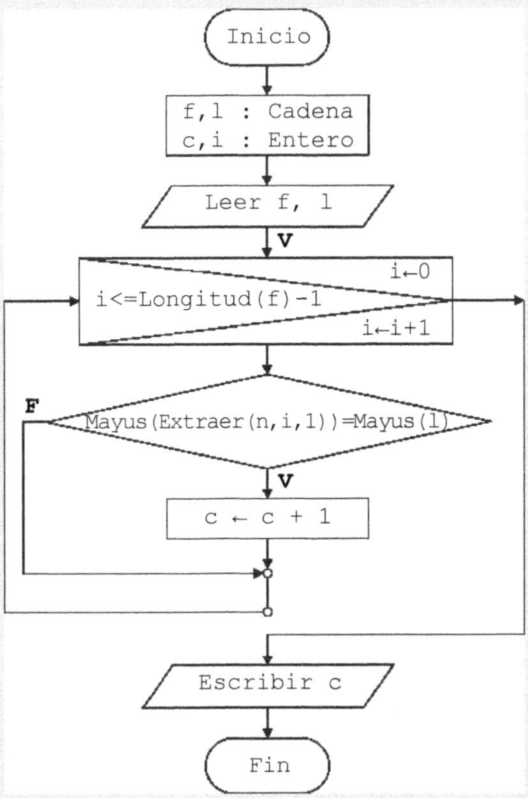

Pseudocódigo

```
Inicio

   //Variables
   f,l : Cadena
   c,i : Entero

   //Entrada
   Leer f,l

   //Proceso
   Para i←0 Hasta Longitud(f)-1 Inc 1

   Si Mayus(Extraer(n,i,1))=Mayus(l)
      Entonces
      c ← c + 1
     Fin Si

   Fin Para

   //Salida
   Escribir c

Fin
```

Codificación:

```
import java.util.Scanner;

public class Problema93 {
    public static void main(String[] args) {
        //Variables
        String f,l;
        int c=0,i;

        //Entrada
        Scanner teclado = new Scanner(System.in);
        System.out.print("Frase: ");
        f = teclado.nextLine();
        System.out.print("Letra: ");
        l = teclado.nextLine();

        //Proceso
          for(i = 0;i<=f.length()-1;i++){
                if(f.toUpperCase().substring(i,        i+1).equals(l.
toUpperCase()))
                c++;
          }

        //Salida
        System.out.println("");
        System.out.println("Cantidad: " + c);
    }
}
```

Problema n.º 94

Enunciado: Dada una frase, devolver la frase sin espacios en blanco.

Análisis: Para la solución de este problema, se requiere que el usuario introduzca una frase. Luego, que el sistema devuelva la frase sin espacios en blanco.

Entrada

- Frase (f1)

Salida

- Frase sin espacios en blanco (f2)

Diseño:

Interfaz de usuario

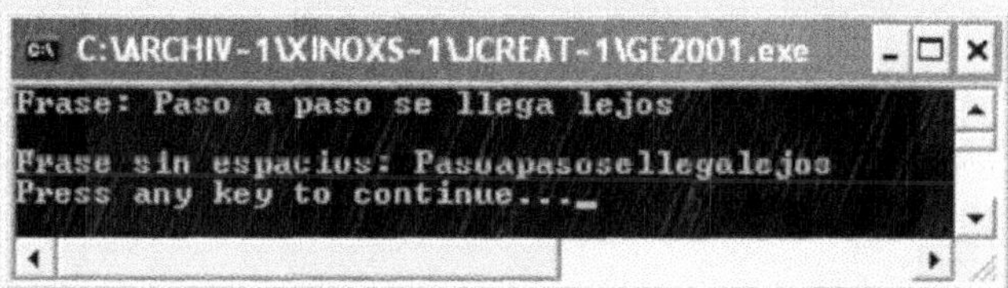

Algoritmo

Diagrama de flujo

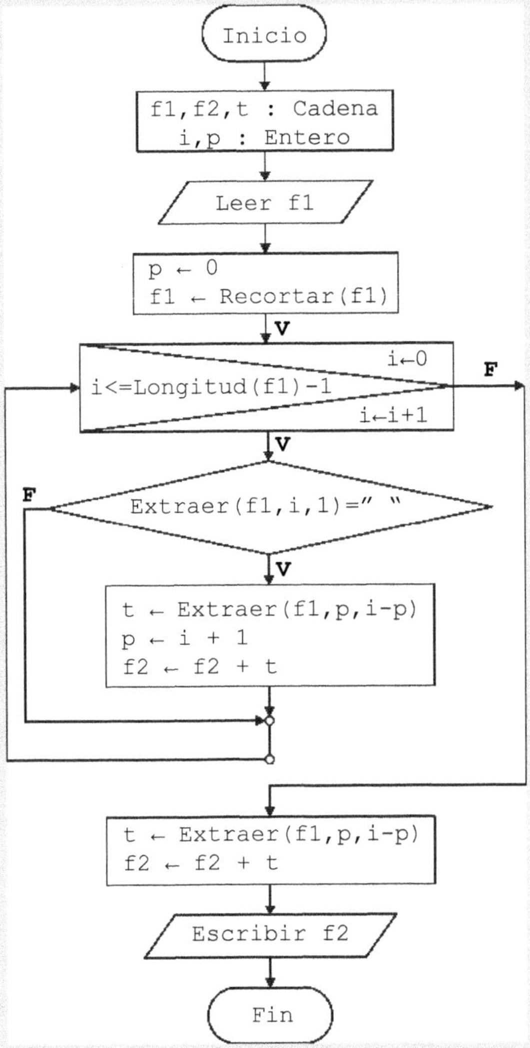

Pseudocódigo

```
Inicio

   //Variables
   f1,f2,t : Cadena
   i,p : Entero

   //Entrada
   Leer f1

   //Proceso
   p ← 0
   f1 ← Recortar(f1)

   Para i←0 Hasta Longitud(f)-1 Inc 1

   Si Extraer(f1,i,1)=" " Entonces

       t ← Extraer(f1,p,i-p)
       p ← i + 1
       f2 ← f2 + t

     Fin Si

   Fin Para

     t ← Extraer(f1,p,i-p)
     f2 ← f2 + t

   //Salida
   Escribir f2

Fin
```

Codificación:

```
import java.util.Scanner;

public class Problema94 {
    public static void main(String[] args) {
        //Variables
        String f1,f2="",t;
        int i,p;

        //Entrada
        Scanner teclado = new Scanner(System.in);
        System.out.print("Frase: ");
        f1 = teclado.nextLine();

        //Proceso
          p = 0;
          f1 = f1.trim();
          for(i = 0; i<f1.length(); i++){
             if(f1.substring(i, i+1).equals(" ")) {
                t = f1.substring(p, i);
                p = i + 1;
                f2 = f2 + t;
             }
          }

          t = f1.substring(p, i);
          f2 = f2 + t;

        //Salida
        System.out.println("");
        System.out.println("Frase sin espacios: " + f2);
    }
}
```

Problema n.º 95

Enunciado: Dada una frase, devuelva la frase en forma encriptada, usando el método de convertir al siguiente caracteres del ASCII. Por ejemplo, si el carácter es A = 65, devolverá B=66.

Análisis: Para la solución de este problema se requiere que el usuario introduzca una frase. Luego, el sistema devolverá la frase en formato encriptado.

Entrada

- Frase (f1)

Salida

- Frase encriptada (f2)

Diseño:

Interfaz de usuario

Algoritmo

Diagrama de flujo

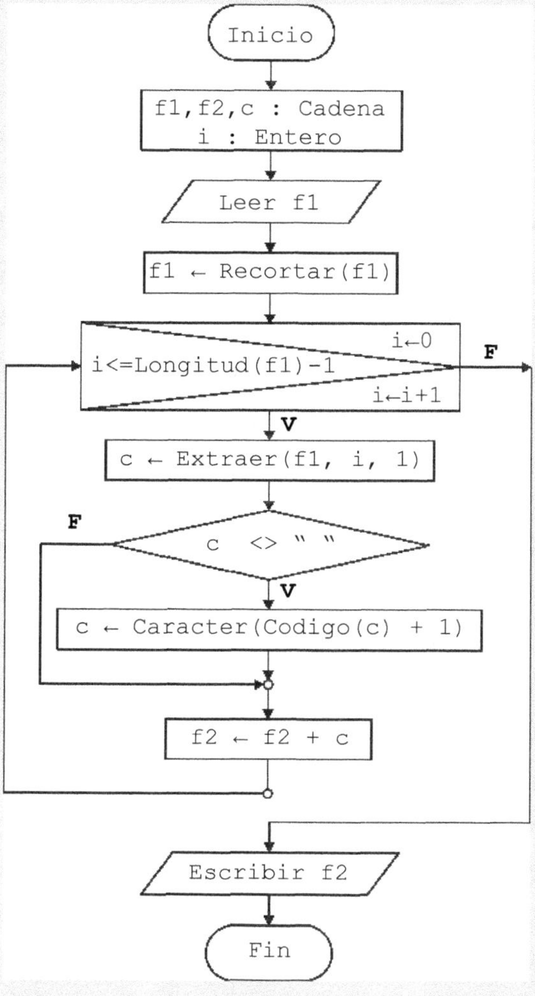

Pseudocódigo

```
Inicio

   //Variables
   f1,f2,c : Cadena
   i : Entero

   //Entrada
   Leer f1

   //Proceso
   f1 ← Recortar(f1)
   Para i←0 Hasta Longitud(f1)-1 Inc 1

      c ← Extraer(f1,i,1)
      Si c  <> " " Entonces
      c ← Caracter(Codigo(c) + 1)

      Fin Si
      f2 ← f2 + c
   Fin Para

   //Salida
   Escribir f2

Fin
```

Codificación:

```
import java.util.Scanner;

public class Problema95 {
    public static void main(String[] args) {
        //Variables
        String f1,f2="",c;
        int i,p;

        //Entrada
        Scanner teclado = new Scanner(System.in);
        System.out.print("Frase: ");
        f1 = teclado.nextLine();

        //Proceso
        p = 0;
        f1 = f1.trim();
        for(i = 0; i<f1.length(); i++){
           c = f1.substring(i, i+1);
           if(!c.equals(" ")) {
             c = String.valueOf((char)(c.codePointAt(0) + 1));
           }
           f2 += c;
        }

        //Salida
        System.out.println("");
        System.out.println("Frase sin espacios: " + f2);
    }
}
```

8.12 Problemas propuestos

Los siguientes problemas le servirán para medir su aprendizaje. Es importante que los resuelva.

Propuesto n.º 61

Enunciado: Dado el nombre de una persona, obtenga el mensaje: «Bienvenido, Sr(a) Gustavo, a su tienda de preferencia».

Propuesto n.º 62

Enunciado: Dado un nombre, obtenga el nombre en forma invertido. Por ejemplo, Julio invertido oiluJ.

Propuesto n.º 63

Enunciado: Dada un frase, devuelva la frase con asteriscos en lugar de espacios en blanco.

Propuesto n.º 64

Enunciado: Dada una letra, determine si está en minúscula o mayúscula.

Propuesto n.º 65

Enunciado: Lea una frase y una palabra y determine si existe o no la palabra en la frase.

Propuesto n.º 66

Enunciado: Dada una palabra, determinar si es palíndromo (una palabra es palíndromo si se lee igual de izquierda a derecha o de derecha a izquierda). Por ejemplo: ANA.

Propuesto n.º 67

Enunciado: Dada una frase, determine cuántas palabras palíndromas ha introducido.

Propuesto n.º 68

Enunciado: Dada una frase, determine cuántas palabras se repiten.

Propuesto n.º 69

Enunciado: Cree el algoritmo para encriptar una frase con el valor del carácter ASCII, sumando dos posiciones.

Propuesto n.º 70

Enunciado: Cree el algoritmo para desencriptar la frase generada por el algoritmo anterior.

Capítulo 9

SubAlgoritmos (procedimientos y funciones)

9.1 Introducción

Una frase bastante usada en el mundo de la informática, para resolver problemas complejos, es: «Divide y vencerás». Esta es aplicada al tema de subalgoritmos (subprogramas), y consiste en dividir un problema grande en problemas más pequeños que se encargarán de resolver temas específicos. Los subalgoritmos (subprogramas) se dividen en dos de tipos procedimientos (subrutinas) y funciones, que evitarán la duplicidad de código y ayudarán a crear módulos más pequeños para un mejor mantenimiento, y permite reutilizarlo muchas veces.

El método para diseñar la solución de un problema principal (*main*) en subproblemas se conoce como diseño descendente (***top-dow design***), difundida por la programación modular.

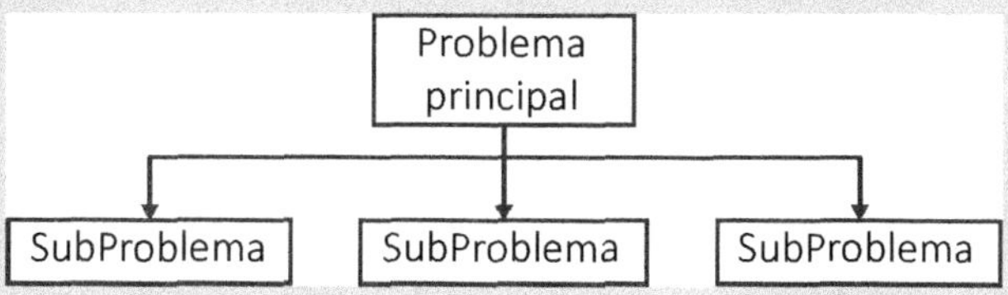

El problema principal corresponde al programa o algoritmo principal, y la solución de los subproblemas mediantes subprogramas (procedimientos y funciones) en el lenguaje algorítmico se conoce como subalgoritmos.

El subprograma recibe datos y es invocado desde el programa principal, después de terminar el proceso que tuvo que realizar el subprograma devuelve el resultado correspondiente al programa principal.

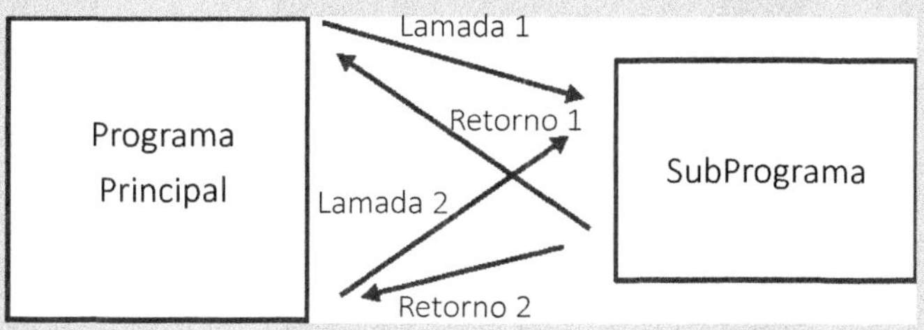

9.2 Procedimientos

Los procedimientos se caracterizan por realizar una tarea específica y no retornar un resultado. Sin embargo, sí es posible implementar que devuelva resultados por intermedio de parámetros llamados de salida o por referencia.

Pseudocódigo

```
//Crear un procedimiento
Procedimiento Proc1(E:Param1:Entero)

   <Instrucciones>

Fin Procedimiento

//Invocar el procedimiento
Llamar Proc1(10)
```

Java

```
//Método que no retorna ningun valor (void)
private static void Proc1(int Param1) {

   <Instrucciones>;

}

'Invocar al método
Proc1(10);
```

9.3 Funciones

Son más conocidos por devolver un valor como resultado de la tarea realizada. Los lenguajes de programación incorporan funciones que realizan algunas tareas ya programadas, conocidas como funciones internas, pero las funciones programadas por el usuario (programador) se conocen como externas o funciones definidas por el usuario (FDU).

Pseudocódigo

```
//Crear una función
Funcion Func1(E:Param1:Entero):Cadena

   <Instrucciones>

   Retorna <Valor>

Fin Funcion

//Invocar la función
c ← Func1(10)
```

Java

```
//Crear una método que retorna un valor
private static String Func1(int Param1) {

   <Instrucciones>;

   return <Valor>;

}

//Invocar el método
c = Func1(10);
```

9.4 Paso de parámetros

Muchas veces los procedimientos y funciones requieren que le envíen una lista de valores llamados parámetros (argumentos) para usarlos en la solución de la tarea encomendada. Los parámetros son variables, muchas veces de entrada (reciben valores) y de salida (devuelven resultados) o ambos de entrada/salida.

Estos parámetros también toman el nombre de **parámetros por valor** (entrada) y **parámetros por referencias** (salida).

9.5 Parámetros por valor (entrada)

Los valores que se envían a los parámetros son asignados como una copia de los valores originales, desconectando el programa principal con el subprograma. Es decir, si los valores de los parámetros cambian dentro del subprograma no afecta al programa principal.

Pseudocódigo

```
//Crear una función
Funcion Incrementar(E:N:Entero):Entero

   N ← N + 1 //Modifica el valor de N

   Retorna N

Fin Funcion

//Invocar la función
Num ← 5
Res ← Incrementar(Num) //El valor de Num se copia en N
Imprimir Num  //su valor sigue siendo 5
Imprimir Res  //su valor es 6
```

Java

```
//Crear un método
private static int Incrementar(int N) {

   N = N + 1; //Modifica el valor de N

   return  N;

}

//Invocar el método
Num = 5;
Res = Incrementar(Num); //El valor de Num se copia en N
System.out.println(Num);  //su valor sigue siendo 5
System.out.println(Res);  //su valor es 6
```

9.6 Parámetros por referencia (salida)

Se asignan las referencias de las variables (dirección de memoria de la variable) a los parámetros, conectando el programa principal con el subprograma. Es decir, si los valores de los parámetros cambian dentro del subprograma, afecta a las variables del programa principal.

Pseudocódigo

```
//Crear una función
Funcion Incrementar(S:N:Entero):Entero

N ← N + 1 //Modifica el valor de N

   Retorna N

   Fin Funcion

//Invocar la función
Num ← 5
Res ← Incrementar(Num) //El parámetro N hace referencia a Num
Imprimir Num  //su valor ahora es 6
Imprimir Res  //su valor es 6
```

Java

```
//Crear una función
private static int Incrementar(int N[]) {

   N[0] = N[0] + 1; //Modifica el valor de N

   return N[0];

}
```

```
//'Invocar la función
Num[0] = 5;
Res = Incrementar(Num); //El parámetro N hace referencia a Num
System.out.println(Num[0]);  //su valor ahora es 6
System.out.println(Res);  //su valor es 6
```

Problema n.º 96

Enunciado: Dados dos números enteros, hallar la suma. Cree una función para resolver el problema.

Sumar(E:Num1:Entero, E:Num2:Entero):Entero

Interfaz de usuario

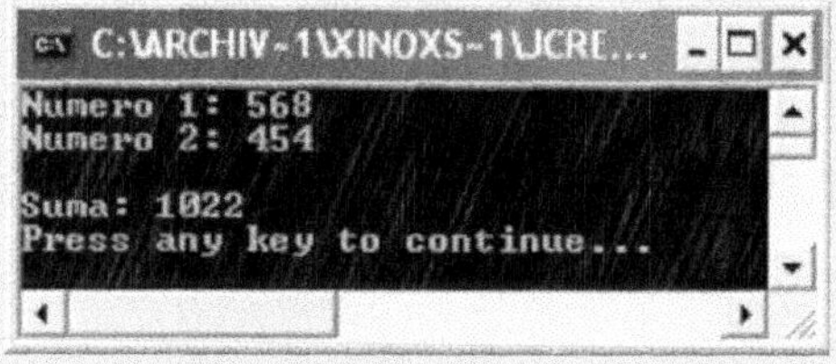

Algoritmo

Diagrama de flujo

Principal

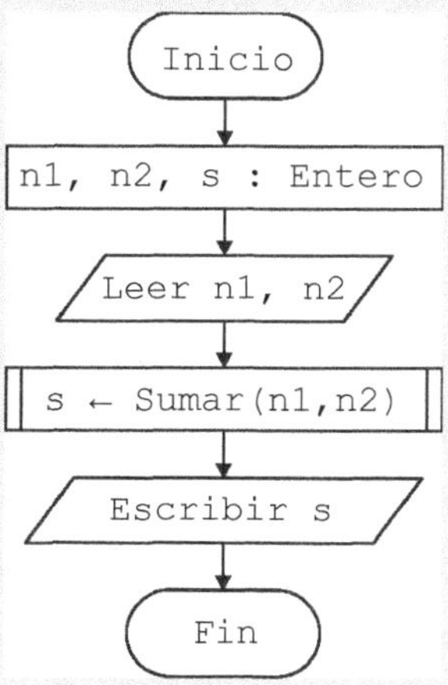

Pseudocódigo

Principal

```
Inicio

   //Variables
   n1, n2, s : Entero

   //Entrada
   Leer n1, n2

   //Proceso
   s ← Sumar(n1 + n2)

   //Salida
   Escribir s

Fin
```

SubAlgoritmo

Diagrama de flujo

Sumar

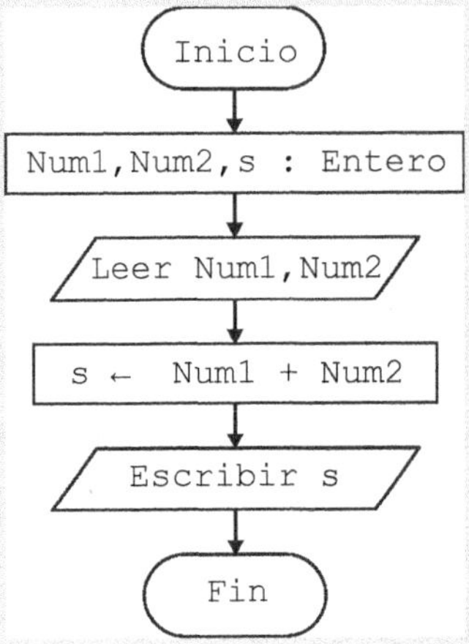

Pseudocódigo

```
Funcion Sumar(E:Num1:Entero,
              E:Num2:Entero):Entero

    //Variables locales
    s : Entero

    //Proceso
    s ← Num1 + Num2

    //Salida
    Retornar s

Fin Funcion
```

Codificación:

```
import java.util.Scanner;

public class Problema96 {
    //Principal
    public static void main(String[] args) {
        //Variables
        int n1,n2,s;

        //Entrada
        Scanner teclado = new Scanner(System.in);
        System.out.print("Numero 1: ");
        n1 = teclado.nextInt();
        System.out.print("Numero 2: ");
        n2 = teclado.nextInt();

        //Proceso
        s = Sumar(n1, n2);

        //Salida
        System.out.println("");
        System.out.println("Suma: " + s);
    }

    //Método Sumar
    private static int Sumar(int Num1, int Num2) {
        //Variables
        int s;

    //Proceso
    s = Num1 + Num2;

    //Salida
    return s;
    }

}
```

Problema n.º 97

Enunciado: Dados dos números enteros diferentes, devolver el número mayor. Cree una función para resolver el problema.

Mayor(E:n1:Entero, E:n2:Entero):Entero

Interfaz de usuario

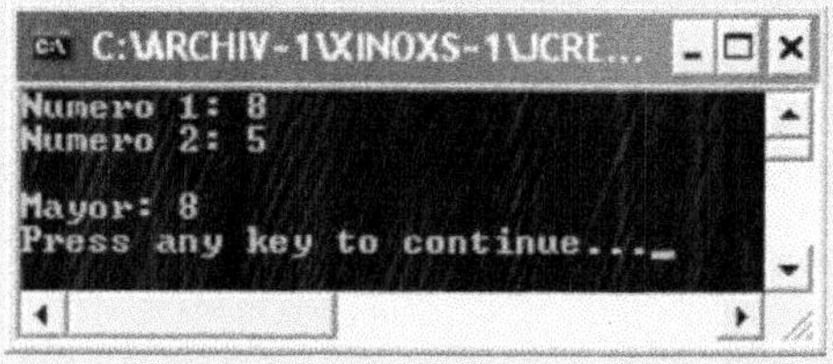

Algoritmo

Diagrama de flujo

Principal

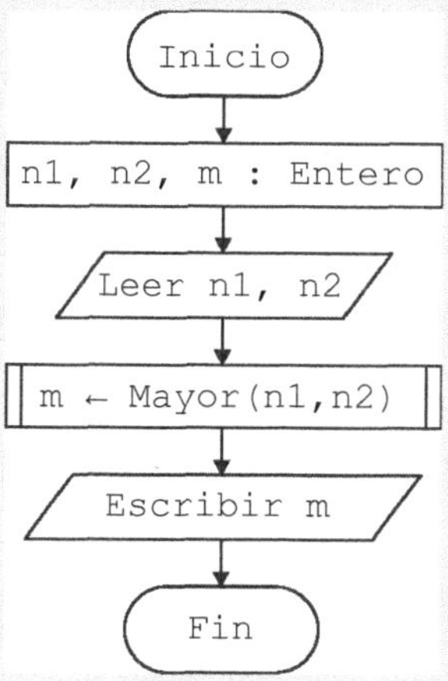

Pseudocódigo

Principal

```
Inicio

   //Variables
   n1, n2, m : Entero

   //Entrada
   Leer n1, n2

   //Proceso
   m ← Mayor(n1,n2)

   //Salida
   Escribir m

Fin
```

SubAlgoritmo

Diagrama de flujo

Mayor

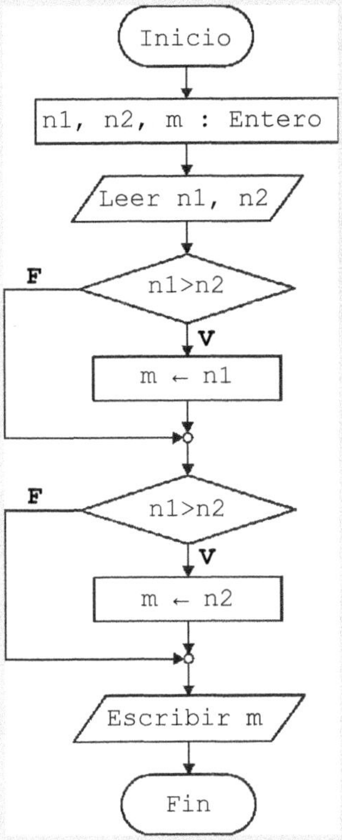

Pseudocódigo

```
Funcion Mayor(E:n1:Entero,
        E:n2:Entero):Entero

   //Variables locales
   m : Entero

   //Proceso
   Si n1 > n2 Entonces
      m ← n1
   Fin Si

   Si n2 > n1 Entonces
      m ← n2
   Fin Si

   //Salida
   Retorna m

Fin Funcion
```

Codificación:

```
import java.util.Scanner;

public class Problema97 {
      //Principal
    public static void main(String[] args) {
        //Variables
        int n1,n2,m=0;

        //Entrada
        Scanner teclado = new Scanner(System.in);
        System.out.print("Numero 1: ");
        n1 = teclado.nextInt();
        System.out.print("Numero 2: ");
        n2 = teclado.nextInt();

        //Proceso
         m = Mayor(n1, n2);

        //Salida
        System.out.println("");
        System.out.println("Mayor: " + m);
    }
```

```
	//Método Mayor
	private static int Mayor(int n1, int n2){
		//Variables
		int m = 0;

		//Proceso
		if(n1 > n2)
		  m = n1;

		if(n2 > n1)
		  m = n2;

		//Salida
		return m;
	}
}
```

Problema n.º 98

Enunciado: Determinar si un número entero es par o impar. Cree un procedimiento para resolver el problema.

ParImpar(E:num:Entero, S:res:Entero)

Interfaz de usuario

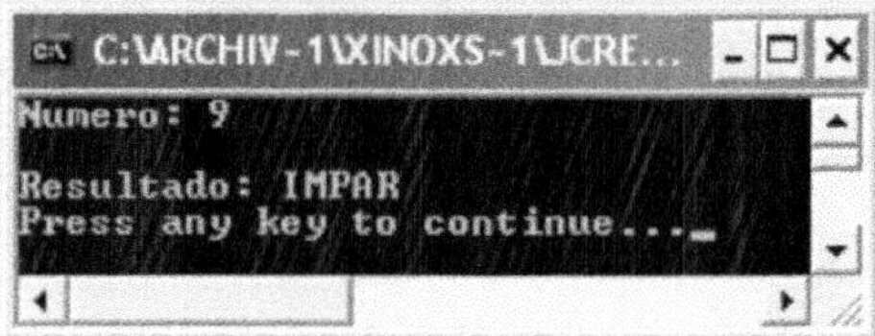

Algoritmo

Diagrama de flujo

Principal

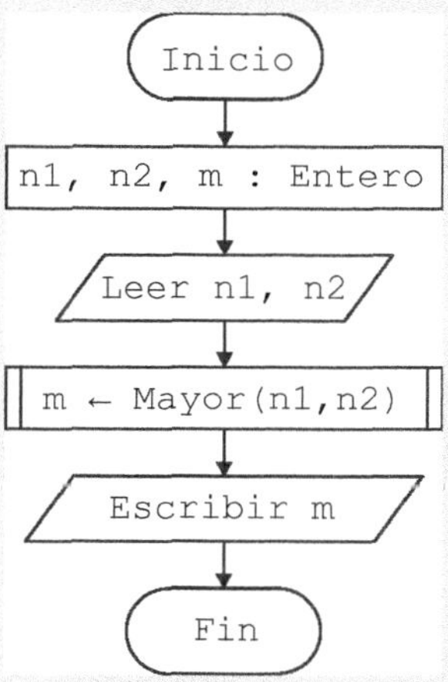

Pseudocódigo

Principal

```
Inicio

   //Variables
   n : Entero
   r : Cadena

   //Entrada
   Leer n

   //Proceso
   ParImpar(n, r)

   //Salida
   Escribir r

Fin
```

SubAlgoritmo

Diagrama de flujo

ParImpar

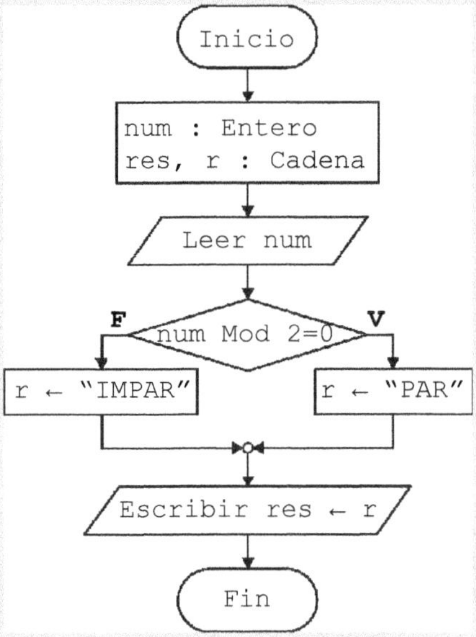

Pseudocódigo

```
Procedimiento ParImpar(E:num:Entero,
                       S:res:Cadena)

   //Variables locales
   r : Cadena

   //Proceso
   Si num Mod 2 = 0 Entonces
      r ← "PAR"
   SiNo
      r ← "IMPAR"
   Fin Si

   //Salida
   res ← r

Fin Procedimiento
```

Codificación principal:

```
import java.util.Scanner;

public class Problema98 {
      //Principal
   public static void main(String[] args) {
       //Variables
       int n;
       String r[] = new String[1];

       //Entrada
       Scanner teclado = new Scanner(System.in);
       System.out.print("Numero: ");
       n = teclado.nextInt();

       //Proceso
         ParImpar(n,r);

       //Salida
       System.out.println("");
       System.out.println("Resultado: " + r[0]);
   }
```

```
    //Método ParImpar
    private static void ParImpar(int num, String res[]) {
          //Variables
          String r = "";

          //Proceso
          if(num % 2 == 0){
                r = "PAR";
          }else{
                r = "IMPAR";
          }

          //Salida
          res[0] = r;
     }

}
```

Problema n.º 99

Enunciado: Dado un número, determinar cuántos dígitos tiene. Cree una función para resolver el problema.

CantidadDigitos(E:num:Entero):Entero

Interfaz de usuario

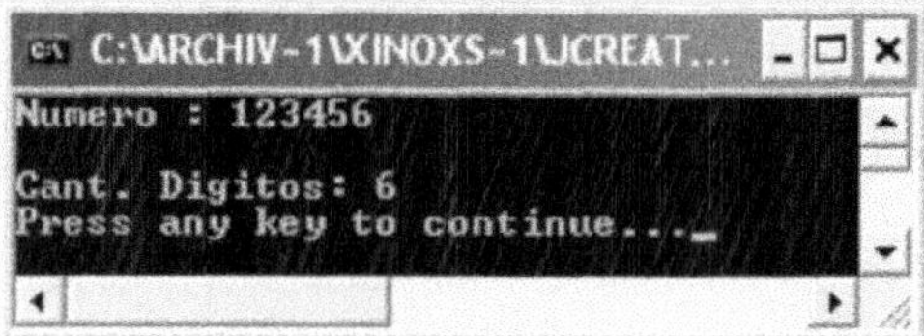

Algoritmo

Diagrama de flujo

Principal

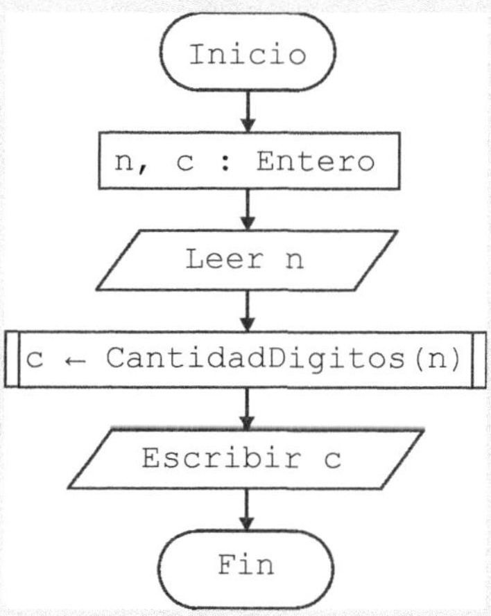

Pseudocódigo

Principal

```
Inicio

   //Variables
   n, c : Entero

   //Entrada
   Leer n

   //Proceso
      c ← CantidadDigitos(n)

   //Salida
   Escribir c

Fin
```

SubAlgoritmo

Diagrama de flujo

CantidadDigitos

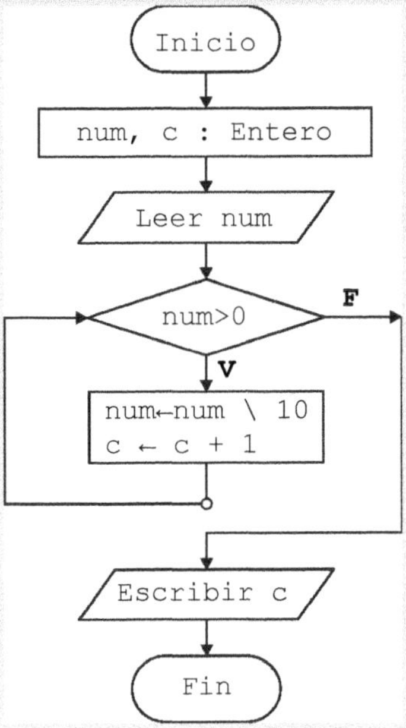

Pseudocódigo

```
Funcion CantidadDigitos
(E:num:Entero):Entero

   //Variables locales
   c : Entero

   //Proceso
   Mientras num>0
       num ← num \ 10
       c ← c + 1
   Fin Mientras

   //Salida
   Retornar c

Fin Funcion
```

Codificación:

```
import java.util.Scanner;

public class Problema99 {
      //Principal
    public static void main(String[] args) {
        //Variables
        int n,c = 0;

        //Entrada
        Scanner teclado = new Scanner(System.in);
        System.out.print("Numero : ");
        n = teclado.nextInt();

        //Proceso
        c = CantidadDigitos(n);

        //Salida
        System.out.println("");
        System.out.println("Cant. Digitos: " + c);
    }
```

```
    //Método CantidadDigitos
    private static int CantidadDigitos(int num) {
        //Variables
        int c=0;

        //Proceso
        while(num > 0) {
            num = num / 10;
            c += 1;
        }

        //Salida
        return  c;
    }
}
```

Problema n.º 100

Enunciado: Crear un algoritmo para hallar el factorial de un número. El factorial es el producto de todos los números consecutivos desde la unidad hasta el número. Por ejemplo, factorial de 3! (se denota !) es 1 X 2 X 3 = 6. Cree una función para resolver el problema.

Factorial(E:num:Entero):Entero

Interfaz de usuario

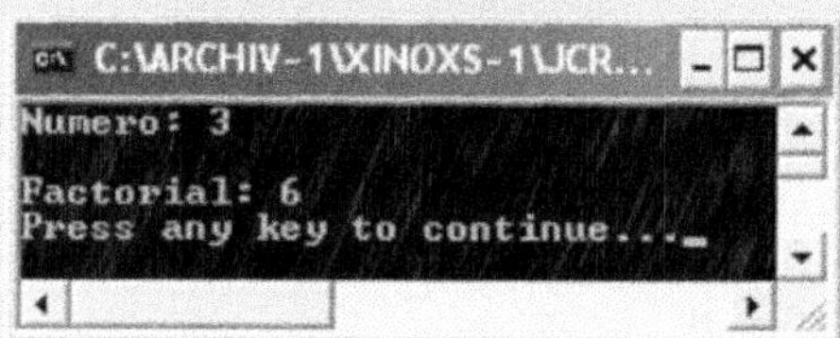

Algoritmo

Diagrama de flujo

Principal

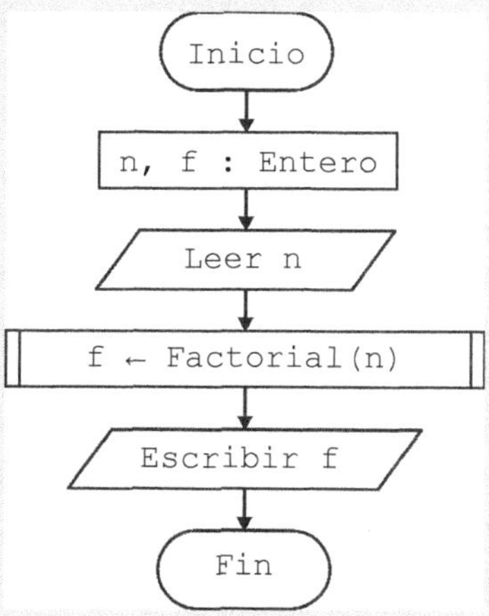

Pseudocódigo

Principal

```
Inicio

   //Variables
   n, f : Entero

   //Entrada
   Leer n

   //Proceso
   f ← Factorial(n)

   //Salida
   Escribir f

Fin
```

Algoritmo

Diagrama de flujo

Factorial

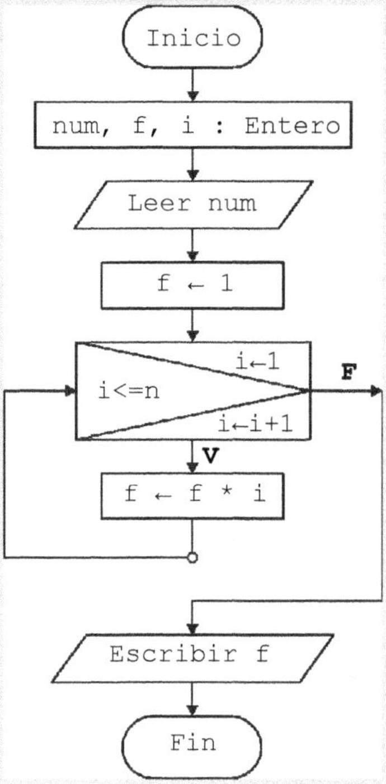

Pseudocódigo

```
Funcion Factorial(E:num:Entero):Entero

   //Variables locales
   f, i : Entero

   //Proceso
   f ← 1
   Para i←1 Hasta num Inc 1
      f ← f * i
   Fin Para

   //Salida
   Retornar f

Fin Funcion
```

Codificación:

```
import java.util.Scanner;

public class Problema100 {
         //Principal
    public static void main(String[] args) {
        //Variables
        int n,f,i;

        //Entrada
        Scanner teclado = new Scanner(System.in);
        System.out.print("Numero: ");
        n = teclado.nextInt();

        //Proceso
            f = Factorial(n);

        //Salida
        System.out.println("");
        System.out.println("Factorial: " + f);
    }
```

```
    //Método Factorial
    private static int Factorial(int num) {
        //Variables
          int i,f;

          //Proceso
                f = 1;
          for(i = 1; i<=num; i++)
            f *= i;

          //Salida
          return f;
    }
}
```

Problema n.º 101

Enunciado: Dados cinco números, obtener la suma. Cree una función para resolver el problema.

Sumar(E:num[]:Entero):Entero

Interfaz de usuario

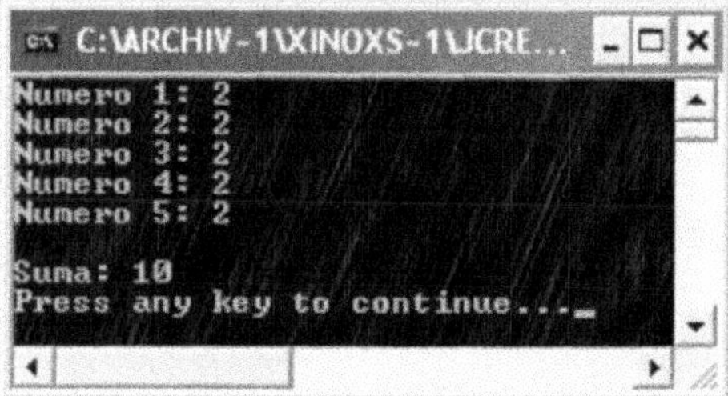

Algoritmo

Diagrama de flujo

Principal

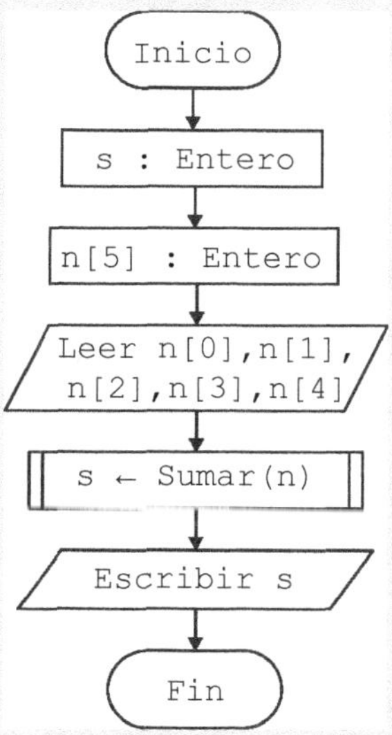

Pseudocódigo

```
Principal
Inicio

   //Variables
   s : Entero

   //Arreglos (Vector)
   n[5] : Entero

   //Entrada
   Leer n[0],n[1],n[2],n[3],n[4]

   //Proceso
   s ← Sumar(n)

   //Salida
   Escribir s

Fin
```

SubAlgoritmo

Diagrama de flujo

Sumar

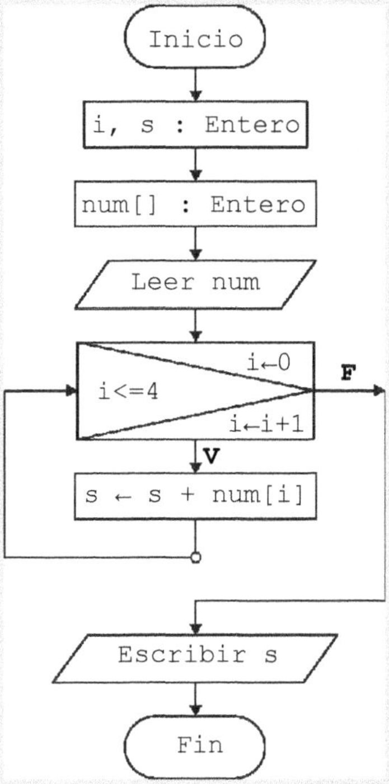

Pseudocódigo

```
Funcion Sumar(E:num[]:Entero):Entero

    //Variables locales
    i, s : Entero

    //Proceso
    Para i←0 Hasta 4 Inc 1
        s ← s + num[i]
    Fin Para

    //Salida
    Retornar s

Fin Funcion
```

Codificación:

```
import java.util.Scanner;

public class Problema101 {
            //Principal
    public static void main(String[] args) {
        //Variables
        int s = 0,i;

        //Arreglos
        int n[] = new int[5];

        //Entrada
        Scanner teclado = new Scanner(System.in);
        System.out.print("Numero 1: ");
        n[0] = teclado.nextInt();
        System.out.print("Numero 2: ");
        n[1] = teclado.nextInt();
        System.out.print("Numero 3: ");
        n[2] = teclado.nextInt();
        System.out.print("Numero 4: ");
        n[3] = teclado.nextInt();
        System.out.print("Numero 5: ");
        n[4] = teclado.nextInt();
```

```
        //Proceso
        s = Sumar(n);

        //Salida
        System.out.println("");
        System.out.println("Suma: " + s);
    }

    //Método Sumar
    private static int Sumar(int num[]) {
        //Variables
        int s = 0,i;

        //Proceso
        for(i = 0; i <= 4; i++)
            s += num[i];

        //Salida
        return s;
    }
}
```

Problema n.º 102

Enunciado: Ordene cuatro números usando el método de ordenación por intercambio (burbuja). Cree un procedimiento para resolver el problema.

Ordenar (S:num[]:Entero)

Interfaz de usuario

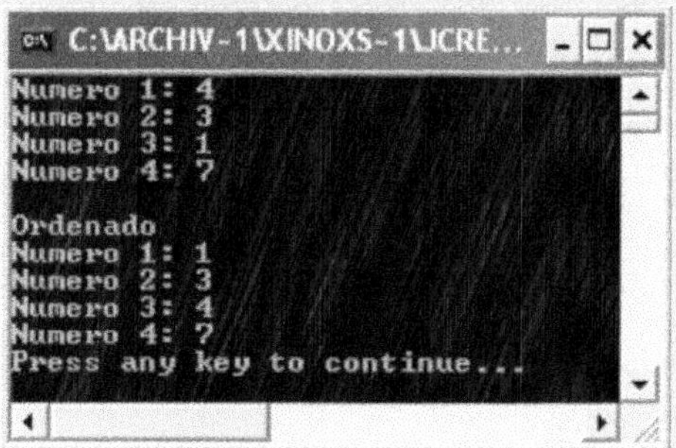

Algoritmo

Diagrama de flujo

Principal

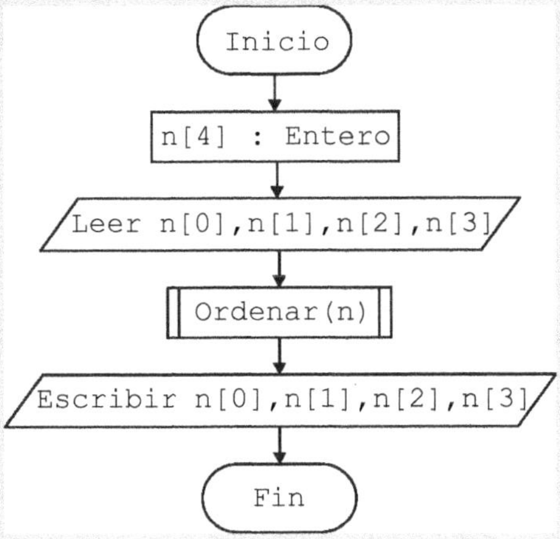

Pseudocódigo

Principal

```
Inicio

    //Arreglos (Vector)
    n[4] : Entero

    //Entrada
    Leer n[0],n[1],n[2],n[3]

    //Proceso
    Ordenar(n)

    //Salida
    Escribir n[0],n[1],n[2],n[3]

Fin
```

SubAlgoritmo

Diagrama de flujo

Ordenar

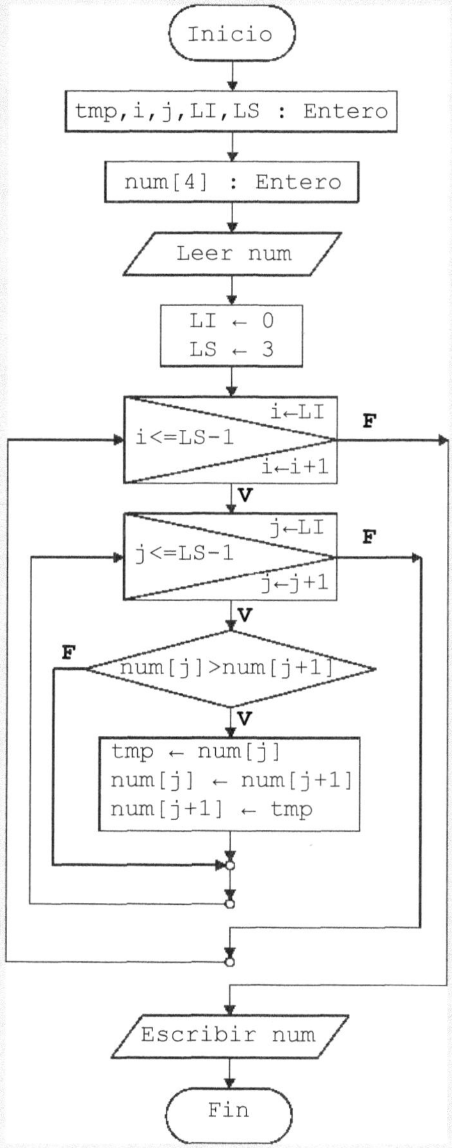

Pseudocódigo

```
Procedimiento Ordenar(S:num[]:Entero)

   //Variables locales
   tmp,i,j,LI,LS : Entero

   //Proceso
   LI ← 0
   LS ← 3
   Para i←LI Hasta LS-1 Inc 1
      Para j←LI Hasta LS-1 Inc 1
         Si num[j]>num[j+1] Entonces
            tmp ← num[j]
            num[j] ← num[j+1]
            num[j+1] ← tmp
         Fin Si
      Fin Para
   Fin Para

   //Salida
   Escribir num

Fin Procedimiento
```

Codificación:

```
import java.util.Scanner;

public class Problema102 {
        //Principal
    public static void main(String[] args) {
        //Variables
        int tmp,i,j, LI, LS;

        //Arreglos
        int n[] = new int[4];

        //Entrada
        Scanner teclado = new Scanner(System.in);
        System.out.print("Numero 1: ");
        n[0] = teclado.nextInt();
        System.out.print("Numero 2: ");
        n[1] = teclado.nextInt();
                System.out.print("Numero 3: ");
        n[2] = teclado.nextInt();
        System.out.print("Numero 4: ");
        n[3] = teclado.nextInt();

        //Proceso
        Ordenar(n);

        //Salida
        System.out.println("");
        System.out.println("Ordenado");
        System.out.println("Numero 1: " + n[0]);
        System.out.println("Numero 2: " + n[1]);
        System.out.println("Numero 3: " + n[2]);
        System.out.println("Numero 4: " + n[3]);
    }

    //Método Ordenar
    private static void Ordenar (int num[]) {
           //Variables
           int tmp,i,j, LI, LS;

           //Arreglos
           int n[] = num;

           //Proceso
           LI = 0;
                 LS = n.length-1;

              for(i = LI; i <= LS - 1; i++){
                   for(j = LI; j <= LS - 1; j++){
                       if(n[j] > n[j + 1]){
                           tmp = n[j];
                           n[j] = n[j + 1];
                           n[j + 1] = tmp;
                       }
                   }
              }

                 //Salida
                 num = n;
    }
}
```

Problema n.º 103

Enunciado: Introduzca seis números en una matriz de 3x2 y obtenga el numero mayor introducido. Cree una función para resolver el problema.

Mayor(E:num[]:Entero):Entero

Interfaz de usuario

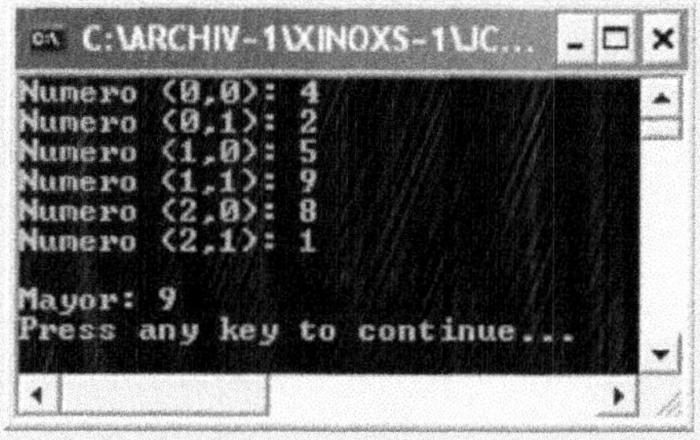

Algoritmo

Diagrama de flujo

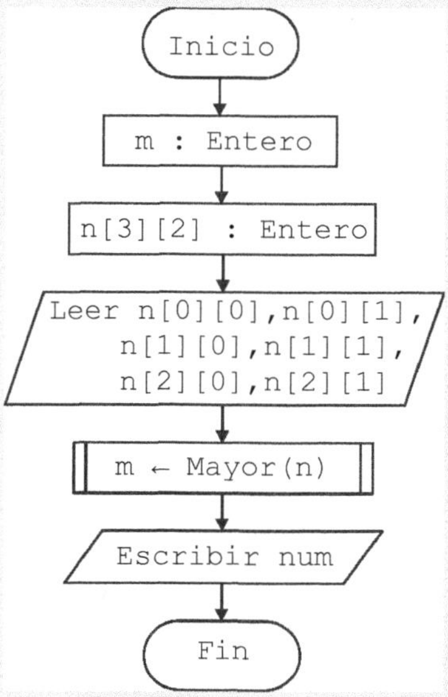

Pseudocódigo

```
Inicio

   //Variables
   m : Entero

   //Arreglos (Matriz)
   n[3][2] : Entero

   //Entrada
   Leer n[0][0],n[0][1],
        n[1][0],n[1][1],
        n[2][0],n[2][1]

   //Proceso
   m ← Mayor(n)

   //Salida
   Escribir m

Fin
```

SubAlgoritmo

Diagrama de flujo

Mayor

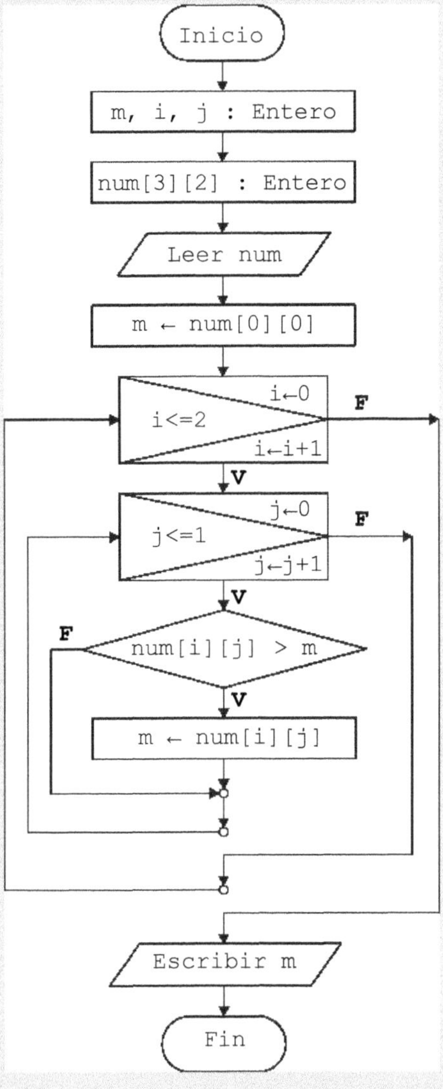

Pseudocódigo

```
Funcion Mayor(E:num[][]:Entero):Entero

   //Variables locales
   m, i, j : Entero

   //Arreglos (Matriz)
   num[3][2] : Entero

   //Proceso
   m ← num[0][0]
   Para i←0 Hasta 2 Inc 1
      Para j←0 Hasta 1 Inc 1
         Si num[i][j]>m Entonces
            m ← num[i][j]
         Fin Si
      Fin Para
   Fin Para

   //Salida
   Escribir m

Fin Funcion
```

Codificación:

```
import java.util.Scanner;

public class Problema103 {
        //Principal
    public static void main(String[] args) {
        //Variables
        int m;

        //Arreglos
        int n[][] = new int[3][2];

        //Entrada
        Scanner teclado = new Scanner(System.in);
        System.out.print("Numero (0,0): ");
        n[0][0] = teclado.nextInt();
        System.out.print("Numero (0,1): ");
        n[0][1] = teclado.nextInt();
        System.out.print("Numero (1,0): ");
        n[1][0] = teclado.nextInt();
        System.out.print("Numero (1,1): ");
        n[1][1] = teclado.nextInt();
                System.out.print("Numero (2,0): ");
        n[2][0] = teclado.nextInt();
        System.out.print("Numero (2,1): ");
        n[2][1] = teclado.nextInt();

        //Proceso
          m = Mayor(n);

        //Salida
        System.out.println("");
        System.out.println("Mayor: " + m);
    }

    //Método Mayor
    private static int Mayor(int num[][]) {
       //Variables
        int m,i,j;

        //Proceso
        m = num[0][0];
        for(i = 0;i<=2;i++){
          for(j = 0; j<=1;j++){
                if(num[i][j] > m)
                    m = num[i][j];
          }
        }

        //Salida
        return m;
     }

}
```

Problema n.º 104

Enunciado: Dada la matriz A de 2x2 y la matriz B de 2x2, obtenga la suma de dichas matriz. Cree una función para resolver el problema.

Mayor(E:num[]:Entero):Entero

Interfaz de usuario

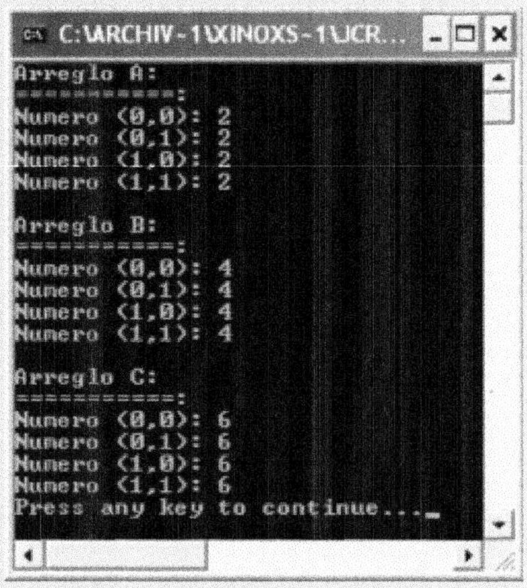

Algoritmo

Diagrama de flujo

Principal

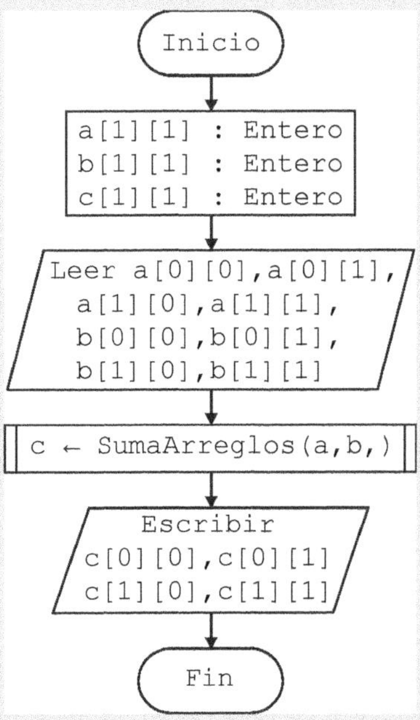

Pseudocódigo

Principal

```
Inicio

   //Arreglos (Matriz)
   a[1][1] : Entero
   b[1][1] : Entero
   c[1][1] : Entero

   //Entrada
   Leer a[0][0],a[0][1],
        a[1][0],a[1][1],
        b[0][0],b[0][1],
        b[1][0],b[1][1]

   //Proceso
   c ← SumaArreglos(a,b)

   //Salida
   Escribir c[0][0],c[0][1],
            c[1][0],c[1][1]

Fin
```

Algoritmo

Diagrama de flujo

SumaArreglos

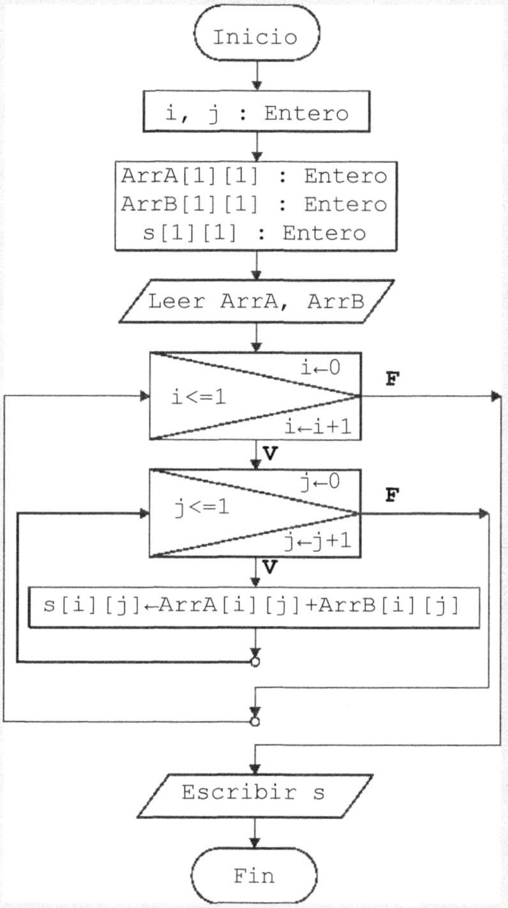

Pseudocódigo

```
Funcion SumaArreglos(E:ArrA[][]:Entero, E:ArrB[][]:Entero):Entero[][]

   //Variables locales
   i, j : Entero

   //Arreglos (Matriz)
   s[1][1] : Entero

   //Proceso
   Para i←0 Hasta 1 Inc 1
      Para j←0 Hasta 1 Inc 1
         s[i][j]←ArrA[i][j]+ArrB[i][j]
      Fin Para
   Fin Para

   //Salida
   Retornar s

Fin Funcion
```

Codificación:

```
import java.util.Scanner;

public class Problema104 {
        //Principal
    public static void main(String[] args) {

        //Arreglos
        int a[][] = new int[2][2];
        int b[][] = new int[2][2];
        int c[][] = new int[2][2];

        //Entrada
        Scanner teclado = new Scanner(System.in);
        System.out.println("Arreglo A: ");
        System.out.println("==========: ");
        System.out.print("Numero (0,0): ");
```

```
        a[0][0] = teclado.nextInt();
        System.out.print("Numero (0,1): ");
        a[0][1] = teclado.nextInt();
        System.out.print("Numero (1,0): ");
        a[1][0] = teclado.nextInt();
        System.out.print("Numero (1,1): ");
        a[1][1] = teclado.nextInt();

                System.out.println("");
        System.out.println("Arreglo B: ");
        System.out.println("===========: ");
        System.out.print("Numero (0,0): ");
        b[0][0] = teclado.nextInt();
        System.out.print("Numero (0,1): ");
        b[0][1] = teclado.nextInt();
        System.out.print("Numero (1,0): ");
        b[1][0] = teclado.nextInt();
        System.out.print("Numero (1,1): ");
        b[1][1] = teclado.nextInt();

        //Proceso
          c = SumaArreglos(a,b);

        //Salida
        System.out.println("");
        System.out.println("Arreglo C: ");
        System.out.println("===========: ");
        System.out.println("Numero (0,0): " + c[0][0]);
        System.out.println("Numero (0,1): " + c[0][1]);
                System.out.println("Numero (1,0): " + c[1][0]);
        System.out.println("Numero (1,1): " + c[1][1]);
    }

    //Método SumaArreglos
    private static int[][] SumaArreglos(int ArrA[][], int ArrB[][]){
        //Variables
        int i,j;

        //Arreglos
        int s[][] = new int[2][2];

        //Proceso
        for(i = 0; i<=1; i++){
            for(j = 0; j<=1; j++)
                s[i][j] = ArrA[i][j] + ArrB[i][j];
        }

        //Salida
        return s;
    }
}
```

Problema n.º 105

Enunciado: Dada una frase, devolver la frase sin espacios en blanco. Cree una función para resolver el problema.

FraseSinEspacios(E:Frase:Cadena):Cadena

Interfaz de usuario

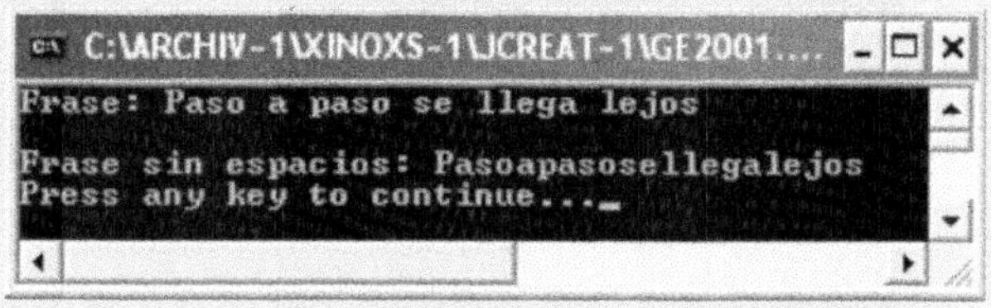

Algoritmo

Diagrama de flujo

Principal

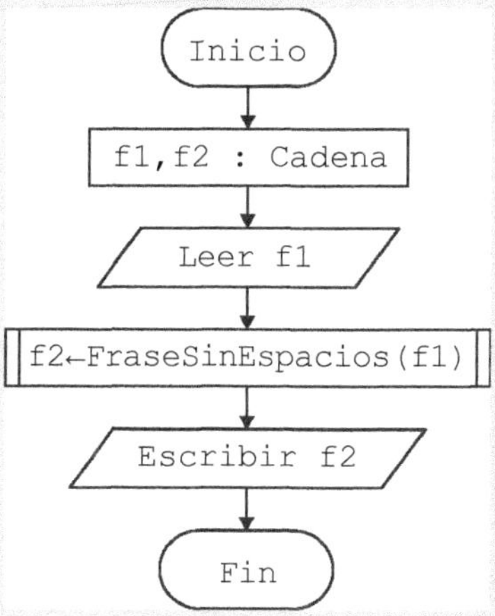

Pseudocódigo

Principal

```
Inicio

   //Variables
   f1,f2 : Cadena

   //Entrada
   Leer f1

   //Proceso
   f2 ← FraseSinEspacios(f1)

   //Salida
   Escribir f2

Fin
```

Algoritmo

Diagrama de flujo

FrasesSinEspacios

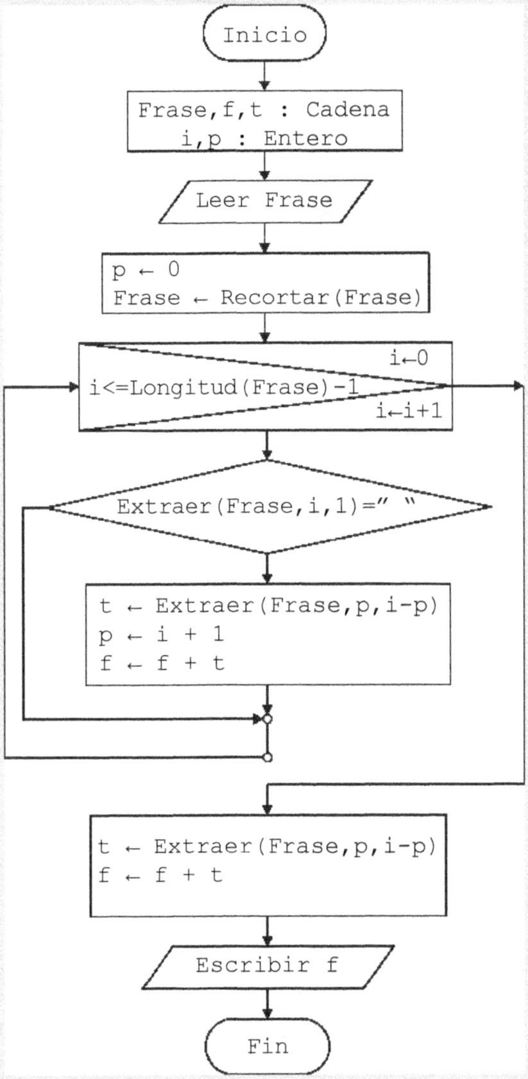

Pseudocódigo

```
Funcion FraseSinEspacios
        (E:Frase:Cadena):Cadena

   //Variables
   f2,t  : Cadena
   i,p : Entero

   //Proceso
   p ← 0
   Frase ← Recortar(Frase)

   Para i←0 Hasta Longitud(Frase)-1
   Inc 1

   Si Extraer(Frase,i,1)=" " Entonces

          t ← Extraer(Frase,p,i-p)
        p ← i + 1
        f ← f + t

     Fin Si

   Fin Para

     t ← Extraer(Frase,p,i-p)
     f ← f + t

   //Salida
   Retornar f

Fin Funcion
```

Codificación:

```
import java.util.Scanner;

public class Problema105 {
          //Principal
    public static void main(String[] args) {
        //Variables
        String f1,f2;

        //Entrada
        Scanner teclado = new Scanner(System.in);
        System.out.print("Frase: ");
        f1 = teclado.nextLine();

        //Proceso
        f2 = FraseSinEspacios(f1);

        //Salida
        System.out.println("");
        System.out.println("Frase sin espacios: " + f2);
    }

    //Método FraseSinEspacios
    private static String FraseSinEspacios(String Frase) {
       //Variables
         String f = "",t;
         int i,p;

         //Proceso
         p = 0;
         Frase = Frase.trim();
         for(i = 0; i<Frase.length(); i++){
           if(Frase.substring(i, i+1).equals(" ")) {
                t = Frase.substring(p, i);
                p = i + 1;
                f = f + t;
           }
         }

         t = Frase.substring(p, i);
         f = f + t;

         //Salida
         return f;
    }

}
```

9.7 Problemas propuestos

Los siguientes problemas le servirán para medir su aprendizaje. Es importante que los resuelva.

Propuesto n.º 71

Enunciado: Hallar el área y el perímetro de un cuadrado. Cree un procedimiento para realizar dicha tarea.

Cuadrado (E:Lado:Real, S:Area:Real, S:Perimetro:Real)

Propuesto n.º 72

Enunciado: Dadas tres notas, obtenga el promedio de las dos notas mayores. Cree un procedimiento para realizar dicha tarea.

Promedio(E:N1:Real,E:N2:Real,E:N3:Real,S:Promedio:Real)

Propuesto n.º 73

Enunciado: Dada la edad de una persona, determine en qué etapa de su vida se encuentra. Cree un procedimiento para realizar dicha tarea.

Etapa (E:Edad:Entero, S:Etapa:Cadena)

Edad	Etapa
Entre 0 y 2	Bebé
Entre 3 y 5	Niño
Entre 6 y 12	Pubertad
Entre 13 y 18	Adolescente
Entre 19 y 25	Joven
Entre 26 y 60	Adulto
Mayor a 60	Anciano

Propuesto n.º 74

Enunciado: Dado un número, obtener la suma de sus dígitos pares e impares.

Recuerde: Crear un procedimiento que realice la tarea.

Propuesto n.º 75

Enunciado: Dado un carácter, determinar si es vocal, letra mayúscula, letra minúscula, número o símbolo.

Recuerde: Crear un procedimiento que realice la tarea.

Propuesto n.º 76

Enunciado: Hallar el área de un rectángulo. Cree una función para realizar dicha tarea.

AreaRectangulo(E:Base:Real, E:Altura:Real):Real

Propuesto n.º 77

Enunciado: Un negocio tiene dos tipos de cliente: público en general (G) y cliente afiliado (A). Acepta dos formas de pago: al contado (C) y en plazos (P). Nos piden crear un programa que al introducir el monto de la compra se obtenga el monto del descuento o el monto del recargo y el total a pagar, según la siguiente tabla:

Tipo	Contado (C) descuento	Plazos (P) recargo
Público en general (G)	15 %	10 %
Cliente afiliado (A)	20 %	5 %

- Cree una función para obtener el % de recargo

  Recargo(E:Tipo:Carácter):Real

- Cree una función para obtener el % del descuento

  Descuento(E:Tipo:Carácter):Real

Propuesto n.º 78

Enunciado: Lea un número y devuelva el número en forma inversa. Por ejemplo, si introduce 123, su número invertido 321, si ingresa 12345, número invertido 54321.

Recuerde: Crear una función que realice la tarea.

Propuesto n.º 79

Enunciado: Dada una palabra, determinar si es palíndromo (una palabra es palíndromo si se lee igual de izquierda a derecha o de derecha a izquierda), por ejemplo ANA.

Recuerde: Crear una función que realice la tarea.

Propuesto n.º 80

Enunciado: Cree una matriz de A de 2x2 y otra B de 2x2, y obtenga una matriz C = A * B.

Recuerde: Crear una función que realice la tarea.